大澤正昭著

南宋地方官の主張

―『清明集』『袁氏世範』を読む―

汲古叢書129

汲古書院

まえがき

本書は南宋の『名公書判清明集』（以下『清明集』と略称）および『袁氏世範』の研究であり、その記述にもとづいて、著者たちの主張を研究した成果である。すなわち両史料に描き出された記事の全体像を把握し、同時にそこから著者である地方官たちの主張を体系的に読みとろうとした。著者たちは現役、退役の地方官（路・州・県のキャリア官僚）で、『清明集』では判決文の著者となり、『袁氏世範』では自身の一族のために家訓を残した。そこに共通しているのは、問題を解決しようとする真摯な姿勢とかなり率直な心情の吐露である。その意味で両史料はともに一級の史料であり、他に得難い史料であると評価できる。また宋代史のみならず、中国前近代史を研究する際に貴重な情報を提供してくれる。私はこれまで両史料の面白さに魅かれて研究を続け、いくつかの論考を発表してきた。それらを一書にまとめる機会を得たいま、ここに研究の成果を提示し、ご批判を仰ぎたいと考えたのである。

本書は史料研究であると同時に、問題意識は地方官たちの主張の歴史的特質を考察するという所にも置かれている。地方官たちは裁判をはじめとする公務と日々の私的な家庭生活のなかで、宋代社会の現実をどのように認識し、どのように対処したのかを検討したかった。また、その主張は歴史的にどう位置づけられるべきかを考えたかったのである。言いかえれば、専制国家と基層社会の接点に位置する地方官が宋代の基層社会をどう認識し、どう判断し、対処したのかという問題の研究である。それは、これまでの研究の流れからいえば、私なりの社会史研究の一環である。しかし基層社会そのものの研究ではない。地方官の現実認識と判断の研究である。この点をもう少し詳しく述べておきたい。

周知の通り、唐から宋へ至る時代は中国史上の大きな変動期として注目を浴びてきた。かつては激しい論争を巻き起こしながら研究が深められてきた。その結果、多くの事実が明らかにされたのは確かであるが、この変動の本質は何かという点ではいまだ共通認識に到達していない。研究は今後も深められねばならないであろう。ただ唐代後半期に激化した政治と社会の変動が、宋代を通じて一応の収束に向かったことは了承されるであろう。北・西方の諸民族が南下し圧力を強めていたけれども、中国社会の大変動の帰結がようやく明確になり始めたのが宋代であった。

この時期にはさまざまな人々が登場して活躍したが、なかでも知識人としての地方官の活動には注目しておきたい。彼らは新しい時代に対応する、新たな秩序を模索して、生活のあらゆる場面で行動していた。もちろん個人によって行動の仕方は異なっている。硬骨の生き方を貫いた官僚もいれば、彼らに糾弾された官僚もいる。本書が研究対象とする両史料からはとくに先鋭的な生き方をした地方官の姿が見えてくるのである。彼らの活動領域を外と内ないし公と私に分ければ、『清明集』は裁判という外・公の領域、『袁氏世範』は家庭生活という内・私の領域での、彼らの自己主張の記録であった。

このうち外・公の領域とは日々の地方行政の政務である。徴税・差役や勧農などの日常的業務のほか、頻発する訴訟に判決を下し、《愚民》たちを説得し、また《善導》しようとした。一方、内・私の領域である家庭生活においては、家長として自らの理念を実践し、自己の世帯と一族の存続、安定に目を配っていた。このような、外・内、公・私の活動は、結果的には彼らが思うような成果をあげられなかったけれども、その政治理念と社会規範を実践しようとする意志の表現であった。

こうした動向は社会史研究の立場からすれば注目すべきものである。後期専制国家を支えた基層社会が形成されればじめた時期に、地方官たちは外と内、公と私の領域で、それへの対応策を実践しようとしていたのである。そうして基層社会が彼らの活動から何らかの形で影響を受けたことは疑いない。近世の基層社会を考えるためには外せない研究課題である。もちろん地方官による上からの働きかけのみで新しい質の社会ができるはずはない。基層社会はそれ自体の形成、変容の要因と論理を内包して動いていた。それは別の視角から考察するとして、本書では地方官による、基層社会に対する《善導》のあり方を考察したいのである。さしあたり本書で取り組みたいのは、基層社会内部の要因ではなく、地方行政を実践した地方官たちの、各領域における現実認識と判断の究明である。これが問題意識のひとつである。

ここにもうひとつの課題、そしてより重点を置いた研究課題が加わってくる。地方官たちの主張を窺うための史料研究である。史料研究という場合、普通は書誌学的研究のような、いわば外在的な研究方法が採用される。版本の検討や書物の体裁の研究、また序文、跋文などを題材にした研究である。『四庫全書総目提要』のように史料としての評価を与える場合もあるが、それは付加的な記述である。これに対して私が考えた方法は史料全体の記述内容自体を分析するもので、いわば内在的な研究方法である。まず全体の記述を見渡す。それが前提である。その上で記述の特徴を分析し、あるいは全体の論理的な構成をとらえるのである。それによって著者たちの持つ《現代》認識のあり方を理解し、あるいはその価値観や判断基準のありかを把握しようとした。

こうした作業の基礎には、史料の一部分のみを取り出して議論の材料にするのではなく、当該史料全体の言説を通観して考えたいというねらいがある。それによって著者たちの総体的な主張を解明したい、あるいは彼らが生きた《現代》社会への認識を読み解きたいという問題意識である。この方法が有効であったかどうかは、読者諸賢の判断にゆだねるしかない。けれども、私にとっては研究の過程で新しい発見があり、きわめて愉しい作業であった。本書によってそれらの一端でも理解していただくことができれば、幸いである。

以上のようなテーマも研究の方法も、そしてその成果もまだまだあいまいで、頼りない部分が多い。しかし両史料の研究に一段落がついた現時点で、あえて本書をまとめることとした。これを公刊することによって、諸賢のご批判を仰ぎ、さらに研究を深めてゆきたいと考えている次第である。

目　次

南宋地方官の主張

――『清明集』『袁氏世範』を読む――

第一部　『名公書判清明集』の世界

【梗　概】

第一部では地方官たちの外的、公的領域における活動について考える。とくに判決文として表明された、裁判を通じての主張を考察する。それは彼らの現実社会に対する認識と判断を考える材料となる。

考察の対象として、新発見の史料である『名公書判清明集』を取りあげる。周知の通り、この史料の編纂者は未詳で、「名公」たちの判決文を集めた、模範的な判決文の集成とみなされてきた。したがって、訴訟、裁判、法令などを対象とする法制史研究の史料として一級のものであることは言うまでもない。実際、この分野で多くの研究が積み重ねられてきている。しかし、見方を変えれば、社会史研究の史料としても大きな可能性を持っている。判決文の多くには当時の社会情勢が映し出されているからである。たとえば硬骨の地方官たちが当時の現実社会にどう向き合い、何を問題ととらえ、どのように判断を下したのかを知ることができるのである。私の問題意識はもっぱらこの方面に向いている。本書では社会史研究の貴重な史料としても活用したいと思う。

ここでの研究は、課題ごとに三つのグループにまとめられる。それは、第一章、第二・三章、第四章・補論である。第一章では数量分析的方法によって『清明集』の全体像と史料的性格の把握を試みる。『清明集』という史料の大枠を把握しようとする試みである。第二・三章では主要な作者による判決文をまとめて比較、検討し、共通する判断基準の存在と個人による適用の違いを把握しようとする。硬骨の地方官たちが共通する判断基準を持っていたことは疑いない。しかし、子細に検討すると基準の適用は一律ではない。色合いがかなり異なっている。判決文には、そうした色合いの違いが表明されていた。それは個性でもあるが、また各人の社会に対する認識と対応の仕方の違いである。ここでは判断基準のあり方を材料に、地方官たちの理念とその現実への適用を考える。第四章では『清明集』を主体とする南宋期の判語史料を見渡して、社会史研究の史料として活用する。具体的な研究課題は基層社会における在地有力者、豪民のあり方である。判決文という枠内で、そこに反映された在地有力者とはいかなる存在だったのかを考えるのである。補論は、『清明集』研究の初期段階において考えた素描のようなものである。在地有力者の存在形態に対するおおまかな見通しを述べたもので、第四章での検討の前提となっている。

第一章　『清明集』の世界へ――定量分析の試み

はじめに

『清明集』のもつ史料的価値の大きさについては、もはや論ずるまでもない。仁井田陞が注目して以来、多くの研究が積み重ねられてきたし、[1]家族法をはじめとする法制史的側面については滋賀秀三・高橋芳郎等によって解明されてきた。[2]その驥尾に付して、私たちも共同研究の成果を公にしている。[3]しかし、解明すべき問題はさらに多く残されている。私が当面検討すべきだと考える問題は『清明集』に描かれた世界をとらえるための史料的特質の研究である。

たとえば、さきの共同研究、とくに『主張する〈愚民〉たち』における私たちの視点は法制史的なそれとは少々異なっていた。そこではこの史料の社会史的側面に注目して、若干の問題を考察してみたのであった。ただそこで絶えず気にかかっていたのは、史料的可能性の大きさと同時に存在するその制約性であった。無論、私たちは『清明集』が裁判文書であるという事実を忘れたことはなかったが、その制約性をどのように認識しておくべきかという点で、若干の戸惑いがあったことは否定できない。何よりも、この史料が当時の一般的、典型的な社会を映し出しているのか、あるいは特定の階層にかかわる事例なのかといった疑問があった。それは主として『清明集』が扱う訴訟の範囲や対象となっていた階層などが明らかでなかったことによる。それはまず書誌学的研究によってある程度解明し得る問題であったが、そこには大きな困難が存在していた。

周知の通り、『清明集』は序文が虫食い状態になっており、編者および編纂の意図は不明である。収録された判語の執筆者も明記されていない場合があるし、書かれている人物でもその経歴が不明な例も相当数あった。また、版本では宋版残本と明版以外に対校し得る材料がない。こうした問題の存在は陳智超が詳細に検討した通りである。(4)また、高橋芳郎はこの事情を踏まえて「戸婚門」のみの単独刊行や刊行後の増補の可能性なども推測した。(5)このように、『清明集』の書誌学的性格には不明の点が多いのである。

一方、陳智超はまた分門ごとに内容を考察し、『清明集』の「反映現実的広度」を解明しようとした。そして「官吏門」では「官場風気的腐敗」が示されているとか、「人品門」では「公吏」類に重点がある、といった点などを指摘した。(6)こうした分門ごとの性格分析を基礎とした考察は貴重な視点であり、注目したいところである。実際、「戸婚門」の分量の多さなど、『清明集』は分門ごとのアンバランスが顕著で、分門の性格をより深く認識しておくことは基礎的な手続きである。またそれによって『清明集』の世界の広がりや限界を考える手がかりともなし得る。ただ、陳の研究は内容の「諒解」に重点があり、史料としての可能性の範囲にこだわったものではなかった。この点にはさらに研究の余地があると考えられる。

そこで本章では、『清明集』の世界の客観的性格を把握するために、ひとつの試みをおこないたい。それは『清明集』の構成要素を取り出し、分門の性格に注意しつつ、数量的、総体的に分析する作業である。つまり、『清明集』全体を統計的に扱う、いわば定量分析的方法を試みたいと思う。各判語に記述された諸要素――人名や地名など――を数量的に取り出して考察することにより、その記述内容の特質を把握したいのである。この方法は、さきに「懲悪門」を対象として試みたところであった。[7] そこでの結論の妥当性はいまだ明確ではないが、私たちの今後の研究への手がかりになったと考えている。本章ではその試行をさらに一歩深めたいと思う。

ただし、この方法論にはいくつかの不安定要素があることも前もって記しておかねばならない。定量分析という方法の根本的な有効性については論じないとしても、導き出された数値の基礎に対する信頼性と統計的操作の危うさがあり、それらの数値を解釈する際の可能性の広さがある。たとえば、登場人物の数を数えようとするとき、難解な判語の中で人名や性別を確定できなかったり見落としたりする危険性は常に付きまとう。[8] 地名でも同様である。さらに集計時の計算ミスもあり得る。そうしてまた、得られた数値をどのように読み取るかという大きな問題が控えている。そこには無意識のうちに思い込みが入りこむ隙もある。けれども、あえてこのような方法を取ることで『清明集』全体の大まかな位置ないし偏りは把握できるであろうし、史料としての制約性もおのずと浮かびあがってくるであろう。ここではマイナスの面ではなくプラスの面にこそ注目したいと思う。諸賢の率直なご批判を仰ぎたいところである。

ところで、私たちのさきの分析では次のような点に注目した。地名の分析からは、当時活発になっていた流通の現実と訴訟とのかかわりを推測し、人名の分析からは「男性原理・〈愚民〉・国家権力というキーワード」を引きだした。[9] ただこれらの結論は「懲悪門」という一分門のみを対象とした分析からのものであり、研究の深化が待たれるところであった。以下の考察はこの地点から出発することになる。

一　『清明集』の全体像

最初に本章で分析の対象とする『清明集』の全体像を見ておきたい。それは巻数、判語数、頁数など全体的分量の

〈表1〉清明集の全体像

項目／分門	官吏	賦役	文事（2門小計）	戸婚 A	戸婚 B	戸婚 小計	人倫	人品	懲悪	合計
巻　　数	2	1 ＞	1 ＞	3	3	6	1	1	3	14
判 語 数	67	33	9	72	123	195	43	45	114	506
頁　　数	61	31	7	100	159	259	39	43	117	557
1巻当たり判語数	33.5	—	—（42）	24	41	32.5	43	45	38	36.1
1巻当たり頁数	30.5	—	—（38）	33.3	53	43.2	39	43	39	39.8
1判語当たり頁数	0.91	—	—（0.90）	1.39	1.29	1.33	0.91	0.96	1.03	1.10

概括であり、以下の分析の基礎となる数値である。分析材料としては明版による標点本（中国社会科学院歴史研究所宋遼金元史研究室点校、中華書局、二〇〇二年）を使用する。まず〈表1〉「清明集の全体像」を見ていただきたい。

ここでは分門ごとの巻数・判語数および頁数を掲げ、それらの平均値を見るために一巻当たり、一頁当たり、一判語当たりの数値を計算した。ただし、判語数とは『清明集』においてひと続きの文章とされているものを一判語と数える。それは目次に立項されている判語であるが、著者が同一で「又」とされているものも別の判語と数えることとする。この点は、「以一案作一篇」とする陳智超の数え方とは異なっている。[10] 次に頁数とは、標点本のそれである。したがってそこには「校記」部分や補足も含まれるが、それは考慮しないこととする。また、「賦税」「文事」の二門は合わせて一巻とされているので巻数の欄は「1＞」としてあり、一巻当たりの項目では二門の合計をカッコに入れて示した。また、「戸婚門」は分量が多く、後述するように内容も二分されているので、前半巻四～六をA、後半巻七～九をBとし、その後に「戸婚門」合計の数値を示した。

さて、〈表1〉に掲げられている数値を見るといくつかの特徴を指摘できる。①「戸婚門」は巻数で四三％、頁数では全体の四七％弱を占めて最多である。②「懲悪門」はそれに次ぎ、頁数では二一％である。③逆に「文事門」は一巻に満たず、頁数では一％に過ぎない。④一巻当たりの判語数を見ると、一～二分門を一巻に収めている場合はやや大きい数値になっているものの、極端な偏差はない。『清明集』編纂者は一巻ごとのバランスには配慮しているものとみられる。⑤一巻当たり、一判語当たりの頁数でも「戸婚門」が目立っている。「戸婚門」を除いて一判語当たりの頁数平均を計算すると約〇・九六となり、「戸婚門」はおよそ一・四倍になっている。それは一篇の判語が長文になっていることを意味している。

こうして見てくると、特徴の①と⑤から『清明集』の重点の所在が確かめられる。ただそれが編纂の際に意図されたものか、当時の事案の全取り扱い件数の偏在によるものかどうかは未詳である。しかし「戸婚門」の判語が他に比べて長いという事実は、原判語からの省略が少なかったことを意味しており、(11) そこに編纂者の意図を窺うこともできる。彼はこの分門ではより詳しい記述が必要だと判断したのであろう。それがなぜなのかを知るためにはいましばらく個別の要素の検討を続けねばならない。

二　地名の分析

(1)　『清明集』全体の地名頻度

次に地名を考察する。『清明集』全体にわたって県以上の地名を拾い出してみよう。その際の原則は、①一つの判語に同一の地名が重複して登場する場合は、それらを合わせて一回と数える。②引用された古典に含まれる地名の場合は数えない、などである。こうして各門に登場する地名の頻度を路ごとに表示すれば〈表2〉「路ごとの地名頻度」になる。ここではその路の中でとくに頻度の高い州・軍のデータも併記しておくこととする。

〈表2〉から特徴的な事実を引きだせば次のようになる。①登場する地名の三分の一は江東路のものである。②な

〈表2〉路ごとの地名頻度

路（州）＼分門	官吏	賦役	文事	戸婚	人倫	人品	懲悪	合計（割合%）
浙西路	4	1	—	9	—	2	6	22　(8.3)
臨安府	2	—	—	5	—	2	4	13
浙東路	3	1	—	3	1	6	17	31 (11.7)
婺州	—	—	—	—	—	2	7	9
衢州	—	—	—	3	—	—	6	9
処州	—	1	—	—	1	3	2	7
江東路	19	6	—	5	1	32	22	85 (32.1)
信州	7	2	—	4	—	11	8	32
饒州	6	1	—	1	—	11	11	30
南康軍	1	1	—	—	—	5	2	9
徽州	1	2	—	—	1	3	1	8
江西路	5	7	—	2	—	6	4	24　(9.1)
撫州	—	4	—	1	—	—	1	6
福建路	9	2	—	11	1	7	7	37 (14.0)
建寧府	4	1	—	11	—	4	5	25
泉州	5	—	—	—	—	1	—	6
湖南路	11	2	3	3	—	4	12	35 (13.2)
潭州	9	1	2	—	—	—	5	17
邵州	—	1	1	1	—	1	3	7
その他	6	4	—	7	—	2	12	31 (11.7)
合計	57	23	3	40	3	59	80	265

かでも信州・饒州が飛びぬけて多く、一州でもおおむね他の路を上回っている。③福建・湖南・浙東の各路は江東路の四割ほどで、ともに同水準である。④浙西・江西路がさらにその七割ほどで、同水準で続いている。⑤登場する地名は路ごとに特定の府・州に集中している。たとえば、福建路の七割弱が建寧府、浙西路の六割弱が臨安府などとなっている。⑥福建路では建寧府が飛びぬけている。

こうした地名の頻度を見ると、特定地域への集中の度合いが明瞭になっているのである。路ごとにまとめれば、江東路、福建・湖南・浙東路、浙西・江西路の三グループ＝三段階になる。その詳細を見るために府・州に眼を転じると、頻度の高い順に以下のようになる。

信州（江東）＝三二、饒州（江東）＝三〇、建寧府（福建）＝二五、潭州（湖南）＝一五、臨安府（浙西）＝一三、婺・衢・

処州（浙東）、南康軍（江東）＝九、徽州（江東）＝八、……

ここからわかるように上位の三府・州が群を抜いているし、各路でもそこに占める主要な一～四府・州の割合は高い。〈表2〉ではさしあたり路を単位として数字をまとめてみたわけであるが、問題とすべきは府・州ごとに見た場合であろう。以下ではこの基準も取り入れて検討を進めることとしたい。

ともあれ、『清明集』に登場する地名の頻度には大きな偏りがあった。分門ごとの特徴もあるが、『清明集』の世界の地域的限定性については十分了解しておかねばならない。ではこうした偏りの存在をどのように理解すべきか、若干検討しておきたい。

(2)「懲悪門」との比較

まず前述のような頻度の傾向を、さきに分析した「懲悪門」の場合と比較してみよう。[7]「懲悪門」では、その頻度の高さから臨安と鄱陽湖を結ぶ交通路の重要性と訴訟多発との関連を予測したが、そこに「懲悪門」のみの特殊事情があったか否かは確認しておかねばならない。そこで「懲悪門」の数値を全体の数値から除き、地名の頻度の高いものから順にあげてみれば以下のようになる。

江東路＝六三、福建路＝三〇、江西・湖南路＝二〇、浙東・西路＝一四、その他＝一九

このように相変わらず江東路が飛びぬけており、全体の三五％を占めている。そして前述の三グループ＝三段階は見られなくなる。第二位の福建・湖南・浙東路グループから湖南・浙東の二路が脱落したのであり、それは「懲悪門」に湖南・浙東路の地名がとくに多かったことがその一因である。一方、府・州を見ると次のようになっている。

信州（江東）＝二四、建寧府（福建）＝二〇、饒州（江東）＝一九、潭州（湖南）＝一〇、臨安府（浙西）＝九、南

康軍（江東）・徽州（江東）＝七、泉州（福建）＝六、……

つまり頻度の高い上位三者では順位の移動はあるが、内容は変わりがない。その下位では、婺・衢州は「懲悪門」に多く、それ以外では南康軍・徽州・泉州等が多いという違いがあった。けれども潭州・臨安府・南康軍・徽州は共通であり、両者の頻度の差もそれほど大きいものとはいえない。そして何よりも泉州以外は、臨安と鄱陽湖を結ぶ線上にあって境界を接している地域が多いのである。このように、『清明集』全体に登場する地名分布の基本的な特徴は「懲悪門」と同様であるとみなすことができよう。

(3)　数値に影響を及ぼす要因

ではこうした傾向は何らかの要因が影響を与えているのであろうか。いくつかの角度から検討しておこう。

a　一判語当たりの地名数

〈表2〉を見ると分門ごとの頻度の偏在が目立っている。それを平均化して考えるために一判語当たりの地名数を割り出してみたのが〈表3〉「一判語当たりの地名頻度」である。ここに示されているように、最多は「人品門」で、一判語に一か所以上の地名が登場している。逆に最少は「人倫門」で、判語中にほとんど地名が登場していない。これら二門が両極となっているほか、判語数の極端に少ない「文事門」と極端に多い「戸婚門」を除けば、〇・六四から〇・八五の間にあり、ほとんど近似の値を示す。つまりほぼ二篇の判語ごとに一か所以上の地名が現れるというのが平均的な形である。

そこで平均から外れる数値が出現している理由を考えてみると、各分門に集約された判語内容の特徴を反映したものであることが予測できる。たとえば「人品門」で扱っている事案の多くは地方の胥吏に関するものである。「人品門」内の「公吏」の項に二六篇、「軍兵」「廂巡」の項に六篇の判語があり、これだけで判語数の七〇％余りを占めて

〈表３〉１判語当たりの地名頻度

	官吏	賦役	文事	戸婚	人倫	人品	懲悪	合計
判語数	67	33	9	195	43	45	114	506
地名数	57	23	3	40	3	59	80	265
１判語当たり地名数	0.85	0.64	0.33	0.21	0.07	1.31	0.70	0.52

いる。それは当然胥吏が活躍する舞台、すなわち州・県と密接にかかわる事案が主体となっていることを示すものである。判語の中ではたとえば次のように表現される。「……弋陽県に孫・余二人の胥吏の横暴事案があり、……[12]」とか、「さきごろ本官が鉛山県を通ったところ、十虎とよばれる勢力がいて、極めて民の害となっていると聞いた。……[13]」といった具合である。

一方、人倫門は小項目として父子・母子・兄弟・夫婦などが立項されているように、家族関係にかかわる一般的な倫理道徳を主題とする判語を集約した分門である。ここでは具体的な事案の中であっても倫理道徳の一般論を強調するために、とくに地域とのかかわりは問題とされず、またその必要もなかった。したがって登場する地名も省略される場合が多かったと見られる。さらに「戸婚門」は土地争いなどの「争業類」と血統の継承問題である「立継類」とがその二大主題であるが、前者は地域的な問題であっても、その舞台は県レヴェルよりもはるかに下の地域である。もちろん問題となった土地片の所在地は書かれているが、県以上を取りあげた小論の網の目に残るものではなかった。後者は「家」の継承問題であるから、特定の地域にかかわる問題ではなく、地名の頻度は低くなるのである。こうして地名頻度の統計は「人品門」など三つの分門の特徴的側面を示すのであり、こうした偏差が全体の統計的数値に反映されていた。

ちなみに、頻度の高い地名と分門との関係を見ると、「官吏門」では江東路の信州・饒州、湖南路の潭州など、「戸婚門」では福建路の建寧府、「人品門」では江東路の信州・饒州、「懲悪門」では浙東路・湖南路および江東路の信州・饒州などがある。信州・饒州は三つの分門で高い頻度を示していた。ともあれ、分門ごとに地域的な偏りがあったことは確認しておきたい。

b　判語著者との関係　次に検討しておきたいのは判語著者の問題である。特定の個人の判語が多数収録されているとすれば、その人の関係する地域や経歴に左右されて特定の地名頻度が高くなることが予想されるからである。そこで〈表4〉「判語執筆者の出身地と収録判語数」を作成してみた。『清明集』全体で誰の判語が何篇収録されているかを数え上げ、出身地とともに一覧表にしたものである。出身地よりも官職の履歴に注目すべきであることは言うまでもないが、それは後述する。ここでは著者の実名が記されている判語を、数の多い順に掲げている。

これによれば、福建路の出身者がかなりの数を占めていることにまず気がつく。名前をあげられている地方官二四名中一二名（下線あり）、つまりちょうど半数が福建路出身者で、彼らが執筆した判語も合計一七〇篇を占めていた。さらにこれ以外に、本名は記されていないものの福建路地域担当の地方官が書いたとみられる判語もある。たとえば、建陽・建陽丞・建陽佐官・建僉・建倉・建倅などが執筆したとされる判語が計七篇あり、それらの判語の合計一七七篇は『清明集』の全判語数の三五％を占める。福建路以外ではこのような例は見られない。こうした判語著者の特徴は、『清明集』編纂者が福建路関係者であると予想させる一つの根拠となろう。[14]ただし福建路とはいっても建寧府が圧倒的多数であったことには注意しておきたい。

次いで収録された判語の数を見ればわかるように、作者は確かに特定の人物に集中している。上位二名の判語だけで四割以上を占め、上位五名では七割弱となる。『名公書判清明集』という書名が示す通り、編纂者の考える「名公」の判語が集められたのである。では彼らの履歴はどうであったのか。陳智超・周藤吉之の研究をもとに、[15]収録判語数二〇篇以上の七人の、地方官としての履歴を大まかにまとめれば〈表5〉「主な判語執筆者の官歴」のようになる。

これらの担当区域を路ごとに分類して数えてみれば次のようである。

浙西：六、浙東：四、江東：四、江西：八、福建：三、湖南：四、その他：五

〈表 4〉判語執筆者の出身地と収録判語数

	執筆者名	出身地	官吏	賦役	文事	戸婚	人倫	人品	懲悪	合計
1	胡石壁	潭州相潭県	6	4	2	15	20	8	21	76
2	蔡久軒	建寧府建陽県	6	3	3	17	8	15	19	71
3	范西堂	隆興府豊城県	2	9		21	4		5	41
4	翁浩堂	建寧府崇安県				18	1		9	28
5	呉雨巖	建寧府建安県	6			2	1	8	8	25
6	呉恕斎	廬山				23				23
7	劉後村	興化軍甫田県	1	2		9	3	2	5	22
8	葉岩峰	—				13				13
9	宋自牧	建寧府建陽県	1					2	8	11
10	方秋崖	衢州	1	1	1	2	2		2	9
11	真西山	建寧府浦城県	3	1			2			6
12	馬裕斎	婺州金華県	1						2	3
13	韓竹坡	—				3				3
14	韓似斎	—				3				3
15	姚立斎	南剣州順昌県				2				2
16	王実斎	鎮江府金壇県			1			1		2
17	李文渓	広州番禺県				2				2
18	葉息菴	邵武軍邵武県				1				1
19	趙庸斎	福州				1				1
20	王留耕	福州				1				1
21	方鉄庵	興化軍甫田県				1				1
22	趙惟斎	—				1				1
23	史滄洲	慶元府鄞県				1				1
24	劉寺丞	建寧府建陽県							1	1
合計			27	20	7	136	41	36	80	347

〈表 5〉主な判語執筆者の官歴

執筆者	主な官歴
胡石壁	知平江府兼浙西提点刑獄、湖南提挙常平、広東経略安撫使、広西経略安撫使、京湖総領財賦
蔡久軒	江東提点刑獄、浙東提点刑獄、知隆興府
范西堂	永新尉、衡州録事、知崇仁県、添差通判撫州、通判蘄州、知吉州、広西提点刑獄、浙東提点刑獄、江西提挙常平、湖南転運判官兼安撫事
翁浩堂	両浙転運判官、江西転運使、知臨安府
呉雨巖	知処州、浙西転運使、淮東総領財賦
呉恕斎	知臨安府、江東安撫使兼知建康府、福建安撫使、知福州、江西提点刑獄
劉後村	知建陽県、知漳州、知袁州、広東提挙常平、江東提点刑獄、福建提点刑獄

このように両浙・江東西路地域の担当者が多いことは事実であるが、登場する頻度の高かった江東路に関わる官職がとくに多いわけではないし、信州・饒州・建寧府など特定の府・州の担当者が多いわけでもない。したがって、前述のような地名頻度の偏在はここからは説明できない。

ともあれ『清明集』全体を見た場合、「人品門」など分門ごとの性格を反映した地名の偏在や福建路の頻度の高さには注意しておかねばならない。しかしこれらの要因の他には地名の偏在を修正するだけの材料は見当たらなかった。とすれば、臨安府と鄱陽湖を結ぶ線上に多くの地名が集中していたという、前述の事実は動かせない。さきに私たちはこうした地名出現の傾向が流通の発展と結び付く可能性を考えた。[16]唐代後半期以降の茶の流通の活発化などもその一要因かもしれない。[17]ただ、ここまでの検討によって地名頻度の傾向は再確認されたものの、それ以外の要因が見出されたわけではない。『清明集』と地域との関連についてはさらに質的研究の深化が求められよう。[18]

三　人名の分析

(1)　女性の割合

次に人名を取り出して考察したい。まず男女比の問題から。その場合の検討の原則は、①伝説上の人名や引用文中の人名は除く、②判語数の少ない「文事門」はさしあたりの検討から除く、というものである。また、性別については名前と前後の文章から適宜判断したので若干の誤解はあるかもしれない。そうして男女の人数および総数に占める女性の割合を取り出せば〈表6〉「男女別の人数および女性の割合」のようになる。

〈表６〉男女別の人数および女性の割合

	官吏	賦役	文事	戸婚			人倫	人品	懲悪	合計
				A	B	小計				
男女総数	169	93	14	406	771	1177	136	172	619	2380
男性数	153	89	14	362	646	1008	105	163	564	2096
女性数	16	4	0	44	125	169	31	9	55	284
女性の割合（%）	9.5	4.3	0	10.8	16.2	14.4	22.8	5.2	8.9	11.9

全体として見ると女性は一割余りであり、圧倒的に男性が多い。「男性原理」はやはり全体に貫かれていると言ってよいであろう。ただし、分門ごとの差がかなり大きいことも確かである。最多の「人倫門」と最少の「賦役門」とでは割合において五倍もの開きがある。このうち女性が少ない分門の理由は比較的理解しやすい。「賦役門」でいえば、賦役の問題が起きるのは徴税などの現場においてであり、それらは多くの場合戸主の男性が関係者となる。同様に「人品門」では胥吏の事案が多く、当然男性が主体となる。それは当時の社会のあり方としてきわめて自然に理解できる。では、逆に女性の比率が高い分門はどのように理解すべきなのであろうか。

「人倫門」は、前述のように一般的な倫理道徳が問題とされており、また家族道徳が大きな部分を占めるため、そこには当然多数の女性が関係していた。男性が支配的立場にあったとはいえ、彼らのみを規制することによってすべての問題が解決するわけではなかった。現実に問題を起こす女性をも処罰することが必要だったのであり、そのような判決も出されていた。たとえば、巻十「妻が夫にそむき舅に逆らったので断罪して離婚を許す」という判語では、「いま朱四は、目はよく見え、耳はよく聞こえ、……重い病気などまったくない。阿張は理由もなく彼を『痴愚』とよび、ことさらに棄て去っている。杖打ち六十の刑に処し、離婚をゆるす」と、阿張なる女性に処分が下された(19)。彼女の夫に対する悪態、虐待が処罰の対象となっていた。また巻十「嫁が舅に悪い評判をたて、罪を免れようと企む」という判語では、「阿張は息子の嫁として尊長に仕えることができず、結婚して一年にもならないのに、舅に二回も不孝の訴えを起こされた、……その息子は処断すべきであり、嫁は離縁すべきである。杖打ち十五の刑とし、護送のうえ射撃比べの賞品として軍人の妻とする」とし、舅の老後を見ようとしなかった阿張を処罰している。[20]彼女はいわゆる「淫濫の婦」として処罰されたのである。[21]このように「人倫門」には比較的多くの女性が登場していた。これは当時、「教化」すべき女性の存在が無視できなかったことを示している。

また「戸婚門」の後半部分にも比較的多くの女性が登場するが、そこでは血統の継承が問題とされていた。「命継」問題では「夫が死亡して妻が生きているならば、その妻に従う」といった法規定があり、[22]また「家長」とみなされている女性もいた。[23]その他、女性が実質的に財産の処分をおこなっている例も多く見られるように、[24]女性の意志は一定程度認められていた。それゆえに女性の名前も相応の頻度で登場していたのである。

こう見てくると「男性原理」が明確であるとはいえ〈男性万能〉なのではなかった。表面から覆い隠されてはいるが女性の存在は、実は動かしがたいものであったことがうかがえる。『清明集』にはそのような現状が反映されていたのである。こうした女性の動向についてはさきに研究を発表したので参照願いたい。[25]

(2)〈愚民〉の問題と分門の性格

次に〈愚民〉の問題である。私たちはさきに名前に数字を用い裁判文書にまで記載されている人びとを、「名も無き」庶民とみなした。[26]彼らは教化すべき〈愚民〉とされ、「懲悪門」では大きな位置を占めていた。ただしこの中には豪民のような在地有力者、つまり中間階層の一部も含まれる。彼らの経済的な基盤や基層社会に対する影響力は大きいが、官の側から見ればおおむね民に位置づけられる階層である。このような庶民のあり方は『清明集』全体ではどのようになっているのであろうか。〈表7〉「男性数と数字を含む人名の割合」に男性名の中に数字を含む人名数と

〈表７〉男性数と数字を含む人名の割合

	官吏	賦役	文事	戸婚			人倫	人品	懲悪	合計
				A	B	小計				
男性数	153	89	14	362	646	1008	105	163	564	2096
数字を含む人名	19	3	0	58	105	163	23	14	250	472
割合（%）	12.4	3.4	0	16.0	16.3	16.2	21.9	8.6	44.3	22.5

〈表８〉男性数と官名を含む人名の割合

	官吏	賦役	文事	戸婚			人倫	人品	懲悪	合計
				A	B	小計				
男性数	153	89	14	362	646	1008	105	163	564	2096
官名を含む人名	47	19	7	50	80	130	11	11	44	269
割合（%）	30.7	21.3	50.0	13.8	12.4	12.9	10.5	6.7	7.8	12.4

その割合をまとめてみた。

ここで注目されるのは「懲悪門」における割合の極端な高さであり、それは平均の二倍に及んでいる。ちなみに「懲悪門」を除いた平均値を求めてみると一四・六%となるから、実に三倍である。これはさきにも考察した通り、「懲悪門」ではいわゆる庶民階層が訴訟の主体となっていることを如実に示すものである。ついで「人倫門」がやや多くの数値を示しているが、そこには庶民に対する道徳的教化の意味合いもあったからであろう。

ともあれ、こうした数値は「懲悪門」とその他の分門との間で訴訟にかかわった人びとの階層が大きく異なっていたことを示唆している。「懲悪門」が中間階層の一部を含む庶民階層主体の訴訟事案であったとすれば、その他の分門は、例外もあるが、基本的に中間階層[27]がその主体であったと見ることができよう。それを裏付けるのが〈表８〉「男性数と官名を含む人名の割合」である。ここでは官名を含む人名の数とその割合を示している[28]。

一見して理解できるように、人数そのものが極端に少ない「文事門」を除けば、「官吏門」が圧倒的に高い割合になっており、「賦役門」がそれに次ぐ。この二門が官僚と関係の深い事案を扱っていることが了解される。逆に「懲悪門」はその対極にあり、好対照をなしている。また、「官吏門」に収録された判語は文字通り官吏を主な対象とした「官場」問題での判語と訓示であ

〈表9〉全体の人数と古人の数

	官吏	賦役	文事	戸婚			人倫	人品	懲悪	合計
				A	B	小計				
人名総数	192	97	28	410	786	1196	154	177	644	2488
古人数	23	4	14	4	15	19	18	5	25	108
割合(%)	12.0	4.1	50.0	1.0	2.0	1.6	11.7	2.8	3.9	4.3

り、国家機構の構成員にかかわる問題を扱っている。この点で「官吏門」とその他の分門との間には大きな隔たりがある。

こうして、〈表7〉〈表8〉を総合し、ここまでの分析も参考にしてみると、分門ごとに登場する人びとの所属階層の基本的特徴が浮かび上がってくるようである。「官吏門」は国家機構の構成員階層、「賦役門」から「人品門」までは胥吏や在地有力者などの中間階層、そして「懲悪門」は豪民などの在地有力者も含む中間階層や庶民階層が主体であった。また、「人倫門」には庶民階層や女性が比較的多く、「人品門」には庶民階層も官僚も少ない、つまり両者の接点にいる、地方の胥吏が中心となっていたことなども確認できる。

最後にもう一つの統計を付け加えておこう。それは判語中に引用された古人の数である。〈表9〉「全体の人数と古人の数」に見られる通り、全体の人数は少ないものの、「文事門」が圧倒的に高い割合になっている。そこで扱われる事案は学校にかかわる者が主体になっているだけに、故事や聖人の言葉が多く引用されているからである。次いで「官吏門」「人倫門」に多いのも、道徳的な教訓を含むという判語の性格を反映したものである。逆に割合の少ない分門では、教訓的ではなく、より現実的な記述が優先されていたことになる。かくて分門ごとの性格認識はさらに明確になってきたといえよう。

四　その他の要素の分析

以上の人名・地名以外にも『清明集』の性格を探るうえで手がかりとなる要素はある。次に判語中の年号と引用法令について考えてみたい。

(1)　年号について

全判語中の年号を拾い上げてまとめたものが〈表10〉「分門ごとの年号頻度」と〈表11〉「年号ごとの頻度」である。この場合の検討の原則は、①各判語中に記されている年号はすべて数える、②年号部分が省略されている場合も一回と数える。たとえば「嘉泰元年、二年」と書かれている場合は「嘉泰」が二回と数える。③「〇〇年間」と年号が書かれている場合は一回とする。④十干十二支によってあらわされている年号は除く、などというものである。さらに⑤〈表11〉では「戸婚門」の一年当たりの頻度数も表示する。

さて〈表10〉によれば、年号の八一％は「戸婚門」にあり、他の分門を圧倒している。したがってここでは「戸婚門」だけを問題とすればよいであろう。するとおおむね一篇の判語にほぼ一度ずつ年号が記されていることになるが、とくにA部分では一判語につき一～二度、年号が出てくることになる。それは「戸婚門」Aの記述内容と密接に関連している。つまり、土地争いなどが起こった際、審理の材料として契約書などの証拠調べがおこなわれており、契約の年月・内容などを厳密に確定したうえで判決が下されているのである。ここに資産問題に関する裁判の、証拠に厳密な訴訟指揮のあり方が示されており、それは「賦役門」の一部にも共通している(29)。

こうした厳密な訴訟指揮がおこなわれる背景には、関係者たちの関心の高さが存在する。そうした注目度の高さという圧力もあって、裁判官は明確な証拠に基づく、より客観的かつ公正な判決を出す必要があった。一方、このことは裁判に関係する人びとの教養の高さをも表現している。契約書などの文書類も、また判決文も正しく理解できる人びとが争っていたのである。それは次項に見るような引用法令の多さとも共通する特徴である。いわゆる知識階級に属し、豊かな資産の持ち主たちが争っていた。

さらに〈表11〉によれば、「戸婚門」に記されている年号の多くは開禧・嘉定から嘉熙・淳祐の間であるが、一年当たりの頻度を見れば嘉定から嘉熙年間が中心になっている。つまり寧宗から理宗の一二〇八～四〇年の三〇年間余りが、多くの契約書が作られ、証拠とされた文書類が作成された時期であった。

では判語が書かれた時点はいつであろうか。またそれは確定が可能であろうか。実は、判語の記述からそれが書かれた年を推測できるものが、『清明集』全体で三一篇ほどある。そのうち「戸婚門」が二六篇である。たとえば巻四の「王九が伯父王四の田産を占去しているのを訴える」という判語では、

……いま、游旦元の買い取り契約書を提出させた所、これは王九の父王昕が署名、捺印したものであり、開禧元年に売買し、次の年に捺印したことは明らかである。……今、土地所有者はすでに亡くなっており、契約書も十五年を経たものである。……

とあり[30]、開禧二（一二〇六）年から一五年経った時点が「今」、つまり嘉定一四（一二二一）年ということになる。こうした記述をまとめると〈表12〉「判語の作成時期（推定を含む）」のようになる。そこではどの時期に何篇の判語が書かれたかをまとめている。

一見してわかるように、理宗の淳祐年間（一二四一～五二年）が判語作成の主要な時期であった。「戸婚門」以外の分析材料は少ないものの、『清明集』の世界の歴史性はこのような時期に求めてよいのであろう。そしてこうした認識は、宋版が一二六一年かその少し後に刊刻されたとする陳智超の指摘とは合致しているが[31]、紹興から淳祐年間までの約百年間の判語を集めたものと想定する仁井田陞の見解とはやや異なるものである[32]。他方、『清明集』がなぜこの

〈表10〉分門ごとの年号頻度

	官吏	賦役	文事	戸婚			人倫	人品	懲悪	合計
				A	B	小計				
年号数	4	15	1	111	68	179	7	8	7	221
1巻当たり年号数	2	—	—	37	22.7	29.87	7	8	2.33	15.8
1判語当たり年号数	0.06	0.45	0.11	1.54	0.55	0.92	0.16	0.18	0.06	0.44

〈表11〉年号ごとの頻度

	官吏	賦役	文事	戸婚				人倫	人品	懲悪	合計
年号(西暦)／分門				A	B	小計	年当				
慶元以前	1	10	—	25	20	45	—	3	4	5	68
嘉泰(1201～04年)	—	—	1	1	1	2	0.5	—	—	—	3
開禧(1205～07年)	—	—	—	5	3	8	2.67	—	—	—	8
嘉定(1208～24年)	1	5	—	30	15	45	2.65	2	1	1	55
宝慶(1225～27年)	—	—	—	6	5	11	3.67	—	—	—	11
紹定(1228～33年)	—	—	—	18	10	28	4.67	—	—	—	28
端平(1234～36年)	—	—	—	4	4	8	2.67	—	—	1	9
嘉熙(1237～40年)	—	—	—	9	5	14	3.5	—	1	—	15
淳祐(1241～52年)	2	—	—	10	4	14	1.08	2	2	—	20
宝祐(1253～58年)	—	—	—	3	1	4	0.67	—	—	—	4
開慶以後	0	0	0	0	0	0		0	0	0	0

〈表12〉判語の作成時期（推定を含む）

年号	判語数	推定
嘉定（1208～24年）	5	以後 2
宝慶（1225～27年）	0	
紹定（1228～33年）	0	
端平（1234～36年）	2	*
嘉熙（1237～40年）	3	｜ 1 * ｜ 3
淳祐（1241～52年）	10	以後 1 * * * ｜ 1
宝祐（1253～58年）	1	*
開慶（1259年）	1	
景定（1260～64年）	0	以後 1

注：「以後」は、この年間以後と推定されるもの
*—*は、この期間内と推定されるもの

〈表13〉分門ごとの引用法令数

	官吏	賦役	文事	戸婚			人倫	人品	懲悪	合計
				A	B	小計				
法令数	9	10	0	31	68	99	8	0	45	171
1巻当たり法令数	4.5			10.3	22.7	16.5	8	0	15	12.2
1判語当たり法令数	0.13	0.45	0	0.43	0.55	0.51	0.19	0	0.39	0.34

時期の判決文を集めているのかなど、編纂の背景については今後の検討に待たねばならない。(33)ともあれ、年号の検討によって「戸婚門」の証拠文書重視主義ともいうべき性格や訴訟の主体となっている階層、また『清明集』編纂の時期などが明らかになってきたと思う。

(2)　引用法令について

次に、判語中に引用されている法令の条文数を数え上げたものが〈表13〉「分門ごとの引用法令数」である。その統計の原則は、①「在法」などとして引用された法令およびそれに準ずるもので、②それが律であるか勅であるかなどの区別はせず（看詳・指揮も含む）、③不完全な法文の引用でも、引用法令と理解できるものを拾い上げている。

ここでは「賦役門」と「戸婚門」が目立っており、次いで「懲悪門」でも比較的多くの法令が引用されていた。前二者では二篇の判語に一条の法令という割合で引用されていることになる。このことは、「賦役門」（国家による労役収取の問題）と「戸婚門」（土地争い、血統の継承争いなどの問題）において、とくに法令に基づいた厳密な裁判が要求されていたことを示す。「賦役門」では職務の執行にあたって国家的権威の裏付けを示す必要があったためであろうし、「懲悪門」でも同様に、〈お上〉の威厳を明示することに意味があったであろう。また、「戸婚門」では、さきの年号の問題と同様に、判決の拠り所を客観的に、明瞭に示すことが必要だったためと考えられる。また、そのB部分で頻度がより高くなっているのは、血統の継承といった問題で、当事者たちを納得させるための材料として国家の法令が援用されることが多かったのであろう。つまり、ここには宗族内部の争いに国家が介入し、あるいは求められて調停者となるといった、当時の国家と宗族との関係や裁判のあり方がうかがえるのである。

他方、「文事」「人品」両門では引用法令は皆無である。判語の少ない「文事門」はさておき、「人品門」はこの分門が持つ一つの特徴を表していると思われる。ここでは、極端にいえば、ある判決を出すときに依拠すべき法令を明示する必要がなかったのではないだろうか。むしろ裁判官の裁量に任せられていた部分がきわめて大きかったと思われる。なぜならば「人品門」の主体となっている胥吏（宗室・士人も含むが）はある意味で〈必要悪〉だったのであり、彼らを裁く際には法令の厳密な適用よりも〈人情〉原理に基づく判決が求められていたと思われるからである。(34) さきに見たように彼らの社会的存在形態を考えると、その可能性の高さが感じられるし、こうした問題での当時の裁判がもつ微妙なそして興味深い性格がうかがえるのである。このような裁判における判決基準とその適用に関しては次章で考えることにする。

おわりに

以上の分析をまとめる前に、若干の比較材料を提示しておこう。それは中華書局版『清明集』の付録二として収められた黄榦の判語による統計表である。そこでは判語の分類もおこなわれていないし、編纂者の意志も加えられていない、いわば平均的な判語のあり方が示されているとみなされる。そこで小論で取り上げてきた各要素をまとめれば〈表14〉「黄榦の判語に見える諸要素」のようになる。

これによれば、分量は『清明集』の一分門とほぼ同じであり、比較の対象として格好の材料であろう。まず一判語

〈表14〉黄榦の判語に見える諸要素

判語数	頁数	1判語当たり頁数	地名	1判語当たり地名数	人名総数	女性(%)
37	45	1.22	25	0.67	215	16（7.4）

数字を含む名前(%)	官名を含む名前(%)	年号数	1判語当たり年号数	引用法令数	1判語当たり法令数
29（13.5）	51（23.7）	17	0.46	5	0.14

当たりの頁数を見ると、「戸婚門」に近い数値で、判語の省略部分が少ないことを示している。地名の分布については個人の作品であるという性格から、分析は無理であるが、頻度では前述の「官吏」「賦役」「懲悪」各門と同様である。それは前述の論点――これらの三門がほぼ平均値を示す――を裏付けてくれる。次に人名である。女性の割合はやや少ないが、「賦役門」「人品門」よりは多く、「懲悪門」に近い値である。また、庶民と見なされる人名は「懲悪門」を除いた平均値に近い。一方、官名を含む人名では「賦役門」よりも大きい数値を示す。これは、裁判を担当した地方官の名前を多く引用して、その判決の妥当性を検討している判語が多いためであると考えられる。ちなみに五一名中一二名が裁判担当官の名前である。これは黄榦の判語の特徴とも見ることができようが、一般的な地方官の視点を考えれば特殊なものではない。さらに、年号は『清明集』の平均値と等しく、引用法令数では「官吏門」と等しい。

このように黄榦の判語の内容を分析すると、『清明集』の平均値ときわめて近い値を示す。言い換えれば、小論で分析してきた『清明集』の分門ごとの特徴を裏付けてくれるものとなっている。

以上の点を踏まえて本章のまとめに入ろう。ここでは、『清明集』に現れる諸要素ごとの数値の偏在がかなり大きいことが確かめられたし、それが分門ごとの内容的特徴を反映したものであることも、ある程度まで推定し得た。今後の研究の便宜のために、それらを箇条書き的にまとめておけば次のようになる。

(1)明版『清明集』編纂の重点は「戸婚門」に置かれていた。巻数構成や一篇の判語の長さからそれを推測できる。

(2)『清明集』に登場する地名は、臨安府から鄱陽湖を結ぶ交通路上および福建路建寧府に多く存在していた。建寧府の地名が多いのは、収録された判語の著者に福建路地域の関係者が多かったことが一因となるかもしれない。

(3)地名が多く記載されているのは「人品門」であり、それは州・県の胥吏の犯罪に関する文章が多かったからである。逆に地名の少ない「人倫門」には、一般的な倫理道徳を主題とする判語が多かった。

〈表15〉分門ごとの特徴

	官吏	賦役	文事	戸婚	人倫	人品	懲悪
巻　　数		▲	▲	○			
判 語 数			▲	○			
頁　　数			▲	○			
１判語当たり頁数			▲	○			
地　　名			—		▲	○	
女　　性		▲	—		○	▲	
数字を含む名前		▲	—				○
官名を含む名前	○		—			▲	▲
古　　人		▲	○	▲	○	▲	
年　　号			—	○			
引用法令		○	—	○		▲	○

(4)女性が比較的多く登場しているのは「人倫門」と「戸婚門」B部分である。そこでは女性の存在を無視しえない問題が扱われていた。それは家族に関する倫理道徳と血統の継承問題である。

(5)庶民階層の割合が最も大きかったのは「懲悪門」であり、「人倫門」がこれに次いでいる。「懲悪門」は庶民階層を主体とする事案を扱っており、「人倫門」は庶民を含む倫理道徳の問題を扱っていた。これに対して他の五門は上層階級、すなわち中間階層以上を主体とする事案を扱っている。そのうち「官吏門」は国家機構の構成員が主体となっている。

(6)「文事門」では、故事を踏まえた教訓的な文章が目立つ。

(7)「戸婚門」は、全体の分量が多いのみならず、厳密な証拠文書の吟味と法令の参照をともなう判語が多かった。それは当時の中間階層の関心のありかを示していると見られる。

(8)「人品門」の判語は法令を引用していない。裁判官の〈人情〉による判決が重んじられたためとみられる。

これらの検討結果を総合して、『清明集』の分門ごとの大まかな特徴を改めてまとめておけば〈表15〉「分門ごとの特徴」のようになる。それぞれの項目ごとに大きな数値を示しているものは○で、小さな数値を示しているものは▲、検討の対象としていないものは―で表している。このようにまとめれば容易に各分門の性格を再確認することができる。

以上が検討の結果であるが、小論で取り出した数値をどのように解釈するかはかなり自由度の高い問題であり、今後の研究に待つところも多い。ここではさしあたり私のこれまでの研究の延長線上で考えてきたものであった。

注

（1）仁井田陞「清明集戸婚門の研究」（『中国法制史研究』法と慣習、東京大学出版会、一九八〇年補訂版）など。また『清明集』に関する研究は石川重雄編『宋元釈語語彙索引』（汲古書院、一九九五年）所収「清明集研究関連論著目録」に網羅されている。この他、小川快之「『清明集』と宋代史研究」（『中国―社会と文化』一八、二〇〇三年）、同「宋―清代法秩序民事法関係文献目録」（大島立子編『前近代中国の法と社会』東洋文庫、二〇〇九年）など参照。

（2）滋賀秀三『中国家族法の原理』（創文社、一九六七年）、高橋芳郎『宋代中国の法制と社会』（汲古書院、二〇〇二年）、同『宋―清身分法の研究』（北海道大学図書刊行会、二〇〇一年）など。

（3）清明集研究会編『『名公書判清明集』（懲悪門）（人品門）（人倫門）（官吏門）訳注稿』（汲古書院扱い、一九九一～二〇〇〇年）、大澤編著『主張する〈愚民〉たち』（角川書店、一九九六年）など。

（4）陳智超「宋史研究的珍貴史料」（中華書局版『名公書判清明集』付録七、一九八七年）。

（5）高橋芳郎「名公書判清明集」（滋賀秀三編『中国法制史』東京大学出版会、一九九三年）。

（6）陳智超、前掲注（4）論文、六六八頁以降。
（7）前掲注（3）大澤編著書「エピローグ」参照。
（8）たとえば「懲悪門」巻一二「貢士姦汚」に「售儀曹子貫」とあり、これは恐らく「舊儀曹子貫」の誤りで、官職名と人名の組み合わせであろうと思われるが、確認できなかった。
（9）前掲注（7）に同じ。二二〇頁。
（10）陳智超、前掲注（4）論文、六八一頁。陳は全体で四七三篇とするが、小論では本文に記したような条件で数えているため、全体で五〇七篇となった。
（11）言うまでもなく『清明集』は編纂史料であり、原文書を適宜編集したものである。そのため文意が通じない部分も多く、本書が難解とされる理由の一つとなっている。〈表1〉の数値から、「戸婚門」では編集の過程で比較的多くの部分が残された可能性があるが、その詳細については今後の研究に待ちたい。
（12）原文は以下の通り。巻十一「違法害民」
　當職未巡歴之前、已聞弋陽有孫余二吏之横、民不堪之、……
（13）同前「十虎害民」
　當職昨過鉛山縣、聞有十虎、極爲民害、……
（14）陳智超は、『清明集』の編印者は崇安県に籍貫をもつ人であり、そのため本書に収録された判語の作者に福建出身者や福建での官歴を持つ人物が多いとする（前掲注（4）論文、六五一頁）。
（15）陳前掲注（4）論文、周藤吉之「古典研究会刊・静嘉堂文庫蔵『名公書判清明集』について」（『宋代史研究』東洋文庫、一九六九年）。他に昌彼得他『宋人伝記資料索引』（鼎文書局、一九八三～八八年）を利用し、必要に応じて『宋史』本伝・『咸淳臨安志』や呉廷燮『南宋制撫年表』（中華書局、一九八四年）などを参照した。
（16）前掲注（7）に同じ。
（17）矢沢利彦『グリーン・ティーとブラック・ティー』（汲古書院、一九九七年）によれば、清代のブラック・ティーは崇安県に集積されたのち、武夷山脈を越えて河口鎮に出、饒州から鄱陽湖を渡り、贛江沿いに広東に運ばれた。その後、海外に輸出されたのだという（第七章 茶の輸送された道、宣教師の来た道）。南宋時代にもこのような茶の輸送ルートがあったかどうかはわからないが、交通路を考える上で示唆的な指摘である。

(18) この点については、たとえば小川快之の研究がある。『伝統中国の法と秩序――地域社会の視点から』（汲古書院、二〇〇九年）参照。

(19) 巻十「妻背夫悖舅、断罪聴離」

……今朱四目能視、耳能聴、口能言、手能運、足能行、初未嘗有蔡人之疾也、阿張乃無故而謂之癡愚、欲相棄背、……杖六十、聴離、……

(20) 巻十「婦以悪名加其舅、以図免罪」

阿張爲人子婦、不能奉尊長、首尾不及一年、厥舅兩以不孝訟之、……今蔣九因阿張之故、遂至棄父養、出外別居、不顧父母之養、不孝孰大、其子當斷、其婦當逐、然後理阿張決十五、押下、射充軍妻、……

(21) この判語で阿張を「淫濫之婦」と認定しているわけではない。しかし「射充軍妻」という処分は、巻十二「因姦射射」条の「其妻阿朱免斷、押下軍寨射射」、つまり「淫濫之婦、俾軍人射以爲妻」という処分、および巻十四「把持公事、欺騙良民、過悪山積」条の「検法書擬」にある「趙秀本是官妓、……押下雄楚寨、與戍兵射給多中者爲妻」という処分と同じである。また、前掲注（3）大澤編著書の五「浮気女は射撃比べの賞品」の項参照。

(22) この法は「戸婚門」を通じて四回引用されている。その一つをあげれば次のようなものである。巻七「雙立母命之子與同宗之子」に「又法、其欲繼絶、而得絶家親尊長命繼者、聴之、但夫亡妻在、從其妻、法有明條」とある。

(23) たとえば、巻八「当出家長」に

立繼之法、必由所由、李氏既是家長、則立繼必由李氏、……則明孫之立、乃出於群黨之私計、而非出於李氏之本意明矣、……

とあり、女性の家長である李氏の意志が尊重されている。また、この問題については滋賀前掲注（2）著書第二章第四節家務の管理、参照。

（24）たとえば巻八「治命不可動揺」では、寡婦である曾氏の意志が承認されている。

……自従其夫呉擔下世、毎事皆係曾氏處分、則議立呉鎭、亦須聽從其願、他人何預焉、……

（25）拙著『唐宋時代の家族・婚姻・女性』（明石書店、二〇〇五年）。

（26）前掲注（7）に同じ。簡単に確認しておけば、「懲悪門」には本名ではなく数字を名前に持つ人名が多数登場していた。私たちはこれを、輩行を数字で表して通称としたものと考えた。無論、庶民以外でも輩行を数字で表すことがあるが、判語のような正式文書に記載される場合は本名で記されたであろう。ここではそのような場合は例外と判断した。

（27）中間階層の問題については、拙稿「中間層論と人間関係論への一視点」（中村哲編『東アジア専制国家と社会・経済』青木書店、一九九三年）参照。また、斯波義信は「南宋における『中間領域』社会の登場」（『宋元時代史の基本問題』汲古書院、一九九六年）において、中間的な集合領域・社会領域の問題を提起している。

（28）前掲注（7）に同じ。簡単に確認しておけば、ここでは姓の次に官職名や散官名を付けている人物を数え上げている。趙知県・王朝散のような人名である。このため事案と利害関係がなく、裁判を担当しただけの人物名も含まれてしまうが、それらは少数であり無視できると考えた。

（29）「限田」という小項目を見ると、役に関する事案で資産が問題となっているものがあり、その所有者・所有高などが審査されている。その際、売買契約などが詳細に吟味されていた。

（30）巻四「王九訴伯王四占去田産」

……今索到游旦元買契、係是王九父王昕着押、開禧元年交易、次年投印分明、……今、業主已亡、而印契亦經十五年、……

（31）陳、前掲注（4）論文、六五〇頁。

（32）仁井田、前掲注（1）論文、三七三頁。

（33）高橋芳郎はこの点についても言及している（前掲注（5）論文）。それによれば彼は「新たな官僚群の輩出」による地方行政用ハンドブックへの需要および「社会経済の複雑化」に「対応する法制の新展開」を指摘する。

（34）滋賀秀三は、判決を下す際の法源には「情・法・理」すなわち「人情・国法・天理」の三点があったとする。この点については次章で展開する。また、私は〈情〉に重点が置かれる裁判のあり方について前掲注（7）で「対立ともたれあいの構造」によるものと考えた。

補注：最近、許浩『《名公書判清明集》詞匯研究』（人民出版社、二〇一三年）が刊行された。本章と共通する部分もある課題意識で『清明集』の語彙を研究している。たとえば数字を含む人名の研究もあり、そこでは本稿とはやや異なる視点も提出されている。しかし基本的な理解にはあまり差がない。興味のある方は参照していただきたい。

ただし、中国の研究書にしばしば見られる欠陥であるが、本書も日本の研究蓄積をまったく参照していない。周知の通り、日本では『清明集』の語彙解釈をめぐってさまざまな論争がおこなわれ、その成果として一定の共通理解に到達しているものも多い。この成果は当然、中国史学界の財産として共有され、今後の研究に生かされるべきものである。にもかかわらず、これらに何らの言及もなく、中国の研究のみを参照して一冊の著作とされているのは信じ難いことである。近代的な学問研究方法の常識を逸脱していると言わざるを得ない。このような例は多く、中国の学界ではいまだに日本の研究に触れない研究書が多数出版されている。これはきわめて憂慮すべき事態であり、早急に改善されることが望まれる。

第二章　胡石壁の「人情」――『清明集』定性分析の試み

はじめに――問題の所在

前章で触れたように、一九八〇年代半ばに明版『清明集』が発見されて以来、この貴重な史料を使ったさまざまな研究が積み重ねられてきた(1)。しかし研究が進む一方で依然として解明されていない問題も多く、そのひとつが本書の史料的性格をめぐるものである。前章では、それを定量分析的方法によって検討してみようと考え、一定の認識に到達した。しかしそこでは、いわば外見的性格は明らかになったものの、当然のことながら質的な面は把握できなかった。そこで本章では『清明集』所載判語の性格を別の視角から分析してみたい。判語の内容に即して、その成分を分析したいのである。さきの「定量分析の試み」という副題にならえば「定性分析の試み」である。

本書の性格規定に関しては、かつて「著名な官人」の「判決集」などとされてきたが(2)、明版発見以後その全体像が明らかになり、新たな性格規定が与えられた。陳智超は著名官人の著作という点を除外し「宋代の訴訟判決と公文書を分類編纂したもの」としている(3)。一方、高橋芳郎は本書を「地方行政に関するハンドブック」の一種と簡潔に定義した(4)。確かに時代背景などを考えれば高橋のように判断した根拠も理解できる。しかしわれわれは本書の訳注作業を進める中で、(5)こうした定義が十分にその性格を表現したものではないということに気がついた。本書を「ハンドブック」として見るとき、他の官箴書類と比べて機能的叙述ではないと思われるし、何よりも内容構成が偏っているからである。前章で見たように、本書の全一四巻中、戸婚門が六巻、懲悪門が三巻を占めるというように量的に偏っている。もしこれが当時実際にあった訴訟案件の数量的内訳を反映したものであるならば納得がゆくだろう。しかし巻三賦役門の判語の少なさをみるとき、訴訟状況の反映とは理解しがたい。税役にからむ訴訟はもっと多かったと思われるからである。また「名公」の判語を選んだとされながら朱熹や黄榦の判語は一篇も採録されていないし（朱熹は宋版『清明集』の「清明集名氏」には載せられているが判語はない）、採録された判語の数には執筆者による偏りがある。さらにそれが収録されている分門にも偏りがある。

たとえば本書収録判語の二大執筆者とも呼ぶべき胡石壁（名は穎）と蔡久軒（名は抗）についてみよう。収録された判語の篇数と分門およびその割合を再度確認しておけば次のようになる。

＊胡石壁　全体七六／三四七篇（二二％）
官吏門六／六七篇（九％）、賦役門四／三六篇（一一％）、文事門二／八篇（二五％）、戸婚門一五／一九五篇（八％）、人倫門二〇／四三篇（四七％）、人品門八／四五篇（一八％）、懲悪門二一／一一四篇（一八％）

＊蔡久軒　全体七一／三四七篇（二〇％）
官吏門六／六七篇（九％）、賦役門三／三六篇（八％）、文事門三／八篇（三八％）、戸婚門一七／一九五篇（九％）、人倫門八／四三篇（一九％）、人品門一五／四五篇（三三％）、懲悪門一九／一一四篇（一七％）

このように二人の判語はそれぞれ全体のおよそ二割、合計で四割余りを占める。また採録判語の少ない文事門を除いて、人倫門などは五割近くを胡石壁一人の判語が占め、人品門では蔡久軒が三分の一を占めていた（傍線部）。つまり、人倫門では胡石壁の判語が、人品門では蔡久軒のそれが、編纂者によって最も重要だという評価を与えられていたことになる。当時の判語全体の分量からみて、このような選択が妥当だったのかどうか、疑問なしとはしない。さらに、判語の長さもさまざまである。蔡久軒の判語では標点本の行数で三行以下のものが一八篇（二五％余り）もある。なかには内容のよく理解できないものも採録されている。

これらの事実のある部分は、明版に至るまで何回かの刊行の過程でかなり杜撰な作業が繰り返された結果、原版本と形が変わったためとも考えられる(6)。しかしそれだけではなく、判語の採録にあたって編纂者の個人的意志がかなり強く働いていたと考えればより合理的に説明できる。ただこの意志がどのようなものだったかが問題であるが、われわれの研究はいまだ十分ではない。小論を考察の端緒としたいと思う。

ともかくも本書の内容には編纂者の意志、つまり判語に対する評価が色濃く反映されており、その構成も機能的なものではなかった。したがってこれが直ちに「ハンドブック」として地方官の実務に役立ったとは思えないのである。むしろ陳智超の言うように、判語の重要部分（編纂者が判断した）を整理した類書とでもいうような印象がある。とはいえ本書の史料的性格についてはいま少し検討が必要である。

そこで判語の構造を考えてみる。通常の裁判では、訴状の受理後、推鞫—録問・検断—断の三段階の手続きを経る(7)。したがって判語には本来これらの段階で作成された文書の文言が反映されているはずである。そこには、仁井田陞がいうように「判決理由」すなわち「主文の判断に到る論理過程」が「詳細に記され」ている(8)。ここに研究の手がかりがある。こうして判語の構造を図式的にまとめれば、おおむね次の三部分となる。

①事実確認（供述・証拠調べ）＋②適用する法律の検討＋③判断（裁判官の見解＋量刑・調停）

ここで注目すべきは③判断の部分である。これは判語作者の腕の見せ所であり、作者の考え方や判語の性格が直截に表現された部分である。われわれはこの部分、とくに裁判官の見解部分を題材として分析を進めたいと思う。その際、裁判における判断の基準が問題になる。これまでの研究では「天理」「国法」「人情」という三原則の存在が指摘されているが、この点についてはいくつかの議論がある。そこでこの議論を検討することから考察を始めたい。以下、論争の検討に移る。

一　「人情」論争

清代の裁判を分析してその判断基準に三原則があることを指摘したのは滋賀秀三であった(9)。そうしておおむねこの見解が受け入れられてきていると思われる。しかしこの三原則については内容の理解に異論が出されているし、また「人情」原則についての論争もある。次に滋賀の理解を参照しつつ、課題を考えてゆこう。

さて、滋賀は清代の裁判を緻密に分析し、「民事法源」、つまり「裁判の拠り所」として「人情」「国法」「天理」の三原則が存在することを指摘した。このうち「国法」が重要な原則となる点については問題ないであろうが、「人情」「天理」原則についてはあいまいな部分が残されている。まずこの二つの原則についての滋賀の議論を丁寧に見てみよう。「理」と「情」については次のように述べられている。

「『理』と『情』は、……そして名詞としてつづめれば『情理』という熟語として、連結して用いられる場合が少なくない。」（二七七頁）

「情理とは社会生活における健全な価値判断とくに平衡感覚を言うものとでも理解しておくほかないであろう。注意すべきことは、情理は慣習として実証的に論ぜられ得るものでもないという事実である。」（二八三頁）

「……『理』は事物に即して考えられるところの、したがって同種の事物には普遍的に妥当するような道理を言う。」（二八五頁）

「『情』の字の含意とその働らき《ママ》は頗る多面的であって説明しにくい。しかもこれこそが中国的『情理』を解明するための関鍵であろうと思われる。」（二八六頁）

「……理と情は対立する概念でありながら同時に結びあい補いあって『情理』すなわち中国的良識を形成する。そしてこれこそがもっとも遍在的な裁判基準であったと言うことができる。なかんずく人情こそはすべてに冠たるおきてであったとさえ見られるふしがある。」（二八八頁）

「国家の法律は情理を部分的に実定化したものであり、情理一般の働きに手がかりを与えるものという性格をもっていたのである。それ故にまた法律の文言は情理によって解釈もされ変通もされるべきものであった。」（二九〇頁）

このように、滋賀は「情」と「理」の重要性を指摘し、とくに「人情」が最も根底的な原則であったようだとする。しかしそれは「実証的に論」じにくく、「中国的良識」とも言えるような幅広い基準であった。滋賀の言うところはよく理解できる。けれども、ここに若干の疑問が残ることも否めない。すなわち「人情」と「天理」をそれぞれ別個の法源として切り離して考えることは妥当なのであろうか。両原則は裁判官の思考の中では一体だったのではないのだろうか、という疑問である。この点で滋賀は前近代の論理を近代の論理で裁断しているような印象が残るのである。この点は後に考えることとする。

ともあれ滋賀の議論に対して佐立治人が批判を提出した[10]。佐立は『清明集』にあらわれる「人情」及びそれに準じる用例を網羅して三二例抽出し、その一々について詳細に検討した。その結果、次のような点を指摘した。

はなかったと見て差し支えあるまい。」（三一三頁）

「『清明集』から読み取ることができる民事的裁判の世界では、判断基準としての「人情」の役割は決して大きく

できたように思う。」（三二一頁）

「『清明集』の民事的裁判では、一般庶民である当事者が自ら制定法を援用することが実際にありえたことを確認

「『清明集』から読み取ることのできる民事的裁判の世界では、制定法を根拠にして当事者の主張の是非を二者択一的に判断しなければならない、という裁判官の信念に対して、訴訟当事者側では勝ちを得るために、自分の主張に有利な法律を自ら援用し、自分に都合のよい法律解釈を自ら提示することで応じる、という辻褄の合った関係が成立していたことを確認できたように思う。」（三二四頁）

「『清明集』の民事的裁判は、法律に依拠して当事者の主張の是非を二者択一的に判定する裁判であり、決して情理に基づく教諭的調停ではなかったことを、この機会に強調しておくのも無意味ではあるまい。……」（三二六頁）

つまり南宋の「民事的」裁判では、「人情」原則の「役割は決して大きくなく」、「法律に依拠して」「二者択一的に判定する裁判であ」ったという。さらに「一般庶民である当事者が」「制定法を援用する」こともあったとする。

このような批判に対して滋賀はコメントを提出した。[11]そこでは調停的裁判という性格や「人情」と「法意」の関連については反論しつつも、「人情」の用例による検討結果はほぼ認めているようである。

確かに佐立の提出した「人情」事例の検討は詳細で厳密なものであり、納得する点も多い。たとえば、法律の優位を主張する点で言えば、『清明集』の判語では自供・証言や文書証拠を重視したり、適用法令をめぐる議論を展開したりして「二者択一的な」判決を下している例がかなり目に付く。この点で清代の裁判との違いはあるようである。

しかし、「人情」原則に対する理解を研究しようとするとき、「人情」やそれに準じる用語のみに限定してよいもの

であろうか。判語における「人情」は判決の基準を示す術語として確立していたわけではなく、判語の中で必ず使うことが決められていたわけでもないのである。つまり、この用語に限定して狭い範囲内で「人情」を理解してよいのかという疑問がある。本来の「人情」は裁判官の感覚に深く根ざすものであり、「人情」という用語のみがそれを表しているとは考えがたい。滋賀は「人情」の重要性を強調しつつも、「情理」というより広い概念をも提示して法源を論じているのである。宋代においてもいま少し視野を広げて研究する必要があるのではなかろうか。簡潔に言えば「人情」や「情理」という用語を使わなくても「人情」原則が表現されているのではないのか。われわれはもっと視野を広げて判語を読みたい。そして宋代の裁判官の発想法をできるだけ的確に捉えたいと思う。それは私の関心が社会史にもあるからであり、そこに表明された歴史的、社会的情況を見落としたくないという理由も率直に述べておきたい。

もう一点触れておけば、当時の「一般庶民」が法律を援用したという論点は受け入れられない。いわゆる訴訟ゴロや在地の知識人が法律についての知識をもっていたことは当然あろうが、彼らを「一般庶民」と理解してよいのだろうか。私は彼らを「一般庶民」とは区別すべきだと考える。むしろ彼らは前章でも触れた「中間階層」ないしそれに近い階層と理解したいのである。

ところで劉馨珺は『清明集』を駆使した興味深い研究を発表している。(12)その中でこの論争に言及し、佐立の議論を批判している。つまり「判決文中に使用されているある一つの名詞を集めれば、使われている用語の『基礎』を見出すことはできるが、一事案ごとに由来や背景があるのであって、時にはかえって木を見て森を見ないという苦しい立場に追い込まれることがある」といい、一つの用語に限定することの危険性を指摘する。そのうえで劉自身の「聴訟と定罪」についての結論は次のようにまとめられている。

「……南宋行政官僚が作り上げた『わが心を秤の如くし』『情を酌んで処置する』という理性的態度とは次のようなものであった。つまり一件書類に載せられている事『情』を詳細に検討し、『理法』の行政手続きを通して、『道理』を探し出し、『法』令をチェックし、『天理』を貫き、『人情と法意』のバランスをとり、もっとも『情理法』に合致する判決を出す、というものである。」(二八五頁)

若干わかりにくい部分もあるが、劉はこの結論を図示しているので(二八六頁)、それをみると実際の判決においては「人情と法意」のバランスが最も重要な原則だったと考えているように見える。「人情」原則の理解は佐立よりも広いものであった。

以上のような議論を見てくると、南宋の裁判において「人情」原則にどのような位置が与えられていたかはさらに検討の余地があるようである。『清明集』に密着して、さらに考察してみたい。

二　胡石壁の判語における「天理」「義」「疾悪」

『清明集』の判決基準を研究しようとする場合、その全体を対象とすべきなのは言うまでもない。しかし小論の紙幅は限られており、その余裕はない。ここでは『清明集』の主要部分について考察するにとどめざるをえない。そこでさきに見た「偏り」を思い出していただきたい。『清明集』に収録された判語の作者は胡石壁と蔡久軒が双璧であった。小論ではさしあたりこの二人の判語についてそれぞれの構造を分析・比較してみたいと思う。そのための材料として彼らの判語を三原則ごとに区分する。つまり判語をその内容に即して三原則ごとに分類して記述を摘記した一覧表を作り、そのうえで考察を加えることとしたい。

ところで判語の内容を区分する際、三原則それぞれについて幅広く理解しておくことが必要である。「人情」「国法」「天理」等の語が用いられているかどうかにかかわらず、判語の文意に即して判断するためである。そして注目すべき表現を簡潔に摘記すれば後掲のような〈表1〉〈表2〉ができあがる。このうち「国法」部分についてはそれほど問題にならないであろう。表現としてわかりやすいからである。問題は「人情」と「天理」である。以下この二つの原則について検討する。

まず、胡石壁の判語にあらわれた「天理」部分からみてゆきたいのであるが、その前に『宋史』胡潁伝によって彼の経歴を簡単に見ておこう。胡石壁、名は穎、潭州湘潭の人で紹定五（一二三二）年の進士である。その後、浙西提点刑獄・湖南提挙常平などを歴任した。「性、邪佞を喜ばず」、判語が得意で、「経史」を援用して「事情」に適した美文調の判語をたちまちのうちに書きあげたという。(13) 確かに『清明集』に収録された判語を読むとこの評価は当たっている。われわれが『清明集』の訳注稿を作成していたとき、出典の調査は一仕事であった。

さて、「天理」とは、滋賀が言うように「同種の事物には普遍的に妥当するような道理」「すべての人間に妥当する規範」と考えてよいであろう。(14) ただこのような「道理」「規範」の範囲は個人の考え方によって多少の違いがある。胡石壁の場合はどのようなものであったのだろうか。

そこで判語の表現を大まかに眺めると、まずわかりやすいのは人名・書名の例示である。聖人・君子の例として、孔子・孟子から唐代の韓愈まであげられており、彼らの模範的な言動が示される。また、書名では儒教の経典が多くあげられ、書名をあげない場合でもいたるところで経典の文言を引用している。〈表1〉では煩瑣を避けるため、引用された文言の典拠を一々挙げることはせず、書名があげられている場合のみ摘記した。

次いで使われている語彙をみる。まず①「天理」を意味する用語、つまり「道理」「人倫」「孝」「友」「仁」などがある。この他、それ自身は「正しい」という意味であるが、それよりも他の用語に結びついて評価の基準として用いられる②「義」もある。他方、これらと逆の表現にも注意しておかねばならない。胡石壁が憎み斥けるという意味の③「疾悪」などと表現される行為もあり、それらを逆に考えれば「天理」の在処がうかがえることになる。以上の①〜③を総合して考えれば、胡石壁が念頭に置く「天理」原則が理解できると思われる。

そうして〈表1〉の天理部分を見てみよう。①の用語では、前掲の例の他、「不孝」「不友」「尊老」「矜恤」「失節」などがある。また文句として使われるのは「親疎之常理」「廉潔之婦」「恤惕惻隠之心」「不事二夫之操」「以仁為本」「知有礼儀」などであった。そしてこれらを全体的に見れば、その内容は大きく二つに分かれるであろう。一つはいわば普遍的な道徳で、仁に基づく政治、老人や弱者をいたわる心、あるいは№46の「郷曲隣里の和睦」を示す「道理」であった。そしてもう一つは親子・兄弟・夫婦（とくに嫁）・宗族など家族・宗族関係に関する道徳である。つまり家族・宗族間の関係のあるべき基準である。これは「天理」が家族関係の中に顕れるべきだと考える立場の表明であり、それは宋代道学の一特徴とも言われる[15]。

次に文章表現の中の「天理」をみる。ここでは②「義」と評価される行為があり、それは以下の七例である。関連部分の和訳を掲げてみよう[16]。なお、数字は〈表1・2〉中の番号と対応し、それぞれⅠ○、Ⅱ○とする。

Ⅰ33　巻十　人倫門「兄弟之訟[17]」

……家には母がおり、年は六十を越えている。兄弟同気という義にそむいてしまっている以上（義既乖於同気）、どうして「母の心を慰める」という孝が行えよう。財貨を好み、妻子を偏愛する思いが心の中に燃えさかったため、ついに母に「不孝」、兄に「不恭」、弟に「不友」という状況に至ってしまった。天下の大悪をわずかな期間でやってのけ、顧みもしない。このような人間はまことに禽獣にも及ばない。……

Ⅰ34　巻十　人倫門「弟以悪名叱兄[18]」
……ただ丁居約・丁五十二とは従兄弟なのに、ほとんど「友愛」の義がなく（略無友愛之義）、ついには道理に合わない訴訟を起こし、……

Ⅰ35　巻十　人倫門「妻已改適、謀占前夫財物[19]」
……もし阿常に少しでも人間らしい心があるのなら、まさしく生涯再婚せず、姑を扶養して生き、姑を守り通して死ぬといった、陳孝婦の義のようにもできたのである。……阿常は夫を裏切り夫婦の義を絶っている（背夫絶義）のだから、これ以上他人のものを横取りしようなどと考えてはならない。……

Ⅰ36　巻十　人倫門「妻背夫悖舅断罷聴離[20]」
……阿張は理由もなく夫を痴愚と呼び、離縁して出て行こうとしており、すでに夫婦の義を失っている（已失夫婦之義）。……

Ⅰ40　巻十　人倫門「婦以悪名加其舅以図免罪[21]」
……たとえ蔣八が誘惑してこようとも、阿張はこれを拒絶すればよいのに、大っぴらに人に話すとは、尊長のために秘するという義にもとっている（非為尊長諱之義矣）。……

Ⅰ56　巻十二　懲悪門「告姦而未有実跡、各従軽断[22]」
……その妹の孟円は家が破産したのち忘れ形見を迎え入れたが、この行為は義というべきである（此挙可謂義哉）。……

Ⅰ61　巻十二　懲悪門「士人教唆詞訟、把持県官[23]」
劉濤は……聖賢の戒め（聖賢之戒）にそむき、心得違いをして、役所に出入りし、裏工作を一手に引き受けている。そうしておいてこれについては「義であります」と書いている。ああ、天下の義事は常人の為し得るところではないのだ（天下之義事、豈常人之所能為哉）。……それなのに（劉）濤は他人の訴え事に首を突っ込むことを義とするのであろうか。……

この他、Ⅰ67のように、一般的な悪事という意味で「不義」とする用例もあり、Ⅰ61と共通する用例であるが、それは除外しておく。ともあれ以上の用例において言われるのは、兄弟の恭・友（同気之義）、夫婦の道（夫婦之義）、嫁の尊長に対する礼儀、婦道の遵守（孝婦之義・不義之婦）、血縁の孤児の収養であり、裁判における人助け（自称「義事」）等の行為であった。ここではⅠ35・40のように「孝婦」のなすべき行為やⅠ40のように尊長への礼儀の具体的な内容も記述されている。こうして示される「義」の行為七例のうち六例は家族・宗族関係にかかわる道徳であった。残りの一例は、被告の勝手な主張とはいえ裁判における人助けであるから弱者救済の行為だった。胡石壁の「天理」原則の内容はここでも一貫していたといえる。

以上に見たように胡石壁の「天理」原則の在処はほぼ理解し得た。最後にもうひとつ彼が憎んでいた行為を見ておきたい。③「疾悪」の対象であるが、以下の五例であった。

Ⅰ15　巻八　戸婚門「父在立異姓、父無遺還之条[24]」

……本当は「兄の臂をねじりあげて、その食物を奪い取ろう」（孟子）とするものである。弟が生きていれば弟を誣告し、弟が死ねば甥を誣告する。良くない心がけで、ここまでに至っている。本官は常日頃こうした輩を仇のように憎んでいる（疾悪此輩如寇讐）。今日この件を担当したからには懲らしめずにおられようか。……

Ⅰ16　巻八　戸婚門「叔教其嫂不願立嗣、意在呑併[25]」

……阿張はひとりの愚かな女に過ぎず、知識とてない。これはきっと李学礼がその兄の財産を併呑したいと思い、そこで母親をそそのかして訴え出させたものに違いない。兄弟の恩愛（同気之恩）を忘れ、絶えた家を継ぐ誼を放棄し、祖先の祭を途絶えさせ、その霊魂を飢えさせる。このような事態を黙って忍んでいられようか。これは禽獣やこの世ならぬ異類にひとしく、本官が仇のように憎むものである（悪之如寇讐）。……

I 43　巻十　人倫門「叔母訟其姪打破荘屋等事(26)」

……今、叔母が数百里の遠きを厭わずに法廷へ訴訟に赴いたのは、必ずや止むに止まれぬことがあったからである。甥でありながら、叔母にこのようなことまでさせ、何と憎むべき恥知らずなことか（豈可不知所羞悪乎）。……

I 46　巻十　人倫門「郷隣之争、勧以和睦(27)」

……この度、この地を治めることとなり、日々訴訟を受けつけているが、多くは暇を持て余して弁舌を逞しくし、そのまま訴訟をおこすに至った者であった。……これらはみな本分を守らず、義理を知らない（不知義理）、もっぱら（力の）強弱を競うだけの輩であり、本官が深く憎むものである（当職之所深悪）。まさに一罰百戒を要するゆえんである。……

I 62　巻十二　懲悪門「先治教唆之人(28)」

……本官は官途についてよりこの方、民の言い立てる嘘偽りは熟知しており、このような連中（教唆之人）を「悪臭を憎む」（『礼記』）ように（如悪悪臭）憎んでいる。……

このようにI 43だけは一般的な「恥知らず」の行為を指す表現であるが、その他は胡石壁個人の価値観による「悪」であった。そのうち前三例は、兄弟・親族への背理、祖先に対する不孝への非難であり、後の二例は訴訟を教唆する者に対する非難である。したがってここでも家族・宗族に対する道徳が重要視され、それにそむく行為は非難されていた。また訴訟を教唆するような、官と民を欺く行為も批判の対象であった。これも普遍的な道徳に含まれるであろうが、とくに批判の対象とされていた。訴訟ゴロの活躍が目立っていた世情の反映である。

同様に前掲「仁」の否定形として「不仁」と非難されている例がある。

Ｉ48　巻十一　人品門「治牙儈父子欺瞞之罪」(29)

……故に「商賈より難儀するものはなく、牙儈より容易なものはない」というのである。牙儈たる者、商賈の労苦を思い、道の険しさを思い、「公平」を旨に商賈と取り引きすればよいのである。にもかかわらずまたほしいままに商賈を欺くとは、不仁たることこの上ない（其不仁亦甚矣）。……

ここでは商人を欺瞞する牙儈が「不仁」の典型とされていた。胡石壁は、前掲のＩ62同様、人を騙す行為を批判し、「天理」の対極にあるものと考えていたようである。

以上の検討において注意しておかねばならないのは、「疾悪」という態度は「天理」原則のみならず「人情」原則にもかかわってくる点である。つまりそれは胡石壁の感情にもとづく批判であり、彼の「人情」でもある。というよりもできるだけ「天理」に寄り添いたいという「人情」の表明である。ここでは「天理」と「人情」が一体となっていた。これはむしろ「人情」に区分すべきであろうが、行論の便宜上「天理」に区分しただけである。

こうして胡石壁の「天理」は大きくは二つの内容からなっていたことが理解できた。ひとつは普遍的道徳ともよべるもので、このなかはまた二つに分かれる。弱者救済などの道徳と、訴訟教唆に対する非難がそれで、後者は特徴的な位置を占めていた。これは当時の裁判をめぐる情勢にかかわる特徴であろう。そしていま一つが家族・宗族にかかわる道徳であった。そして「天理」は裁判官の意志によって実体化される基準である以上、彼の裁判にかかわる意志、つまりは「人情」原則と密着していた。ではこうした「天理」と関係する「人情」はどのようなあり方をしたのであろうか。次にみてゆこう。

三　胡石壁の「人情」

「人情」という語の用例についてはさきに述べたように佐立が詳細に検討している。しかし「人情」の意味は曖昧であった。手元の『漢語大詞典』では「人的感情」「人之常情」「人心、衆人的情緒・願望」などとあるが、そのいずれも当てはまると思われる。ここではとりあえず、裁判官の判断を左右する彼自身の感情および周囲の人々の感情・願望、としておきたい。とすれば、われわれが注意すべき語彙や記述は多い。〈表1〉中に摘記した語彙でいえば、判語中にしばしば表れる「従軽」はその典型例である。(30) ほとんどの場合、量刑の前に置かれ、それを軽くすることによって裁判官の恩情を示すという役割を与えられている。また裁判官の心情を表す語として「従寛厚」「可憐」「従恕」などがあるが、これらも当然「人情」原則に含まれるであろう。このような心情を持って判決を下すのであれば、おのずと処罰の軽重にも影響を与えるはずである。

しかし判語を読むとそうした語彙が使われていないけれども人情を意味していると考えられる例もある。われわれはそれらにも十分注意を払う必要がある。たとえば被告の立場に対する配慮や、世論・士友の陳情などがある。これらは裁判官をはじめとする当時の人々の感じ方、考え方を反映しているものであり、「人情」原則の重要な一部分を構成する。次にそのような例をあげて検討してみよう。

I 8　巻三　賦役門「頑戸抵負税賦」(31)

趙桂らは国税を滞納し、数年間納めていない。いま当庁に召喚して取り調べて処断し、一罰百戒の意を示すべきである。(しかし) 本官はまた次のように考える。(a)汝らは上戸である以上、ふだんから家にいて、奴僕たちに畏れ敬われており、郷村の者たちに尊敬されている。もし、ひと度お上にむち打たれ、公衆の面前に繋がれるようなことになれば、それ以後、奴僕たちに侮られ、郷村の者たちには虐げられるであろう。一生、頭を上げて歩けなくなる。本官は人民の身の上については常に寛容であろうと務め（毎事務従寛厚）、お上の処置によって怒りの心などが生じることをのぞんでいない。各人を取り調べて処断することをしばらく免除する（且免勘断）。ただし(b)保正・戸長は汝らの税銭を催促したが取り立てられなかったため、どれだけ刑罰を受けてきたか知れないし、どれだけの私財を使ったか知れない。もし汝らが、今日何事もなく家に帰り、毛ほどの痛みも受けなかったなら、姦民の思うままで、国税も欠損するのみでなく、保正・戸長も心を慰められることがない。各郷の未納者の姓名を調べ、趙桂らを拘束し、文引によって、郷村に連行し、各戸に催促させよ。……（こうすれば）一方では戸長の労をねぎらうことができるし、一方ではいささか頑戸の戒めとすることもできる。

これは裁判官の判断によって税滞納者の処罰を軽減した例である。基本的立場として「務従寛厚」と言っているが、その前提として(a)部分がある。ここでは「頑戸」に対する周囲の日常的な尊敬・支持が述べられ、処罰されることによって彼らが受けるであろう反発に配慮が払われていた。彼らは日ごろ「奴僕たちに畏れ敬われており、郷村の者たちに尊敬されている」のであり、官の処罰を受ければ「奴僕たちに侮られ、郷村の者たちには虐げられる」という。それは上戸＝在地有力者・豪民への配慮であり、同時に末端行政を円滑に進めるための配慮でもあったはずである。実際、彼らと「郷村の者」との間の関係が悪化すれば郷村支配の実務は進まなかったであろう。そうした配慮の結果、「且免勘断」とされるのであるが、それでは税の滞納行為に対する官の示しがつかない。そこで(b)部分のような処置が講じられたものと考えられる。つまり「頑戸」には、法による処罰に代えて、徴税の督促役（おそらく監視付きで）という任務が命ぜられた。いわば官、頑戸、保正・戸長の「三方一両損」的な判決が下された。これはまさに裁判官が「人情」原則に基づいて下した判断であり、基層社会の人情も汲み取った〈名判決〉だったのではないだろうか。

Ⅰ21　巻九　戸婚門「典主遷延入務[32]」

……そもそも貧しい小民たち（貧民下戸）にとっては、ほんの少しの土地でも、すべて血と汗の結晶であり、一旦他人に質入れしたとなれば、その一家の老いも若きも、それを心の重荷とすることは言わずとも知れよう。……空腹と寒さを堪え忍び、ほんのわずかずつ蓄えて、もとの土地を買い戻す算段をする。その情ははなはだ憐れむべきである（其情亦甚可憐矣）。……

これは豪民の横暴に対する判決である。そして、貧民・下戸を「憐れむべし」としているのであるから、弱者に味方する裁判官の恩情が示されている。ここには弱者救済という「天理」と裁判官の「人情」の両面にかかわる基準が提示されている。

Ⅰ28　巻十　人倫門「因争財而悖其母与兄、姑従恕、如不悛、即追断[33]」

(a)「人というものがこの世に生まれ、禽獣と異なるゆえんは、礼儀をわきまえていることにある（其知有礼儀也）」。いわゆる礼儀とは、他でもなく、ただ父母に孝、兄弟に友であることのみをいう。……李三は弟でありながら兄に逆らい、子でありながらその母に逆らった。法によってこれをはかれば、その罪は罰しきれないほどである。ただし本官は、教化が先で刑罰が後であるよう務めている。かつ李三の心を推し量るに、ただ財利という末節のことが原因で紛争が起こっているだけのことである。(b)「小人が目先の利益のみを考えて礼儀を顧みない」のは、またその常である。既往の過ちを許し、自らの心をあらためる道を開いてやり、やがて心が平らかとなり気が定まれば、天理がきっと戻ってくるであろうし、母子・兄弟の関係もきっと元通りになるであろう。とくにこのたびの処断を免じる（特免断一次）。……

これも処罰軽減の事例である。まず(a)部分で「礼儀を知る」という「天理」による「教化」を基本方針として提示し、そのうえで(b)部分では「小人」の「利を見て、義を見ない」愚かさを理解するという基準を示す。そして「極刑」でもよいとしていた処罰を免除するのである。こうして過ちによって失われた「天理」が「きっと戻ってくる」ことを期待している。つまり、Ⅰ21と同じく「天理」と裁判官の恩情・人情の結合がみられる例である。

以上に見た例は、単に「人情」という用語に注目するだけでは理解できない「人情」原則である。そしてここでは「天理」との密接な関係も確かめることができる。犯罪が「天理」にもとる行為だったとしても、それを受けてどのような処罰を下すかは裁判官の判断であった。すなわちこのレベルでは「人情」となる。いわば「天理」を中核として、それを「人情」が取り囲んでいる図式である。このような見方が許されるとすれば、ここまであげてきた判語のいくつかも同様に解釈できるであろう。われわれは胡石壁における「天理」と「人情」の関係をこのようにおさえておきたいと思う。

次に基層社会の「人情」の事例を見よう。「衆論」「輿論」などの例である。

Ⅰ7　巻三　賦役門「戒攬戸不得過取」(34)

……本官が粗末な服を着てへりくだった言葉で（村人たちの）苦しんでいるところを聞き、税のことに言及したところ、心配そうにして悲しまない者はいなかった。多い者は一斗あたり一貫六百文以上を納め、少ない者でも一貫二百文以下はない。「衆論」を参照しても（参考衆論）みな同じであった。……

Ⅰ12　巻三　文事門「戸貫不明、不応収試」(35)

……供述によれば、……嘉泰年間に科挙試を受けようとしたところ士友に非難された（為士友所攻）。そこで転運司に訴え出たところ、科挙を受けるようにとの判断が該府に下されたが、……と謂う。……

Ｉ20　巻九　戸婚門「典買田業、合照当来交易、或見銭或銭会中半収贖」[36]

……李辺の前後の訴状を見ると、みな信じ難い妄説で詩・書の意味などまったく理解していない代物である。儒生の列に連なろうなどとはとんでもないことである。いわんや輿論に耳を傾けると（採之輿論）、（彼は）もともと健訟の徒であって山ほど悪事を働いていたとみながいう。……

Ｉ50　巻十一　人品門「提挙判」[37]

……本官が当地に着任した当初、はじめて巡察を行ってみると、美談や賞賛は聞こえてこず、貪欲との評判ばかりが耳に入ってくるのである。「衆論」を斟酌してもやはり同様であったので（参衆論以皆同）、……。

Ｉ61　巻十二　懲悪門「士人教唆詞訟、把持県官」[38]

……本官が輿論に耳を傾けると（採之輿論）、みな言う、（劉）濤はもともと善良な者ではなく、もっぱら訴訟を教唆するのを生業としている、……と。……

以上の五例のうち四例では、裁判官が「衆論」「輿論」を参考にし、またＩ12では「士友」の圧力が科挙受験を妨害していた。これらには基層社会の人々の意見、すなわち在地の「人情」のあり方が表現されており、それが判語に反映されているのである。この「衆論」が何を指すのかについては議論があるが[39]、Ｉ12や当時のキャリア官僚の交際範囲などから考えれば、これらの主要なものは基層社会に影響力を持つ士人たちの意見であろう。

以上にみたように、胡石壁は基層社会各階層の人情、士人階層の世論、彼自身の恩情などかなり幅広い「人情」を斟酌して判決を下している。ここでは彼の考える「天理」と密接不可分の「人情」が基準となっていた。われわれはこの点に注意を払っておかねばならない。「人情」と表現された原則だけを見ているわけには行かないのである。では、このような原則は彼だけのものであろうか。次に蔡久軒の判語に目を移そう。

四　蔡久軒の「天理」と「人情」

蔡久軒は、名は抗、字は仲節、福建建陽の人で、祖父・父ともに朱子の学生であった。紹定二（一二二九）年の進士で、江東提点刑獄・知隆興府などを歴任している。(40) 彼の「天理」と「人情」はどのようなものだったのだろうか。〈表2〉に見られるように、『清明集』に収録された彼の判語は、全体として短文のものが多く、また「天理」部分の記述も多くはない。一方、処罰欄で「決脊杖……」という量刑が目立っているように、胡石璧と比べて簡潔・率直に実刑を与えている。(41) これらを総合してみると、『清明集』編纂者は彼の実務処理的な能力を評価してそれを示す判語を選んで掲載したか、彼自身の得意分野がそこにあったのか、どちらかであろう。また、豪民・胥吏の犯罪を裁いている判語が多く収録されており、彼の剛直さが示されてもいる。これらの特徴について胡石璧と比較してみよう。

まず「天理」部分である。人名・書名についてみれば、胡石璧とは異なって人名は范文正公一人のみで、書名はまったく記述されていない。では「天理」を意味する用語ではどうか。〈表2〉にあるように「公理」「天理人倫」「不孝」「父子之大倫」「父慈子孝」「為子為母之道」「孝順」などである。これらはみな親子・兄弟・宗族間の道徳を示すものであった。「義」についても同様で「同気連枝之義」「鶺鴒之義」「宗族骨肉之義」があげられていた。この他、蔡久軒が記述する「天理」は、Ⅱ1の「豈有見其焚溺而不之救者」とか、Ⅱ3の「死節之家固可念」といった当時の普遍的な道徳であった。また、彼が非難する行為についても、風俗の「大悪」「大不美」というのは兄弟・宗族間の不道徳であったし、あるいは「大不恭」というように一般的な道徳にもとる行為であった。このように、彼の「天理」は多弁ではないが、胡石璧とほぼ同じ範疇にあったといえよう。

次に「人情」部分を見よう。わかりやすいのは基層社会の人情が示されている判語である。

Ⅱ16　巻八　戸婚門「仮偽遺嘱以伐喪」(42)

……国家の大臣が死去していくらも経たないうちに、不肖の一族が寄ってたかって併呑してしまうとは、風俗の大悪であり人情として誰しも憎むところである。……院司が断罪しようとしている時、国子監進士の范渙ら連名の劄状の申告と范承議の劄状を続けてうけたところ、減刑を希望していた。……とりあえず軽い罪状にしたがって……

Ⅱ38　巻十一　人品門「引試」(43)

……十月二十三日、学士郷貢進士鍾俊らが連名で出してきた劄状では、胡大発の編管を免除するよう求めている。上司の判断を仰いだところ「諸々の士友の誓願（諸士友之請）により、とくに護送を免じ、州学に帖文を出して半年間（強制的に）学習させよ」とのことであった。……

Ⅱ42　巻十一　人品門「違法害民」(44)

……本官はまた「衆論」を聞き、知県の意見を得た（当職再得之衆論及知県之言）。……本官は該県の月ごとの綱解が差し迫っている事情に鑑み、その要請に従うこととする。……

Ⅱ60　巻十三　懲悪門「譁鬼訟師」(45)

……鍾炎は……入れ墨して配流し、将来の戒めとすべきである。（しかし）士友たちが要請してきていることもあり（以士友曾為之請）、減刑を許可してやることとし、……

以上の四例は一族・在地の士人たちの要請の存在を示すものであり、それら世論に配慮した判語が出されていた。Ⅱ38では、上司からの指示も彼らの要請に従うよう求めていた。こうして「衆論」などに対しては胡石壁と同様の態度を取っていたと考えてよいであろう。しかし蔡久軒の場合、士人たちに対する配慮はより明確に述べられていた。

Ⅱ37　巻十　人倫門「恃富凌族長」(46)

……本来なら律の規定により処罰すべきだが、こやつは些か学問ができるので、その士節を傷つけたくはない（以其稍能読書、不欲玷其士節）。……

Ⅱ39　巻十一　人品門「士人充攬戸」(47)

……このようなやり方は最も酷薄で悪辣であり、究明して重く処断すべきものではあるが、（彼は）一通り学問に通じているので（以其粗知読書）、差し当たり県学に護送して三ヶ月間の学習誦読とすることを許し、過ちを悔い改める日を待って、……

Ⅱ53　巻十二　懲悪門「豪横」(48)

……本官が考えるに、震霆の遠祖である方宣教は、紹興年間には名士に数えられていたほどの人物である。……こうした名士の子孫については、なるべく大目に見てやるべきであろう（前賢之後、合従三宥）。……

Ⅱ54　巻十二　懲悪門「為悪貫盈」(49)

……これからすれば徒罪として刺配し、悪人どもへの見せしめとすべきではあるが、駱省乙が修武郎の孫であることに鑑みて、とりあえずは処罰を軽減してやることとし（以修武郎之孫、姑従末減）……

Ⅱ59　巻十二　懲悪門「教唆与吏為市」(50)

……本来、脊杖に決し刺配として、かような輩への戒めとすべきであるが、本人の供述によれば、父親が武官であるということなので、まずはその蔭によって刑罰を軽減し（父係武弁、姑従引蔭末減）、……

以上の五例のように被告が士人とみなせる場合、および名士・官僚の子孫である場合は処罰を軽減していた。いわば士人に対する特別待遇が率直に述べられていた。こうした士人への対応は高橋芳郎がすでに詳細に研究したとおりである[51]。

一方、これらとは別に彼らを取り巻く諸般の事情にも丁寧な配慮がなされていた。とくに官側の事情に対する配慮が明確に述べられていた。

Ⅱ41　巻十一　人品門「罪悪貫盈[52]」

……こやつの犯罪のうち、銀と絹織物を提供していた一件は、もとより徹底的に究明すべきである。しかし、事は贈収賄に関係しており、州の官僚たちに広く関わる問題であるので、しばらくは概略を把握するにとどめ（跡渉郡僚、姑存大体）、すべてを解明することは望まない。……

Ⅱ49　巻十一　人品門「鉛山贓吏[53]」

……その他の汚職をした胥吏はなお多くいるが、本官は県政に実務要員を欠いてしまう事態を懸念し（当職念県道乏使）、徹底的に追究することは望まず（未欲尽行追究）、命じて自ら悔い改めるようにさせたい。……

これらは州の担当官および胥吏に対する配慮である。犯罪者ではあっても、地方官を安易に処罰するわけには行かないし、また胥吏を処罰してポストからはずしてしまうと「実務要員を欠いてしまう事態」となる。その結果行政執行が停滞するという現実があり、そうした状況と妥協した蔡久軒が下した判断である。

さらにこのような配慮はかなりの重罪人に対してもおこなわれた。

Ⅱ54　巻十二　懲悪門「為悪貫盈[54]」

……当該の役所はわずかにその一味である息子に竹篦の罰を与えた上で編管に処して、まずは駱省乙が所行を改めることを期待したのである（姑欲開其自新之路）。ところが、……

Ⅱ64　巻十四　懲悪門「元悪」[55]

> ……当該の州の上申および法官の立案する原案に従い、絞首刑という判決を下すこととするが、本官はなおその愚かさを憐れみ（当職尚矜其愚）、一縷の助かるべき道を用意しようと考え、しばらくは死一等を減じることとし（姑与減死一等）、……

これら二篇の判語に登場する被告はさまざまな悪事を重ねた巨悪であった。Ⅱ54の駱省乙などは、最初の裁判でここに挙げたような温情を与えられたにもかかわらず犯罪行為を続けた。その挙句、再度処罰され「徒断黥配」とすべしとされたが、前にあげたように「修武郎の孫」であるとして減刑されたのである。また、Ⅱ64の卜元一も同様に重大な犯罪を積み重ねた結果、絞首刑に処すべきだと判断されながら、「愚かさ」という理由にならない理由によって減刑されていた。これはもちろん裁判官の恩情を示した例ではあるが、背景に何らかの事情が隠されていたことを疑わせる。たとえば、判語中にある「五十余人を聚め」武装させて呉家を襲った[56]、という表現などから、彼の基層社会における影響力の大きさがうかがわれるので、こうした事情に配慮した判決だったのかもしれない。

以上のように、さまざまな現実的配慮、つまり蔡久軒の「人情」が示されていた。ここに示された「人情」は胡石壁の「人情」よりもより直截的に当時の裁判官の考え方を表している。彼らは自分の信じる「天理」を具体化させようとしつつも、現実の障壁に行き当たり、それと妥協しながら判決を下していた。従ってこれも「人情」原則による判決であった。

最後に「情理」という語が用いられた判語について触れておこう。この語を用いた判語は胡石壁に一篇、蔡久軒に二篇ある。

Ⅰ35　巻十　人倫門「妻已改適、謀占前夫財物[57]」

……ただし張良貴は張巡検の子であって、徐巡検の家とは関係がない。にもかかわらずすじの通らない訴訟を妄りに起こしてきており、その狙いは騙脅にある。情としても理としても憎むべきことであり（情理可憎）、少々は罰すべきである。……

Ⅱ50　巻十一　人品門「責県厳追(58)」

……いま程偉らの供述によれば、王辛はおよそ七百余貫の会子を賄賂として受け取っているが、ほかに酒肉の類も受け取っており、情と理においてとりわけ重い罪である（情理尤為深重）。すでに出ている判決に照らして、脊杖十二に決し、……

Ⅱ66　巻十四　懲悪門「捕放生池魚、倒祝聖亭(59)」

……又みずからも手下を集合させ、威勢に乗じて祝聖亭及び祝聖石碑を打ち壊すなど、人情と天理にもとる大悪人であり（情理巨蠹）、脊杖十五に決し、……僧弁英は（一味と）共謀して逗留をはかり、豚を殺してゴロツキどもにふるまうなど、（その罪状は）人情と天理においてとりわけ重く（情理尤重）、勘杖一百とし、……

というように二人の言う「情理」は悪事を強調する場合に用いられており、天も人も許さぬ悪事であるというニュアンスで使われている。これらの「情理」は滋賀の言う清代の「情理」とはやや異なるようで、中国人の「良識」といった意味合いは薄いように思われる。ただ用例も少なく、ここでの性急な議論はさし控えておきたい。

おわりに

以上検討してきた点を簡単にまとめておけば次のようになるであろう。

まず『清明集』の性格であるが、地方官の「ハンドブック」あるいは「著名な官人」の「判決集」というよりは、編纂者の基準によって高く評価された判語の集成であろう。その編纂の仕方は類書の形式を取っており、判語の重要部分をテーマ別に編集したものである。また、判語の著者は一部の地方官に偏っているが、その他、無名の地方官の判語や著者不明の判決原案も収録している。それも編纂者の選択の結果であった。

次に胡石璧と蔡久軒の違いであるが、「天理」へのこだわりの差がかなり明確に現れていた。胡石璧は多くの古典を引用し、また聖人の例をあげるだけでなく、判語の中で「天理」に関連する議論に多くの分量を割いていた。それに対して蔡久軒の判語では「天理」への言及部分は多くはない。むしろ率直に「人情」を語るなど、実務処理に直接関わる部分の記述が多い。これは二人の得意分野あるいは考え方の違いによるものであろう。ただし小論での議論は、編纂者の何らかの意図が働いていないとすればという前提に立つものであり、『清明集』に収録された判語を題材にしてみた場合の議論である。彼らの判語の全体像が把握できるなら、あるいは異なる結論が得られるかもしれない。

その上で考えれば、「人情」と表現されない「人情」の記述はかなり多かった。やはり「人情」という特定の用語のみを取り上げて論じるのは妥当ではないと思われる。その内容としては胡石璧・蔡久軒に共通する部分と異なる部分とがある。共通部分では「天理」に準ずる恩情や裁判官の人情あるいは基層社会の世論に配慮を払っている点である。つまり、基層社会でさまざまな影響力を持つ中間階層に配慮しなければ円滑な行政は望めないという事情が背景にある。一方、異なる部分では胡石璧は各階層の「人情」に配慮し、蔡久軒は名士・官僚の子孫を優遇し、巨悪にもある程度の目配りをするなど、より現実的な対応をおこなっていた。彼の行政実務は胡石璧よりも円滑に進められたであろう。

そして注意すべきは、「天理」は「人情」の中核となって働いていたという点である。小論でとりあげた二人は程度の差はあれ「天理」にはより忠実であったと思われる。そしてこの基準にできる限り寄り添った「人情」を原則として判決を下していた。これが編纂者によって評価され、選びぬかれた所以なのであろう。しかし別の地方官も同様にこの原則を適用していたかどうかは予測できない。『清明集』には収録されないような判語では、これらの原則はどのようなあり方をしたのだろうか。興味深いところである。

以上のような「天理」「人情」原則のあり方を見てくれば、当時の判語の基準は、「天理」を中核とする「人情」と「国法」の二つだったように思われる。ただしそれは「名公」と評価される硬骨の地方官たちによって下される判決の場合である。その他大勢の地方官たちの裁判については、いまのところ言及するだけの根拠を持たない。

また、「人情」の内容を幅広く理解することによって、当時の社会の現実とそれに対応する国家の方策をもうかがうことができる。ここに社会史の史料としての『清明集』の可能性が示されているといえよう。今後の研究が待たれるところである。

注

（1）前章で掲げた諸研究参照。また、台湾の劉馨珺は『清明集』を駆使した大作を発表している（『明鏡高懸――南宋県衙的獄訟』五南図書出版、二〇〇五年）。

（2）仁井田陞「名公書判清明集解題」（古典研究会『名公書判清明集』、一九六四年）。

（3）陳智超「宋史研究的珍貴史料」（中華書局『名公書判清明集』付録七、一九八七年）六四五頁、原文は「宋代一部訴訟判詞和官府公文的分類匯編」。

（4）高橋芳郎「名公書判清明集」（滋賀秀三編『中国法制史　基本資料の研究』東京大学出版会、一九九三年、三六四頁）。

（5）この三〇年ほどわれわれは清明集研究会として訳注作業を続けてきた。これまでの成果は、『「名公書判清明集」（懲悪門）

訳注稿』（一九九一〜九五年）、『同（人品門）訳注稿』（二〇〇〇・〇二年）、『同（人倫門）訳注稿』（二〇〇五年）、『同（官吏門）訳注稿』（二〇〇八・一〇年、以上いずれも汲古書院扱い）である。以下に引用する訳文はこの成果に準拠している。

（6）高橋芳郎は賦役門の訳注をおこなう際、このような伝本の経過を前提として原文の校訂をおこなっている。『訳注「名公書判清明集」官吏門・賦税門・文事門』（北海道大学出版会、二〇〇八年）。賦税門の初出は「『名公書判清明集』巻三賦役門訳注稿」（『北海道大学文学研究科紀要』一一六、二〇〇五年）である。

（7）戸田裕司が簡潔に整理し、図に表現している（大澤編著『主張する〈愚民〉たち』角川書店、一九九六年。一　地方官の憂鬱、三五〜三九頁）。

（8）仁井田陞、前掲注（2）、五頁。

（9）滋賀秀三『清代中国の法と裁判』（創文社、一九八四年）、第四「民事法源の概括的検討——情・法・理」。滋賀のほかにも判断基準を論じている研究はあるが、ここでは全面的に取り上げるだけの余裕がない。たとえば佐立治人「旧中国の地方裁判と法律」（『東洋史研究』五六—二、一九九七年）およびその注（5）所引論文など参照。

（10）佐立治人「『清明集』の「法意」と「人情」」（梅原郁編『中国近世の法制と社会』京都大学人文科学研究所、一九九三年）。同氏はこの他「裁判基準としての『人情』の成立について」（『法制史研究』四五、一九九五年）で「人情」基準の起源を探索したが、明確な時期の特定はできなかったという。

（11）前注所掲梅原編書に対する書評（『東洋史研究』五二—四、一九九四年）。

（12）前掲注（1）劉著書、二七九頁脚注一六三。

（13）『宋史』巻四一六　胡穎伝。

（14）前掲注（10）滋賀著書、二八五頁。

（15）たとえば小島毅は、天理は宋代「道学の売り、セールスポイント」（二一〇頁）であり、「修身・斉家、それが治国・平天下の基礎として士人たちの前に投げ出された。ここに男系血縁組織、〈宗族〉が登場する。」（二一四頁）というように、「修身・斉家」の重要性が指摘されていたという（「中国思想と宗教の奔流」『中国の歴史』07、講談社、二〇〇五年）。

（16）以下の引用では、私なりの和訳を掲げ、原文は注にあげることとする。ただし和訳ではこれまでの研究の成果を参照していることは明記しておきたい。それは以下の通りである。梅原郁『名公書判清明集』（同朋舎、一九八八年）。高橋芳郎前掲注（6）のほか『訳注「名公書判清明集」戸婚門』（創文社、二〇〇六年）、初出は「『名公書判清明集』巻六戸婚門訳注稿」（一〜二）（『北海道大学文学部紀要』四八—二〜三、一九九九〜二〇〇〇年）、「同　巻七戸婚門訳注稿」（『北海道大学文学研究科紀要』一〇三、二〇〇一年）。清明集研究会、前掲注（5）参照。

（17）……堂有慈親、年踰六十、義既乖於同氣、孝寧慰於母心、好財貨、私妻子之念一炎於中、遂至不孝於母、不恭於兄、不友於弟、擧天下之大惡、一朝冒爲之而弗顧、若人也、眞禽獸之不若矣、……

（18）……但與丁居約・丁五十二爲堂兄弟、略無友愛之義、而遽興誣罔之詞、……

（19）……阿常若稍有人心、只當終身不嫁、與乃姑相養以生、相守以死、如陳孝婦之義可也、……阿常背夫絶義、豈可更有染指之念、……

（20）……阿張乃無故而謂之癡愚、欲相棄背、已失夫婦之義、……

（21）……使蔣八果有河上之要、阿張拒之則可、彰彰然以告之於人、則非爲尊長諱之義矣、……

（22）……其妹孟圓乃能收孤女于家破之後、此擧可謂義哉、……

（23）……今乃背聖賢之戒、繆用其心、出入公門、摟攬關節、又從而爲之辭曰、此義也、嗟夫、天下之義事、豈常人之所能爲哉、……而濤以干預他人訟爲義乎、……

（24）……眞欲紾兄之臂而奪之食也、弟在則誣訴弟、弟亡則誣訴姪、用心不臧、一至於此、當職平日疾惡此輩如寇讎、今日當官、何可不治、……

（25）……阿張、一愚婦耳、無所識、此必是李學禮志在吞併乃兄之家業、遂教其母以入詞、忘同氣之恩、棄繼絶之誼、廢其祭祀、餒其鬼神、是可忍也、孰不可忍也、此等禽獸異類、當職惡之如寇讎……

（26）……今使之至於不遠數百里赴愬於訟庭之下、必有大不獲已者、爲人子姪、而使其叔母至此、豈可不知所羞惡乎、……

(27)……今茲假守于此、每日受詞、多此因閑唇舌、遂至興訟、……此等皆是不守本分、不知義理、專要爭强爭弱之人、當職之所深惡、正要懲一戒百、……
(28)……當職起身中間、民之情僞、知之頗熟、故深惡此曹、如惡惡臭、……
(29)……故曰莫難於商賈、莫易於牙儈、爲牙儈者、當念其勤勞、念其險阻、公平其心、與之交易可也、乃又從而欺瞞之、其不仁亦甚矣、……
(30)佐立治人、前掲注(10)論文参照。
(31)趙桂等抵負國稅、數年不納、今追到官、本合便行勘斷、懲一戒百、當職又念爾等既爲上戶、平日在家、爲奴僕之所敬畏、鄉曲之所仰望、若一旦遭撻、市曹械繫、則自今已後、奴僕皆得侮慢之、鄉曲皆得欺虐之、終身擡頭不起矣、當職於百姓身上、每事務從寬厚、不欲因此事遽生忿嫉之心、各人且免勘斷、但保正・戶長前後爲催爾等稅錢不到、不知是受了幾多荊杖、陪了幾多錢財、若爾等今日只恁淸脫而去、略不傷及毫毛、則非惟姦民得計、國賦益虧、而保正・戶長亦不得吐氣矣、案具各鄉欠戶姓名、錮身趙桂等以次人、承引下鄉、逐戶催追、……一則可以少紓戶長之勞、一則可以薄爲頑戶之戒、
なお本条についてはやや意味の不明な部分もあるが、とりあえず本文のように訳した。たとえば「錮身趙桂等以次人、承引下鄉」の部分について、高橋芳郎は「趙桂等以下の人々に首枷をし、文引を持って」とする。
(32)……且貧民下戶、尺地寸土皆是汗血之所致、一旦典賣與人、其一家長幼痛心嫉首、不言可知、……忍餓受寒、銖積寸累、以爲取贖故業之計、其情亦甚可憐矣、……
(33)人生天地之閒、所以異於禽獸者、謂其知有禮義也、所謂禮義者、無他、只是孝於父母、友於兄弟而已、……李三爲人之弟而悖其兄、爲人之子而悖其母、揆之於法、其罪何可勝誅、但當職務以教化爲先、刑罰爲後、且原李三之心、亦特因財利之末、起紛爭之端、小人見利而不見義、此亦其常態耳、恕其既往之愆、開其自新之路、他時心平氣定、則天理未必不還、母子兄弟、未必不復如初也、特免斷一次、……
(34)……當職微服詭辭、問所疾苦、言及稅事、莫不蹙然以悲、多者一斗納及千六以上、少者亦不在千二以下、參考衆論、如出一口、……

（35）……尋據所供、謂……、於嘉泰年閒、嘗因就試、爲士友所攻、遂經漕臺、蒙判下本府收試、……

（36）……就觀李邊前後狀詞、皆是齊東野人之語、無一毫詩書意味、安得附於儒生之列、況採之輿論、皆謂其健訟有素、積罪已盈、……

（37）……到官之初、首加訪問、不聞美譽、惟有貪聲、參衆論以皆同、……

（38）……當職採之輿論、咸謂濤本非善良、專以教唆詞訟爲生業、……

（39）柳田節子『宋代庶民の女たち』（汲古書院、二〇〇四年）、今泉牧子「宋代の県令の一側面」（『東洋学報』八七―一、二〇〇五年）。

（40）『宋史』巻四二〇　蔡抗伝、同巻四三四　蔡元定、蔡沉伝。

（41）私たちは「決杖」という表現は折杖法による実刑を示すものであり、「勘杖」は律令の規定に則った杖刑の表現法と考えた（前掲注（5）『懲悪門訳注稿』〈その一〉の第1条注（4））。また川村康は前者を刑の執行とし、後者を「一種中間判決的なもの」とするなど、詳細な研究を発表した（『早稲田法学』六五―四、一九九〇年）。いずれにせよ前者の方が直截的な処置であるといえる。

（42）……國家大臣薨、肉未寒、而不肖之族已群起而幷呑之、此風俗之大惡、人情所同惡、……院司引斷施行閒、續據國子進士范渙等連名劄狀陳告、及范承議劄狀、乞從末減、……姑從輕、……

（43）……十月二十三日、據學士鄉貢進士鍾俊等列名劄狀、乞將胡大發免管事、奉台判、以諸士友之請、特免押遣、帖送州學、聽讀半年、……

（44）……當職再得之衆論及知縣之言、……當職念本縣月解窘急、重違其請、……

（45）……鍾炎……並合黥配、以爲將來之戒、以士友曾爲之請、當職曾許之末減、……

（46）……本合科斷、以其稍能讀書、不欲玷其士節、……

（47）……此風最爲薄惡、所當究竟重斷、以其粗知讀書、姑與押下縣學、習讀三月、候改過日、……

（48）……當職重念震霆遠祖方宣教、在紹興年閒、預名賢之數、……前賢之後、合從三宥、……

(49)……所當徒斷黥配、爲姦民之戒、以係修武郎之孫、姑從末減、……

(50)……合該決脊刺配、以爲譁徒之戒、以其所供、父係武弁、姑從引蔭末減、……

(51)高橋芳郎「宋代の士人身分」(『宋―清身分法の研究』北海道大学図書刊行会、二〇〇一年。初出は一九八六年)。

(52)……內供銀帛一節、本合根究、以事係贓賄、跡涉郡僚、姑存大體、不欲盡情、……

(53)……其餘汚吏尙多、當職念縣道乏使、未欲盡行追究、仰自改過、……

(54)……本司僅將其同惡之子、決竹篦編管、姑欲開其自新之路、既不少懲、……

(55)……所合照本州所申及法官所擬、從絞刑定斷、當職尙矜其愚、欲全其一線生路、姑與減死一等、……

(56)『清明集』卷十四　懲惡門「元惡」

……怒守山吳姜孫不合走報、則聚卜烏兒等五十餘人持叉杖、戴兜鍪、披紙甲、列旗幟、終夕秉炬、嘯指呼欲往吳家放火讐殺、……

(57)……但其男張良貴、係是張巡檢之子、與徐巡檢之家何干預、而輒横興詞訴、意在騙脅、情理可憎、合示薄罰、……

(58)……今據程偉等所供、王辛取受凡七百餘券、酒肉在外、情理尤爲深重、照已判、決脊杖十二、……

(59)……又自聚集持杖、會合從臾、乘勢打壞祝聖亭碑、情理巨蠹、決脊杖十五、……僧弁英叶謀停著、殺猪犒衆、情理尤重、勘杖一百、……

〈表1〉胡石壁の人情

No.	巻	題名	天理	国法	人情	処罰
1	1	郡僚挙措不当軽脱				勘杖八十
2		具折県官不留意獄事	仁人・君子＝伊尹・孔明・于公			
3		約束州県属官不許違法…		在法・軍令・令		
4	2	県令老繆別委官暫権	尊老之意			
5		贓汚狼藉責令尋医				取尋医状
6		送司法旅櫬還里	申屠子龍			
7	3	戒攬戸不得過取	恵服田力穡之農		衆論	決脊杖十五…
8		頑戸抵負税賦			務従寛厚	
9		義米不容蠲除合令照例…	伯夷・叔斉、龔遂・黄覇	揆之於法、照例		
10		綱運折閲皆梢火等人作…				決脊杖十五…
11		学舎之士不応耕佃正将…	孔子・孟子、無廉恥			
12		戸貫不明不応収試		違条例	為士友所攻	
13	4	妄訴田業		戸婚之法	従軽	竹篦十下…
14		随母嫁之子図謀親子之業	背徳忘義、親疎之常理、人倫	揆之法意、照条作諸子均分	揆之人情、従軽	
15	8	父在立異姓父亡無遺還…	疾悪此輩如寇讎	準法、在法、親子孫法		杖一百…
16		叔教其嫂不願立嗣意在…	忘同気之恩、《春秋（穀梁伝）》、悪之如寇讎	後世立法	曲徇人情	錮身押下簽庁
17		侵用已検校財産論如擅…	以理開暁	以法処断、案拠条例、準勅、律、戸絶法	従憲恕	脊杖十五…
18		叔父謀呑并幼姪財産	滅絶天理、不孝・不友、当断之以義	在法、準勅、律		決脊杖十五…

19	9	親隣之法		親隣之法、慶元重修田令・刑部頒降条冊		
20		典買田業合照当来交易…	悖理傷道之事	不知法意・人情…、朝廷之法	不近人情、採之輿論	勘杖一百
21		典主遷延入務	矜恤之心	在法	其情亦甚可憐矣	
22		禁歩内如非己業只不得…		於法意皆以是而非、在法、都省指揮、勅令所看詳、指揮、…		
23		賃人屋而自起造			従公勧和	
24		領庫本銭人既貧斟酌監還			酌情処断	勘下杖一百…
25		質庫利息与私債不同		勅、不依条法		
26		欠負人実無従出合免監理		在法		
27		嫂嫁小叔入状	失節固已甚矣			杖一百
28	10	因争財而悖其母与兄姑…	知有礼儀、孝・友、天理	揆之於法	特免断一次	
29		母訟其子而終有愛子之…	孝慈・愛友・睦婣任卹、仇香、天理			
30		母訟子不供養			未欲寘之於法	且責戒励
31		兄弟能相推遜特示褒賞	王祥・王覧之心、孝友、司馬牛之嘆			
32		兄弟侵奪之争教之以和睦	宗族和睦、天理人倫、愛、蘇瓊			
33		兄弟之訟	不孝、不友、不恭、義既乖于同気、天下之大悪	有司之公法、在法、戸部看詳	従軽、難尽従恕	勘一百
34		弟以悪名叱兄	略無友愛之義			杖一百…
35		妻已改適謀占前夫財物	不義之婦、背夫絶義、陳孝婦之義、情理可憎、盧担	准律、坐居喪嫁之律、照条施行		竹篦二十

36		妻背夫悖舅断罪聴離	《礼記》、夫婦之義			杖六十
37		女嫁已久而欲離親	烈女不事二夫之操			
38		夫欲棄其妻誣以曖昧之事	《礼記》、夫婦人倫之首	在法	情義有虧	勘杖八十…
39		母訟其子量加責罰如再…	天下至情之所在、正不孝之罪			決十五
40		婦以悪名加其舅以図免罪	不孝、為尊長諱之義、《礼記》			決十五…
41		子妄以姦妻事誣父	不慈、不孝、天下之大悪、天理人倫		愚蠢無知、従軽	杖一百…
42		既有曖昧之訟合勒聴離	貽郷党之羞、《礼記》			合勒聴離
43		叔母訟其姪打破荘屋等事				
44		叔姪争業令禀聴学職教誨				
45		訟曾叔祖占屋延焼	不仁、怵惕惻隠之心、不義			決十下、責戒励
46		郷隣之争勧以和睦	和睦＝道理、争強争弱之人＝深悪		有人情在郷里	杖六十、…
47		勉寓公挙行郷飲酒礼…	厚人倫、美習俗、長幼之序、天理…			
48	11	治牙儈父子欺瞞之罪	不仁亦甚			杖一百…
49		応経徒配及罷役人合尽…	《左伝》			
50		提挙判			衆論	断配南康軍…
51		兵士差出因奔母喪不…	古之孝子、呉起、曾子、孟宗、陸遜		方寸之乱、不言可知	
52		官兵驕傲当行責罰以警…				決交脊一百…
53		弓手土軍非軍緊切事…	理之是非		従軽	杖一百
54		約束廂巡不許輙擅生事…	含哺鼓腹之余風			

55		葺治廂牢	《周官》	照条召嫁		
56	12	告奸而未有実跡各従軽断	此挙可謂義哉	照条召嫁	従軽	決二十…
57		道士姦従夫捕		在法		
58		不納租賦擅作威福停蔵				決脊杖十二…
59		先治依憑声勢人以為把…				杖一百…
60		責決配状	疾悪此曹（教唆公事之人）			責決配状
61		士人教唆詞訟把持県官	孔子、曾子、董仲舒、韓愈、天下之義事、孟子	犯法、揆之於法	輿論	決竹篦十下
62		先治教唆之人	深悪此曹（教唆之人）			勘杖一百…
63	13	叔告其侄服内生子及…	愛兄之道、世間大悪	服内生子、照条坐罪	従軽	竹篦二十
64		妄訴者断罪枷項令衆候…	依並道理		近人情	勘杖八十、…
65		以劫奪財物誣執平人不…		在法		勘杖一百、…
66		隣婦因争妄訴	非廉潔之婦			決竹篦十五…
67		峒民負険拒追	不義、大不敬、《春秋》	漢律	従軽	決脊杖十五…
68		以叔身死不明誣頼	叔姪之義		愚民無知、固不足責	勘杖一百…
69	14	合謀欺凌孤寡	先王之治（《詩経》、《孟子》、《左伝》）、以仁為本	王法、照条施行		
70		仮偽生薬				勘杖六十…
71		自首博人支給一半賞銭		公然犯令		杖一百…
72		宰牛当尽法施行		開坐条法		
73		不為劉舎人廟保奏加封	孔子、孟子…			
74		非勅額者並仰焚毀	夏禹、狄梁公			焚毀
75		計嘱勿毀淫祠以為奸利				勘杖一百…
76		巫覡覡以左道疑衆者当治…	《礼記》王制、古先聖王		従軽	杖一百…

〈表2〉蔡久軒の人情（題名下の＊印は中華書局本で三行以下の短文）

No.	巻	題名	天理	国法	人情	処罰
1	1	監司案牘不当言取索	豈有見其焚溺而不之救者	朝廷之法		
2		立曹公先生祠＊				
3	2	貪酷	死節之家固可念			
4		虚売鈔		昧于法守	姑免申奏	決脊杖十五、…
5		対移貪吏				対移、取遵稟状、…
6		取悦知県為干預公事之地＊	最嫌挙留之人			姑責戒励状
7	3	重覆抑勒			忍魚肉一邑之生霊乎	
8		巡検催税無此法＊		有此法乎		
9		借名避役＊			無足憫者	
10		白鹿書院田　又判	文公		衆議	
11		朱文公祠堂＊	朱文公、贓罰非義之財、以教化為急			
12		洪端明平斎祠＊	盛徳必祀之敬、迪多士興善之心			
13	8	当出家長		立継之法		
14		子随母嫁而帰宗	范文正公＝前賢、宜以義遺之、天下安有是理哉	不知法意如何、摽撥法		責遵従状
15		同業則当同財	同祖之親、既已同業、必当同財			
16		仮偽遺嘱以伐喪	不肖之族群起＝風俗之大悪、人情所同悪		連名劄状、従軽	勘杖一百…
17		背母無状	棄義言利、不知母子之天、違背公理、天理人倫、不孝			勘杖八十、封案

18	9	已出嫁母売其子物業	不孝	在法、違法交易	且免断一次	責戒励状
19		出継子売本生位業	悖理	違法		杖八十…
20		卑幼為所生父売業	豈有二父二本之理也哉、撫育之恩、継承之義、父子之大倫	於法有礙		
21		一視同仁＊		国家法禁、案法而行		
22		訴掘墓＊		合該反坐		
23		舎木与僧＊	不孝之子孫也	不識法之僧也、法意		勘杖一百…
24		争墓木致死			人情之常、原情亮有可憫	決脊杖二十…
25		将已嫁之女背後再嫁	悖理	揆之以法	大不可	勘杖一百…
26		士人娶妓＊	名教罪人、士友之辱			
27		薨逝之後不許悔親			揆之公議	
28		時官販生口礙法		法禁之所不許、礙法、条令		勘杖一百…
29		売過身子銭		知倚法欺騙之無所利也		
30	10	子未尽孝当教化之＊	不孝、父慈子孝			枷項…
31		父子非親＊	如秦人視越人之肥瘠			
32		互訴立継家財	尽為子為母之道			責戒励状
33		読孝経＊	孝順			読孝経一月
34		兄弟之争	同気連枝之義、天倫	国家条令		取無争状、責立争状
35		俾之無事	風俗大不美＝兄弟叔姪交争、天理、念同気之親、思鶺鴒之義			
36		不孝＊	以柔道化之、警善心之生			訊五十

37		恃富凌族長	名刑弼教、宗族骨肉之義		不欲玷其士節	捶楚二十
38	11	引試			列名劄状、士友之請	
39		士人充攬戸			粗知読書	押下県学…
40		僧為宗室誣頼				
41		罪悪貫盈		照条理断	跡渉郡僚、姑存大体	決脊杖五十…
42		違法害民			衆論及知県之言、姑従軽	決脊杖二十…
43		十虎害民				決脊杖十五…
44		逐出過犯人吏検挙陞陟＊	令尹之仁政			
45		冒役				
46		籍配	逆理乱倫	案法施行	姑与従軽貸死、負冤可憫	決脊杖二十…
47		姦贓				決脊杖十五…
48		慢令				決脊杖二十…
49		鉛山贓吏			念県道乏使、未欲尽行追究	決脊杖十二…
50		責県厳追		舞文弄法	情理尤為深重	決脊杖十五
51		受贓		本司紀綱、国家典憲	姑従軽	決脊杖二十…
52	12	逼姦				決脊杖二十…
53		豪横	不義致富	違法呑併、不法、勅、律	前賢之後、合従三宥、従軽	決脊杖二十…
54		為悪貫盈		蔑視三尺、律、勅	以係修武郎之孫、姑従末減	勘杖一百…
55		豪強		不応為	且従軽	勘杖一百
56		豪横				決脊杖十二…
57		押人下郡				

58		訟師官鬼		正犯軍債之条	従軽	勘八十
59		教唆与吏為市			父系武弁、姑従引蔭末減	勘杖一百…
60	13	譁鬼訟師			以士友曾為之請、…許之末減	決脊杖十五…
61		撰造公事		不法、不知有三尺、違法	従軽	決脊杖十五…
62		誣訐＊		照条反坐	且従軽	決脊杖十二…
63		以死事誣頼＊			従重	杖一百…
64	14	元悪			尚矜其愚…姑与減死一等	決脊杖二十…
65		殺人放火				
66		捕放生池魚倒祝聖亭	大不恭		情理巨蠹、情理尤重	決脊杖十五…
67		一状両名＊				
68		断（因賭博自縊）		在法	姑減等	決脊杖十二…
69		蓮堂伝習妖教		勅、法令、照条		決脊杖五十…
70		競渡死者十三人		法有明禁	照減降赦恩、姑与免断	決脊杖二十…
71		覇渡	尤為非理	勅、律、法令		決脊杖十五…

第三章　劉後村の判語――『清明集』と『後村先生大全集』

はじめに

後村・劉克荘は、南宋の淳熙一四（一一八七）年に生まれ、咸淳五（一二六九）年に死去した。南宋後半期に活躍した官僚である。彼は「江湖派最大の詩人」とされるようにその詩が評価されているが[1]、法制史研究の分野では彼の判語がよく知られている。明版『名公書判清明集』（以下、『清明集』と略称）と『後村先生大全集』（四部叢刊本・全宋文本、以下、『大全集』と略称）に残された判語は、彼なりの筋を通したもので、硬骨の判語と言えるであろう。彼の経歴を見ると、中央官僚と地方官および在郷の時期を何度か経験しており、いわば失脚と復活を繰り返している[2]。それはおそらく彼が強い自我意識を持って筋を通そうとしたために、同僚たちと対立した結果だと思われる。『清明集』の編者は、そうした原則を貫こうとする彼の判語に注目したようで、二二篇の判語を収録していた。そしてそれらは『清明集』や当時の判語を研究する上で格好の題材となっている。また、それらの中にはいわゆる「女子分法」を引用したものがあり、これまでの女子財産権をめぐる論争で注目を浴びてきたことは周知の通りである[3]。さらに最近、高橋芳郎の遺作が刊行され、そこには黄勉斎の判語とともに、劉後村の判語の訳注と解説が収録されていた[4]。この業績は未完成の部分があると推測されるとはいえ、今後の研究に大いに貢献するであろう。

　このように劉後村の判語は法制史や社会史研究の史料として重要なものと考えられるが、その全体像についてはいまだ解明されていないようである。そこで小論では、第二章でおこなった南宋判語の判断基準を分析する作業の一環として、(5)また「女子分法」を考える際の参考として、彼の判語を取り上げ、その性格を考えてみたい。最初に判語の全体像を確認するという基礎作業をおこない、次いで判語にあらわされた彼の判断基準の特徴を検討する。

一　判語作成の時期

　劉後村の判語は『大全集』巻一九二と一九三に三六篇、明版『清明集』の中に二二篇残されているが、重複しているものもあり、これを除いて数えれば全体で四八篇になる。それらを整理してまとめたものが後掲の〈表1〉「劉後村の判語の全体像」である。ただし備考欄に書いたように、『大全集』収録の判語にはかなり短いものや、文章の大部分あるいは一部分が欠けているものがあるし、表中の№2のように二篇の判語が結合しているとみられるものもある。また『清明集』収録分では標点本でもわずか一行しか残されていないものもある。編纂や版本伝来の過程で何らかの問題があったのであろうが、いまのところそれを知るすべはない。

　さて、これらの判語が書かれた時期であるが、『大全集』収録分には巻頭に「江東臬司」（臬司は提点刑獄の別称）と注記されている。後で確認するように、彼は淳祐四～六（一二四四～四六）年に、江南東路提点刑獄の任務についていた。したがって『大全集』収録の判語はこの時期のものと考えてよいであろう。それを裏付ける材料には次のようなものがある。すなわち、まず各判語の題名のほとんどには江南東路内の州県名が付けられており、その管轄地域に関連する事案への裁決であったことが示されている。また、№5では淳祐五年の信州の「預借」の事情を述べ、その時点でまだ淳祐六年になっていなかったことを記している。同じく№9・22に登場する「信州虞主」「虞主」は、『大全集』巻七九「広塩江臯一司申奏状」の「按信州守臣奏状」において言及されている知信州虞曾を指していると判断でき、それらが江東提刑時代の一連の判語であることを確認できる。[6]

では『清明集』収録の判語はいつのものであろうか。もちろん『清明集』と『大全集』との双方に引用されている一〇篇の判語は除いた一二篇が問題である。それらは一般に知建陽県時代のものとされているが、[7]あらためて確認しておきたい。そのためには、彼が判語を書いた職務は何だったのかを明らかにすること、つまり彼の経歴を確認しておく必要がある。

前述のように、劉後村は詩人として知られ、中国文学分野での研究が多く蓄積されているため、年譜もいくつか作られている。これまで私が目にし得た年譜は次の三種である。すなわち、李国庭「劉克荘年譜簡編」（以下、李譜と略称）、[8]程章燦『劉克荘年譜』（以下、程譜と略称）、[9]向以鮮「一一八七―一二六九年間後村先生大事記」（以下、向譜と略称）[10]である。このうちもっとも詳細なものは程譜であるが、略歴を知るためには李譜が見やすい。それらを基礎として劉後村の地方官としての経歴を拾い上げてみると後掲の〈表2〉「地方官の履歴」のようになる。この経歴のなかで、彼が判語を書いた可能性がある期間と地位は次の四期である。

① 宝慶元（一二二五）年から紹定元（一二二八）年までの知建陽県時代（ただし、向譜は嘉定一七年、つまり一二二四年からとする）
② 嘉熙三（一二三九）年から淳祐元（一二四一）年までの広南東路提挙常平等の時代
③ 淳祐四（一二四四）年から同六（一二四六）年までの江東提刑時代

④　淳祐七・八（一二四七・四八）年の知漳州・福建提刑時代

このうち、③江東提刑時代に判語が書かれたのは前述の通り確実である。ではそれ以外の時期ではどうだろうか。前述のように①知建陽県時代の作とされる根拠はある。たとえば№37には「建陽は乃ち名教礼儀の邦（建陽乃名教礼儀之邦）」「まことに県令である私の人望が薄いためである（良由県令人微望軽）」などという文言があることからそれが推測できる。同様に№39には「前任の知県の責任を免れない（前任知県不得不任其責矣）」とあり、№40には「結婚すべきかどうかは法によるのであって知県が決めるのではない（合与不合成婚、由法不由知県）」「知県は裁判調停人ではない（知県非和対公事之人）」とあることから著者の当時の地位が知県であることを推測させる。とすればそれは①の時期に当たる。また、№42では判語に登場する関係者名が『清明集』巻九「諸定婚無故三年不成婚聴離」という判語の人名と共通しており、同一地域での判語であることがわかる。そしてその地域は建寧府浦城県・崇安県と通婚圏内にあった県らしいので、№42も①知建陽県時代の判語だった可能性が高い。したがって彼は①知建陽県時代および③江東提刑時代に判語を書いたことは確認できる。

ちなみに②広南東路時代（広南東路提挙常平、転運使・市舶使）は上奏文が二篇残っているが（『大全集』巻七九）、判語の存在は不明である。また④知漳州・福建提刑時代については、上奏文も残されておらず、判語の存在も不明である。

こうして№37—48の『清明集』収録分の一群の判語は①知建陽県時代のもののように思われてくるが、そこには多少疑問のあるものが含まれている。それは№43・45・46の三篇の判語である。内容を少し詳しく見てみよう。

まず№43であるが、その中に次のような記述がある。

……その父親の翁宗珏は、生前に田五八種をもっていたが、淳熙一二（一一八五）年に二子に分け与えたため、彼らはそれぞれ田二九種を手に入れた。……淳熙一二年から今まで、すでに三六、七年を経ているが、……(11)

この記述から言えば、事案の発端が淳熙一二年で、その三六、七年後が現在であるから、判語が書かれたのは嘉定一四、一五（一二二一、一二二二）年ころということになる。しかしこの時期は、劉後村が知建陽県になる数年前であった。李譜などによれば、彼は嘉定一四年の冬に桂州の幕府に招かれたものの、一年ほどして郷里に帰っており、この時期に何らかの具体的な職務を担当した様子はない。したがって、諸年譜が正しいとすれば、そして『清明集』に誤記がなければ、これは彼の判語ではなかったことになる。

次に№45である。この後半部分に次のような記述がある。

……これに先立って判官二名が討議した判決原案に目を通したが、その内容は十分に行き届いたものである。州当局は教化の汚点となることを危惧しているわけである。さしあたり簽庁の上申してきた通り、和議させることとせよ。……(12)

ここで著者は判官・簽庁からの上申を聞いているわけであるから知県ではない。また「州当局（原文：州家）は云々」という言い回しがあることから、著者は路官であるように思われる。とすれば②から④の時期、とくに③の時期である可能性が高く、№45は『大全集』巻一九二の欠落部分に収まるべき判語かもしれない。

さらに№46であるが、その中に

さて、蔡八三は昨年閏十二月に県に訴えを起こし、官司が取り調べにかかったが、今年の二月になって離縁状を作成し妻の阿李を離縁し、……そうして離縁した後になって、また県、府に訴えを起こしたのである。……まず葉棠と阿李とは不届きにも姦通したので流罪にあてるべきであるが、「玉宝の恩赦」に遇っているため、放免とする。……(13)

とある。ここでは「昨年閏十二月」と「玉宝の恩赦」が手がかりである。まず後者は嘉定一五年正月に出された恩赦であるから、[14]当然それ以後に書かれた判語ということになる。次に前者であるが、嘉定一五年前後それぞれ二〇年ほどを見渡してみると、閏十二月があった年は嘉定一四年しかない。[15]したがってこの判語で言われる「昨年」とは嘉定一四年のこととなり、判語が書かれたのは翌年の嘉定一五年であった。これはNo.43とほぼ同時期であり、劉後村の地方官在任期間ではなかった。

このように見てくると、若干根拠が弱いNo.45はしばらく措いたとしても、No.43と46は劉後村の著作だった可能性は低い。『清明集』の編者が誤って採録したか、明版に至るまでの過程で著者名が誤って書きこまれたか、原因はさまざまに考えられる。たとえばNo.46には「崇安県」の地名が出てくるから、福建路関係の地方官の判語なのであろう。そのために知建陽県として在任した劉後村の著作に紛れ込んだとも考えられる。ともあれわれわれはこの三篇を考察の対象から除外しておくこととしたい。

ただ、ここで注意しておきたいのは、『清明集』の編者が「福建路関係の地方官の判語」と混同したのだとすれば、彼は劉後村の江東路関係以外の判語はすべて「福建路関係」のものと考えていたことになるであろう。つまり『清明集』の編者は、劉後村の判語には江東路と福建路のものしかないと見ていたと考えられる。こうした当時の常識は尊重しておきたいところである。

以上の検討より、劉後村の判語は、宝慶元（一二二五）年から紹定元（一二二八）年までの知建陽県時代の作と思われるものが九篇、淳祐四（一二四四）年から同六（一二四六）年までの江東提刑時代の作が三六（No.2を分割すれば三七、No.45も加えれば三八）篇あったことになる。こうした理解について角度を変えて考えてみよう。

二　判語の書式上の特徴

前掲の全判語を検討してみると、著作時期と関連する書式上の明確な特徴があった。それは「帖」と「牒」の使用頻度およびその厳密な使い分けである。この「帖」「牒」はともに官庁間でやり取りした文書の形式名称であり、佐竹靖彦・田中謙二・梅原郁などの解説がある。それらによれば「帖」は劣等の相手に出す形式、「牒」は対等の官庁に送る形式とされている。(16) また最近平田茂樹はこれら文書のやりとりについて『清明集』などを題材に詳細に検討し、その基本的性格を明らかにした。(17) そして「帖」などの下行文書、「牒」などの平行文書がそれぞれ縦・横方向の「ベクトルを中心とした官司間の関係」を表現しているとする。そこで「帖」「牒」に注意して劉後村の判語をみるとかなり厳密な使い分けがおこなわれていた。それらの送付先を取り出し、まとめれば次のようになる。

「帖」の送付先：両獄官（№1）、県（3・12・13・14・17・20・23・25・30・35）、知録事参軍（5）、巡尉（7・25）、司理（25）、県尉（29）、検験官（30）

「牒」の送付先：通判（№2）、州（3・21・25）、州吏（5）、「牒報」＝上級への報告（5）、諸司（6）、都大制置使（15）、洪郎中（19）、寨（23）、安撫司（26）、尉司（48）

ここからいくつかのことがわかる。一つの特徴は№37以後の判語には「帖」も「牒」もほとんど使われていないことである。ただ一箇所、№48で「牒」が使われているが、この尉司は県と対等の関係にあった。それ以外では「帖」「牒」が使われていないという事実は、№37以降の判語が出された官署が官僚機構の末端に位置し、上級官庁以外に他の官庁と文書をやりとりする必要があまりなかったことを示す。そうするとこれらの判語が書かれたのは劉後村の場合は知建陽県時代であったことになり、それを裏付ける文書形式であったことになる。こうして「当時の常識」はかなり現実味を帯びてくる。

ちなみに県段階では、上級官庁への報告は必要であったが、それは「申」などと表現されているし、同等の官庁間での指示や文書のやり取りはほとんどなかった。知県である劉後村の役割は、主に民間の訴訟に対して判決を下すことであった。他方、江東提刑という地位にあってはかなり頻繁に官庁間で文書をやり取りする必要があった。他の路官との調整や州・県などへの指示が頻繁に出されたからであり、その際には「帖」と「牒」の使い分けがおこなわれていた。

次いでこの使い分けの基準について見てみよう。「帖」についていえば、その送付先は州の属官や県官・巡尉であるから、明らかに下級の官庁への文書であった。一方の「牒」は州官や路官に対して出されたものがほとんどである。このうち№19の「洪郎中」は人名であるが、郎中という肩書きに敬意を表しているのであろう。また№5・23は州吏・寨あての文書であるのに「牒」と称されていた。しかしこれらの機関が路官と対等だとは考えられず、何らかの誤りだと思われる。こうみれば「牒」は路官である劉後村から路官あるいは州官に出された文書であった。ここで路官は言うまでもなく対等な官庁であるが、州官は監督される位置にある官庁である。そこでなぜ「牒」が使われるのかと言えば、路官は、梅原が言うような「ユニークな性格」をもつ官庁であり、州が統属関係上の下級官庁とは言い切れない部分があることに注意したい(18)。こうした路官の性格が送付文書の形式に反映されていたのであろう。

以上のように劉後村の判語には二つの書式上の特徴があり、それらが書かれた時期に対応していた。つまり彼の担当職務に注目すれば二種類――知県と路官の判語――に分けられることもわかった。これは今後判語を研究するうえで一つの基準ともなる書式上の特徴である。

ここまでの検討結果をまとめれば、劉後村の判語の全体像についていくつかの特徴が把握できた。すなわち、現存する判語が書かれたのは知建陽県時代と江東提刑時代であり、『清明集』には彼の著作ではないと思われる判語も含まれていることがわかった。また彼の判語中で使われた、文書の書式用語では「帖」と「牒」の区別はかなり明確なものであった。こうした認識をもとに、次節では判語の内容について検討したい。

三　劉後村の判断基準

前節までの検討を踏まえ、以下の分析では江東提刑時代のもの三八篇（No.2を二篇に分割し、No.45を加える）、知建陽県時代のもの九篇を対象とする。このなかには極端に短いものや他の判語に比べてかなり長いものがあり、判語の途中で切れているものもある。このためなかなかに分析が困難であるが、他に材料が残されていない以上、これらを題材として彼の判断基準を考えるしかない。これは第二章での検討に続く作業であり、おのずと胡石壁・蔡久軒の判語と比較することになる。

最初に彼の判語全体の要点を、〈表1〉の形式を踏まえてまとめてみれば後掲の〈表3〉「劉後村の判語の内容」のようになる。ここでは各判語について「事案の内容」「指示・判決の要点」「理・法・情」および「その他の基準」の四項目を設け、内容の要約あるいは原文の摘録をおこなった。このうち前の二項目は説明するまでもないが、後の二項目は第二章で検討した判断基準にかかわるものである。すなわち、「理・法・情」の項では、滋賀秀三が三つの法源とした「天理・国法・人情」(19)にかかわってどのような用語が使われているかを検討するため、原文を摘録してみた。ただ全体の判語数が少ないので、第二章のように「天理・国法・人情」それぞれの項目に区分することはせず、三項目を一括することとした。さらに「その他の基準」の項は「理・法・情」に分類しにくいが、国家や皇帝の理念が表されている用語を取り出してみたものである。

これらの判語がさしあたっての史料である。また、検討の順序としては、判語の性格が異なることを踏まえて知建陽県時代のものから始め、その後江東提刑時代のものを分析することにする。

(1)　知建陽県時代の判語

最初に分析の材料を確認しておけば、〈表3〉の№37から48までの判語であるが、前章での考察を踏まえて№43・45・46の三篇は除外する。知県時代の判語が、提刑時代の判語と異なる点の一つは、関係者に直接、判決を下し、あるいは調停をおこなっている点である。提刑はその地位からいえば州や県に指示を与えるのが重要な役割であるが、知県は当事者に直接向き合っていた。ではこの時の判語から読み取れる特徴はいかなるものであろうか。劉後村はどのような判断基準を持っていたのだろうか。

〈表3〉を一瞥して注目されるのは「理・法・情」の項目で彼が引用した古典・法令などの文言の多さである。ほぼすべての判語で引用され、議論の中で言及されている。それは後の江東提刑時代の判語と比較すればよくわかる。提刑時代の判語とくに前半部の判語では引用が少なかった。

引用が多いとはいうものの、「理・法・情」のうち「情」すなわち人情にかかわる引用は一か所だけで（№42「合情法」という記述）、「理」と「法」すなわち天理と国法にかかわる引用が大多数である。そこでは天理に分類される、『詩経』その他の古典からの引用も多いが、それとともに「法」に関連する文言も目立っている。この法には、律や編纂された法および現行法令などのいわゆる法令類と、随時に出される恩赦・指揮なども含んでいる。そこでこの天理と国法について検討してみよう。

まず、これら両者を合わせた「理法」「理与法」という表現がある。それは三篇の判語（№38・40・42）の四箇所で使われていた他、№39では「理」と「条」が対句として用いられているのでこれも同様に扱いたい。これらの判語に対しては、さきに見た通り梅原郁・高橋芳郎が現代語訳をつけている。[20]それらもあげつつ用例を見ておこう。

№38：原文「有詞到官、丘汝砺・危文謨不循理法」。梅原は「理法（すじみち）に循わず」（二六六頁）とし、高橋は「天理・法律に従わず」（二六八頁）と訳す。

№39：原文「夫有出妻之理、妻無棄夫之条」。梅原は「夫には妻を離縁する理があるが、妻が夫を棄てる条文はない」とし、この「理」とはいわゆる「七出」であるという注を付けている。高橋は「夫には妻を離縁できる道理があるが、妻には夫を棄てるという法はない」とし、梅原と同様の注を付けている。

№40：原文「公事到官、有理与法、形勢何預焉」。梅原は「理（すじみち）と法があり」（三五六頁）とし、高橋は「道理と法律がある」（五八七頁）とする。

№42：原文「但揆之理法」「今拠案下筆、惟知有理法耳」。梅原は「ただこれを理法（すじみち）で考えると」（三七二頁）、「理法をよりどころとするほかない」（三七四頁）とし、高橋は「ただこれを天理と法律に照らせば」（六〇二頁）、「理法によるのみです」（六〇四頁）と訳す。

このように両者の訳における立場の違いは明白である。梅原は滋賀の主張する三つの法源（理・法・情）にこだわらず、おおむね「すじみち」というオーソドックスな訳を与えている。これに対して高橋は滋賀説の法源を意識した訳としている。この両者のどちらが訳として妥当かは一概に判断できないが、法制史研究に対する向き合い方の違いが表れていることは確かである。小論ではさしあたり滋賀説の法源を重視した考え方に従うこととする。

訳はともあれ、判語の文意のなかで考えれば、理と法はともに重要な判断基準であった。それゆえに理・法がセットとして用いられていたともいえよう。では理と法のそれぞれが区別された例ではどのように使われていたのであろうか。

まず理にかかわる用語であるが、引用された古典からみてゆけば、『論語』『礼記』『詩経』であった。いずれも儒学の基本的な古典であり、士大夫の基本的教養を構成するものである。しかしこれらは文章を作るときにしばしば引用されるもので、必ずしも裁判における判断基準とみなすことはできず、そこに何らかの特徴を見出だすことは難しい。これらを除くと残るは「義理」「人倫之愛」である。このうち「義理」は一般的な表現であるが、「人倫之愛」は№44で使われている文言で、兄弟関係のあるべき姿を述べたものであった。したがってここでは、一般的な理のほかに、とくに意識されている理は兄弟関係のものだけであった。用例は少ないが、とりあえず注意しておきたい。

次に法に関する用語であるが、№40で現行法令（出典未詳）と律が引用され、№48で『慶元条法事類』に収録されている二条の法が引用されている。この他、「法」「条」「敕」などとあるものは一般的な意味での法令・規定である。ただこうした法に関する言葉はほとんどの判語で用いられており、劉後村が法を意識し、法に忠実に判決を下そうとしていたことが理解できる。彼は知県としての職務を、まじめに法に則っておこなっていたのである。あるいはこうした法を意識した判語が『清明集』編纂者に評価され、収録されたのかもしれない。

以上を総合して見れば、劉後村の知県時代の判語は基本的に「理」と「法」、とくに「法」に依拠して書かれていたことは確実である。そうして「情」、つまり人情にかかわる基準はほとんど見出せず、グレーゾーンにあたるような部分は少ない。それだけ客観的で厳密な判語だったと言えるであろう。

(2) 江東提刑時代の判語

次に江東提刑時代の判語三八篇についてみよう。これも〈表3〉をみるといくつかの特徴がある。まず、これらの判語は、「指示・判決の要点」の項にまとめたように、下級機関から上申されてきた判に対する何らかの指示がその主要なものである。いわば提点刑獄としての実務的な判語であるが、なかでも〈表3〉の前半№23までの判語にはそうした下級機関への実務的な指示が多く並んでいる。一方、後半の判語では、下級機関への指示は無論あるものの、劉後村自身が審理をやり直してあらためて判決を下し、あるいは調停しているものが多くなっている。このように前半と後半で収録された判語の性格に違いがあるようにみえる。これは判語を文集に収録する際に何らかの整理をおこなったためかもしれないが、よくわからない。

こうした内容の違いは、次の「理・法・情」の項に反映されているようにみえる。それは引用文が前半に比べて後半が多くなっていることから推測できる。つまり実務的な判語では、ことさら理や法に関する言及は必要なかったのであろう。上申されてきた判語の問題点を指摘し、再審理させるなど、淡々と指示を出せばよかった。しかし自らが手がける判語では、「理・法・情」への言及、つまり判断基準の提示は必要な手続きであったと考えられるからである。

これとあわせて「その他の基準」の項も注意しておきたい。ここでの引用は前半部に比較的多く、後半部にはほとんどなくなっている。そしてこの基準は、次に見るように宋王朝が強調すべき統治理念などを表明したものであった。このことからすれば下級機関に実務的な指示を出す際であっても、あらためて統治理念や行政官のあるべき姿を確認していたと考えられるのである。たとえば次のようである（なお、以下に掲げる原文は前掲高橋芳郎の遺著『黄勉斎と劉後村』にしたがう)。

No.3：原文「任牧養拊字之責者」。ここでは官僚のあるべき姿を述べ、民を養い安んじる責任があるとする。

No.4：原文「傷朝廷之仁厚、断国家之命脈」。ここでは強制的な徴税措置を批判してこのように指摘している。朝廷の仁徳と民に対する情の深さは決して傷つけてはならない原則であった。

No.8：原文「県令字民之官」。ここでは司馬光の言を引き、県令とは民をいつくしむ官であるという理念を確認している。

No.9：原文「可謂不負牧養之寄者矣」。ここでは減税措置をとった知州を褒めて、そのような措置が皇帝の民を慈しみ養うという付託に背かないものだとする。

No.11・23：原文「為民父母、寧忍之乎」、「長官為民父母、何忍下此筆哉」。これらでは民の父母たる官という宋朝の理念を確認し、それにもとる措置を取ってはならないとしている。

No.21：原文「此朝廷曠蕩之沢也」。ここでは高齢者への銭・絹・酒・米の支給が、朝廷の広く行き渡る恩沢であると確認している。

No.23・24：原文「殺一不辜、非惟犯先聖謨訓、亦非累奉御筆詔書謹刑之意」、「一日可以成獄、却恐非公朝謹刑、及聖上付耳目於憲臣之意」。この両者で共通するのは「謹刑」すなわち「刑を謹(＝慎)む」という理念であり、それに背く処置に対する批判である。

以上のように、宋朝官僚としてのあるべき姿が確認されている。民を父母がするように慈しみ養い、安易に刑罰を与えてはならないのである。これらはすべて人民を統治する際に配慮すべき点であった。官僚・士大夫たちは一方で民を〈愚民〉とみなしていたことは周知の通りであるが[21]、統治理念としてはこのような民への行き届いた配慮が求められたのであった。実務的な指示が判語の要点ではあっても、こうした理念は繰り返し周知徹底しておかねばならないと、劉後村は考えたのであろう。とくに下級機関の担当者に対して、それが必要な指示だと判断したのである。

ここまで判語の性格の全体的な傾向をみてきたが、個別の基準についてもう少し詳細に見よう。まず知県時代の判語では一例でしかみられなかった「情」であるが、ここでは三篇の判語で使われている。個別にあげてみれば以下の通りである。

No.16：原文「人情孰不愛其親生之子」。ここでは、自分の産んだ子を愛さない者はいないといい、文字通り人としての一般的な感情を述べている。

No.28：原文「人情法意之所可行」。ここでは、族人による土地の贈呈という行為が人情においても法意においても合致しているとする。したがって明らかに判断基準として用いられている「情」である。

No.33：原文「人情豈相遠哉」。ここでは、親子の感情からいえば、問題になっている両者の立場は人の情としてかけ離れたものではないという意であり、一般的な感情と区別しにくい。

このようにNo.28は判断基準として理解できるものの、他の「人情」は一般的な感情の記述と区別することは困難であった。知県時代の判語と合わせてみれば、劉後村における「人情」という基準はそれほど明確ではなかった。

ここでもう一点注意しておきたいのは、胡石壁等の判語で頻出していた「従軽」など、量刑の際の軽減措置がわずか一例しか見られないということである。これは裁判官の「人情」を根拠にした刑の軽減措置であるが、われわれにはなかなか理解しがたい措置であった。それが劉後村の判語にはほとんど見られないのである。無論、判語の首尾全体が残されているわけではないから、量刑部分が省略されていたかもしれない。また、残された判語の全体数も少ないので、内容に偏りがあるかもしれない。しかし、現在読むことのできる判語に限っての話ではあるが、「人情」原則が適用された重要な用例が見られないのである。それは彼の判語であいまいさが排除されているという事実を示すものである。彼の判語はより客観的で厳密なものであったとも言えよう。

次に理と法であるが、その両者が一体となって使われているのはNo.24・26・33である。

No.24：原文「法有刑名疑慮之条、経有罪疑惟軽之訓」。これは法と経（すなわち理）を対応させた文であり、いずれも証拠がなければ刑罰に配慮するという意味である。明らかに法と理を判断基準として用いている。

No.26：原文「以為新検法明習法理」。これは新任の検法官を評した言葉であり、彼が法と理に通じていると考えているというのであるから、これも判断基準として用いる法理である。

No.33：原文「通仕・劉氏皆縁不暁理法、為囚牙訟師之所鼓扇」。これは二人の人物が理と法がわかっていないために訟師に扇動されているという意味であり、やはり判断基準としての理と法である。

以上のように、三例いずれも天理・国法という基準を合わせて表現したものである。では個別に使われている場合はどうであったか。「理」からみよう。

まず古典の引用では『孝経』『列子』があり、No.45もここに含むとすれば『詩経』『書経』『史記』がある。またNo.17では「孝子仁人」という語を用いて天理の例としている。ただこれらは前にも述べたように、とくに判断基準であったとみなすことはできず、何らかの特徴は把握できない。では他の判語での用例ではどうであろうか。

No.3：原文「知県或奮由科第、或出於名門、豈其略無学道愛人之心哉」。これは知県には当然「学道愛人」の心があるものとして論じている。それは天理の一端である。

No.14：「惟以弟糾兄則不可」。これは前に出てきた例（No.44）と同様、「友愛」にもとる行為として弟を批判している。したがって判断基準とされている。

№16：原文「又欲自受遺沢、是不友愛其弟矣」。ここでは兄が「遺沢」（高橋芳郎は「恩蔭」と解釈する）を一人占めしようとしており、それを兄弟間の友愛という理に背く行為として批判しているので、一つの基準とされている。

№27：原文「直司剖決民訟、不論道理、以白為黒、以曲為直」。ここでは直司が判決を下す際に「道理」を論じなかったことを批判しているので、明らかに判断基準となっている。

№45：原文「豈非天倫之至愛、挙天下無越於此乎」、「豈得不知同気之大義、顛冥錯乱、絶滅天理、一至於此乎」。二例のうち前者は、直前に引用した『詩経』の句を評価しているだけであるが、後者は具体的な事案に対する判決である。そこでは兄弟間の争いで、天理にもとる行為をおこなった弟を批判しているのであり、明らかに判断基準となっている。

以上の五篇、六箇所において理およびその具体例が見られるが、ほとんどが重要な判断基準とされていた。とくに兄弟間の友愛にかかわる用例が半数の三例を占めていた。これは、知県時代の判語同様、劉後村が重要視していた「天理」の要素なのであろう。ともあれ彼が「天理」を判断基準として重視していたことは疑いがない。

最後に法であるが、これについては個別に取り上げるまでもないであろう。劉後村がさまざまな形で律・法を援用し、また敕令・指揮を引き、さらに抽象的な法にも言及していたことは〈表3〉に摘録した通りである。また具体的な条文の引用もおこなわれている（それらは〈表〉中の「法」に傍線をつけておいた）。このように劉後村は一貫して法に忠実であろうとしていたことがわかるのである。

おわりに

以上に見てきたように、劉後村の判語の全体像が確認できたし、判語に表明された判断基準を把握することができた。判語の特徴としては「法」と「理」が重要な判断基準とされており、「情」は明確な基準とは言い難かった。また、宋朝の統治理念についてもしばしば言及しており、これも重視していたことがわかる。概して彼の判語は厳密な法的基準によって書かれていたと言えるであろう。そこでは黒白の明確な判断が下されているように思われるのである。

ちなみに劉後村のこのような法に対する態度からいえば、いわゆる「女子分法」が存在しなかったという説は、やはり成り立たない[22]。むしろ当時そのような法が存在しており、裁判あるいは調停の際に適用されていたと考えるのが妥当である。問題は「女子分法」が作られた背景や目的であり、今後の議論の深化が待たれるところである[23]。

ともあれ、残された判語の数が少ないのは残念であるが、現在見ることのできる劉後村の判語からはここまで述べてきたような特徴が見出せるのである。

注

（1）　筧文生・野村鮎子『四庫提要南宋五十家研究』（汲古書院、二〇〇六年）三四八頁など参照。

（2）　彼の経歴については、中砂明徳「劉後村と南宋士人社会」（『東方学報』六六冊、一九九四年。のち『中国近世の福建人』名古屋大学出版会、二〇一二年、所収）、小林義広「南宋時期における福建中部の地域社会と士人」（『東海史学』三六号、二〇〇一年）などに詳述されている。
（3）詳しくは拙著『唐宋時代の家族・婚姻・女性』（明石書店、二〇〇五年）、序章　遺産のゆくえ、など参照。
（4）高橋芳郎『黄勉斎と劉後村』（北海道大学出版会、二〇一一年）。
（5）本書第一部第二章　胡石壁の人情、参照。
（6）ただし李之亮撰『宋両江郡守易替考』（巴蜀書社、二〇〇一年）では、『江西通志』を引用して淳祐四年から六年までの知信州は章鋳であるとする。一方、虞某という知州を探すと嘉熙二～四（一二三八～四〇）年の虞復がいるだけである（『江西通志』『両浙名賢録』によるとする）。虞復と虞曾が同一人物であるかどうかは確認できないが、もし同一人であるとすれば、この判語が書かれたのは虞復が離任して四年以上経た後のことになる。あるいは記録に残されていない虞曾が存在したのであろうか。後考に待ちたい。
（7）たとえば、中砂明徳前掲注（2）論文など。
（8）『福建図書館学刊』一九九〇年第一・二期。のち『宋人年譜叢刊』一一冊に採録。
（9）貴州人民出版社、一九九三年発行。
（10）『超越江湖的詩人』（巴蜀書社、一九九五年）付録一。
（11）原文は以下の通り。
……其父翁宗珏在日、有田五八種、於淳熙十二年分撥與二子、各得田二九種、……自淳熙十二年至今、已及三十六、七年、……
（12）原文は以下の通り。
……前此見於兩府判之詳議者、至矣、盡矣、州家恐爲風教之羞、且從簽廳所申、俻以和議、……
（13）原文は以下の通り。
……蔡八三去年閏十二月内經縣告論、官司方行追究、今年二月、又自立離書、將妻阿李遺棄、……既離之後、又復經縣經府論訴、……葉棠・阿李不合姦通、合係徒罪、該遇玉寶赦恩、又合原犯、……

(14)『宋史』巻四〇寧宗本紀嘉定一五年春正月己未条に「以受寶大赦」とある。

(15)陳垣編・董作賓増補『二十史朔閏表』（台北・芸文印書館、一九七一年版）および内務省地理局編纂『新訂補正三正綜覧』（四版、芸林舎、一九七三年）による。

(16)佐竹靖彦「『作邑自箴』訳注稿」(3)（『岡山大学法文学部学術紀要』三七、一九七七年）、田中謙二『朱子語類外任篇訳註』（汲古書院、一九九四年）、梅原郁訳註『名公書判清明集』（同朋舎、一九八六年）など参照。

(17)平田茂樹「宋代地方政治管見」（『東北大学東洋史論集』一一輯、二〇〇七年。のち『宋代政治構造研究』汲古書院、二〇一二年、所収）。

(18)梅原郁『宋代司法制度研究』（創文社、二〇〇六年）第三章　地方の司法行政（三）路、など参照。

(19)滋賀秀三『清代中国の法と裁判』（創文社、一九八四年）、第四「民事法源の概括的検討——情・法・理」。

(20)梅原郁『名公書判清明集』（同朋舎、一九八八年）。高橋芳郎『訳注「名公書判清明集」戸婚門』（創文社、二〇〇六年）。

(21)大澤編著『主張する〈愚民〉たち』（角川書店、一九九六年）など参照。

(22)前掲注（3）拙著、序章　遺産のゆくえ、参照。

(23)この点に関していくつかの見解が出されているが、最近の見解では高橋芳郎「再考南宋〝児女分産〟法」（台湾『法制史研究』一二号、二〇〇八年）がある。

〈表１〉劉後村の判語の全体像

通番	後村全集	題　名	清明集 巻—№	題　名	訳　注	備　考
1	巻192－１	建康府申已断…				
2	2	太平府通判申…	巻１－25	催苗重畳断杖		二篇が結合
3	3	弋陽県民戸訴…	巻３－５	州県不当勒納…	高橋書46	
4	4	貴池県申呂孝…				
5	5	貴池県高庭堅…				
6	6	饒州申備鄱陽…	巻３－６	州県催科不許…	高橋書48	
7	7	帖楽平県丞申…				本文３行
8	8	黟県申本県得…				４行
9	9	徽州韓知郡申…				
10	10	戸案呈委官検…				
11	11	安仁県妄攤塩…				３行
12	12	浮梁県申余震…				19行分欠
13	13	鄱陽県申差甲…				５行
14	14	祈門県申許必…				２行
15	15	鉛山県申場兵…				
16	16	饒州宗子若瓗…				
17	17	上饒県申劉熙…				
18	18	貴渓県毛文卿…				
19	19	持服張輻状訴…				
20	20	徳興県董党訴…			滋賀349	
21	21	坊市阿張状述…				３行
22	22	信州申解胡一…				
23	23	饒州州院申徐…				
24	24	饒州州院推勘…				後半欠
25	巻193－１	饒州司理院申張…	巻13－51	自撰大辟之獄	懲悪126	
26	2	建昌県鄧不偽…				
27	3	鄱陽県申勘余…	巻13－54	妄以弟及弟婦…	懲悪134	
28	4	饒州州院申潜…	巻４－26	干照不明合行…	梅原187、高橋稿92	
29	5	鄱陽県東尉検…	巻８－127	女婿不応中分…	滋賀612、梅原79、高橋書539	女子分法引用
30	6	鉛山県禁勘裴…				
31	7	饒州司理院申勘…	巻11－36	都吏潘宗道違…	懲悪77	
32	8	饒州州院申勘…	巻11－37	南康軍前都吏…	懲悪79	
33	9	建昌県劉氏訴…	巻８－111	継絶子孫止得…	滋賀455、梅原62、高橋書481	女子分法引用
34	10	都昌県申汪俊…				３行
35	11	貴渓県繳到進…				
36	12	楽平県汪茂元…				
37			巻５－43	争山妄指界至	梅原242、高橋書150	建陽の地名あり
38			巻９－147	母在与兄弟有…	滋賀427、梅原266、高橋書267	
39			巻９－187	妻以夫家貧而…	梅原352、高橋書583	

40			巻９－188	女家已回定帖…	梅原355、高橋書585	
41			巻９－189	定奪争婚	梅原358、高橋書371	
42			巻９－193	已嫁妻欲拠前…	滋賀621、梅原371、高橋書599	
43			巻10－16	兄弟論頼物業	人倫32	嘉定14、15年の判語？
44			巻10－17	兄侵凌其弟	人倫33	
45			巻10－18	兄弟争財	人倫35	
46			巻12－７	吏姦	懲悪22	嘉定15年の判語？
47			巻14－90	屠牛于廟	懲悪210	標点本１行のみ
48			巻14－91	宰牛者断罪拆屋	懲悪210	

訳注欄略号：「滋賀」　滋賀秀三著『中国家族法の原理』（創文社、1967年）
「梅原」　梅原郁訳注『名公書判清明集』（同朋舎、1986年）
「高橋書」　高橋芳郎著『訳注「名公書判清明集」戸婚門』（創文社、2006年）
「高橋稿」　高橋芳郎著「『名公書判清明集』巻三賦役門訳注稿」（『北海道大学文学研究科紀要』116、2005年）
「懲悪」　清明集研究会『「名公書判清明集」懲悪門訳注稿』（汲古書院、1991～95年）
「人倫」　同上『「名公書判清明集」人倫門訳注稿』（同上、2005年）

〈表2〉地方官の履歴

年　　号	年齢	任　　地	役　　職	備　　考
嘉定3(1210)年	24歳	江南西路隆興府靖安県	主簿	
4(1211)年	25歳	同	同	
5(1212)年	26歳	同	同	
6(1213)年	27歳	同　父の死　郷里へ	同	
7(1214)年	28歳			
8(1215)年	29歳			
9(1216)年	30歳	福建路福州	右理曹（赴任せず）	
10(1217)年	31歳	真州	録事参軍	
11(1218)年	32歳	同	同	
12(1219)年	33歳	同	同　辞任	
13(1220)年	34歳			
14(1221)年	35歳			
15(1222)年	36歳	桂州	幕府	
16(1223)年	37歳	郷里へ→臨安		
17(1224)年	38歳			向譜：知建陽
宝慶1(1225)年	39歳	福建路建寧府建陽県	知県	程譜：知建陽
2(1226)年	40歳	同		
3(1227)年	41歳	同		
紹定1(1228)年	42歳	同　任満　郷里へ		
2(1229)年	43歳			
3(1230)年	44歳			
4(1231)年	45歳			
5(1232)年	46歳			
6(1233)年	47歳	通判吉州→臨安へ		
端平1(1234)年	48歳			
2(1235)年	49歳			
3(1236)年	50歳	福建路漳州	知州（赴任せず）	李表：福建路転運副使
嘉熙1(1237)年	51歳	江南西路袁州　郷里へ	知州（すぐ解任）	
2(1238)年	52歳			
3(1239)年	53歳	江南西路→広南東路	提挙常平	
4(1240)年	54歳	広南東路	提挙常平→転運使・市舶使	
淳祐1(1241)年	55歳	同	同　解任	李表：広東路転運判官・提刑
2(1242)年	56歳			
3(1243)年	57歳			
4(1244)年	58歳	江南東路	提点刑獄	
5(1245)年	59歳	同	同	
6(1246)年	61歳	同　臨安→郷里へ	同　解任後中央へ	
7(1247)年	62歳	福建路漳州	知州	
8(1248)年	63歳	同　母の死　郷里へ	同→福建路提点刑獄→辞任	
9(1249)年	64歳			
10(1250)年	65歳			
11(1251)年	66歳	臨安へ		
12(1252)年	67歳	福建路建寧府	知府兼転運副使（赴任せず）	
咸淳5(1269)年	83歳		死去	

主に李国庭『劉克荘年譜簡編』（『宋人年譜叢刊』所収、初出1990年）による
向譜：向以鮮『超越江湖的詩人』（巴蜀書社、1995年）
李表：李之亮『宋両江郡主易替表』（巴蜀書社、2001年）
程譜：程章燦『劉克荘年譜』（貴州人民出版社、1993年）

〈表3〉劉後村の判語の内容

通番	後村全集	清明集 巻—No.	事案の内容	指示・判決の要点	理・法・情	その他の基準
1	巻192—1 前半	巻1—25	獄官の手続の誤りを指摘 被疑者の死亡	「酌情処断」「遵照条令」 司理参軍を対移、推吏を杖刑など	「不守三尺之戒」	
2	後半		胥吏を虐待	楽平県の主簿を告戒	「身体髪膚受之父母」（『孝経』）、『南史』	「傷朝廷之仁厚」
3	3	巻3—5	税の前納を求める	県に胥吏を処分させる	「学道愛人之心」	「牧養拊字」
4	4		厳しい徴税	州官・巡検・吏卒の取り締まり	「在法」	「傷朝廷之仁厚」
5	5		録事参軍による徴税	録事参軍を問責		
6	6	巻3—6	徴税業務	専人の派遣は慎重に		
7	7		家財にかかわる訴訟	県丞を通じて隅保に調査させる		
8	8		旱害の実情	通判に事実を調査させる		「県令字民之官」（司馬光）
9	9		減税措置の報告	州の減税措置を評価		「不負牧養之寄」
10	10		旱害調査の実態	簽庁・知県に調査させる		
11	11		塩銭の不法な割り当て	知県を叱咤		「為民父母」
12	12		役に充てられることに不服	県に命令してリストを出させる		
13	13		義役の訴訟	県に役首を取り締まらせる	「不義之役」	
14	14		隅長の選任	県にさきの通り処置させる	「以弟紏豈則不可」	
15	15		場兵の増員	都大司に県と相談するよう要請		
16	16		宗室の母子・兄弟の立嗣争い	県に追究を止めさせる	「友愛」「人情」「以恩掩義」	
17	17		祖父の墓を暴く	県に再調査を命じる	「孝子仁人」「条令」	
18	18		貧民の財産分割争い	原告を杖刑に		
19	19		兄弟四人による財産分割	親族に調停・監視を依頼	「通天下之成法」	
20	20		母子の立継の争い	県から二士に依頼して調停へ	「見行条令」＝「夫亡従妻之法」、「父在日所立不得遣逐之文」	
21	21		老人への恩沢下賜	州に命じて銭絹を支給させる		「朝廷曠蕩之沢」「上恩」

22	22		訴訟案件の捏造	通判に吏人等の処罰を命じる	「赦原之法」	
23	23		豪強の訴訟捏造に県が対応	知県を指導、改めて処罰		「為民父母」「御筆詔書謹刑之意」
24	24		殺人事件にかかわる冤罪	—（改めて事件を審理し処罰）	『史記』『左伝』「在法」「法有…、経有…」「減降之詔」「明堂赦宥」「闘殺情軽者減一等之文」「律文」「当奉赦条従事」「照赦原罪」	「公朝謹刑」
25	巻193—1	巻13—51	殺人事件の捏造（威逼人致死）	県尉を問責、推司を杖刑、州を指導		
26	2		強盗と殺人	—（改めて事件を審理し処罰）	「情理本有可察」「経赦」「赦文」「明習法理」「引律援赦」「照赦原罪」	
27	3	巻13—54	暴力、誣告事件	書擬官を減俸、改めて審理し処罰	「何理」「経赦」「照赦勿論」「不論道理」	
28	4	巻4—26	買官の士人が不正に土地取引	（改めて事件を審理し処罰）	「人情法意之所可行」「何理」「違法契字」「倚赦拒追」「引赦免断」	
29	5	巻8—127	家産分割の争い、女子分法	—（改めて審理し調停）	「在法」「合法意」「不顧条法」「張乖崖三分与婿故事」「見行条令」	
30	6		船頭の溺死と誣告	知県・覆験官を問責、改めて審理し処罰		
31	7	巻11—36	都吏の違法な土地取引	—（改めて審理し処罰）	「違法強買」「従軽」	
32	8	巻11—37	都吏の違法買官と横暴	—（改めて審理し処罰）	「過於官法」「従条」	
33	9	巻8—111	立嗣と財産分割争い、女子分法	—（改めて審理し調停）	「国家無此等条法」「在法」「令文」「未暁法」「不暁理法」「為背理傷道」「絶戸子得四分之一条令」「合法意」「尽給在室女之文」「人情豈相遠哉」「従条令」「違法交易」「照法標撥」「諸子均分之法」	

34	10		土地売却の争い	—（改めて審理し前の判決による）	「照減降旨揮」「以法論之」「此何理哉」「如法営弁」	
35	11		進士の誣頼	知県に説諭を指示	『列子』	
36	12		立継の争い	—（改めて審理し胥吏を処罰）	「豈有四世再従兄弟欲以其子双立之理」	
37		巻5—43	土地売買の争い、再審	原告（在地有力者）を杖刑		
38		巻9—147	母と息子たちの土地を違法に取引	取引は無効、牙人を杖刑	「有正条」「条令」「不循理法」「照違法交易条」「犯在赦前、自合免罪」	
39		巻9—187	違法な離婚、再審	復縁を勧める調停	「出妻之理」「棄夫之条」「義理」『論語』『礼記』	
40		巻9—188	婚約不履行、再審六回	調停を勧める	「在法」「律文」「文法」「法意」「由法不由知県」「条法」「有理与法」「在法」「法制」	
41		巻9—189	不正な婚姻関係	調停を勧める	「抵冒法禁」「違法」「犯在赦前」	
42		巻9—193	前妻が前夫の財産を取ろうとする	土地の典売は無効など	『詩経』「揆之理法」「唯知有理法耳」「法」「合情法」「違法娶娼婦」	
43		巻10—16	—	—		
44		巻10—17	兄弟の財産争い	奪った財産を返還させる	「人倫之愛」「以法廢恩」	
45		巻10—18	兄弟の財産争い	簽庁の上申に従う	『詩経』『書経』『史記』「天倫之至愛」「同気之大義」「天理」	（提刑時代の判か）
46		巻12—7	—	—		
47		巻14—90	廟の祭で牛を殺す	？	「殺牛之条」	
48		巻14—91	牛殺し	屠畜業者（郷書手）を杖刑、廃業に	「憲綱」「在法」「従条施行」	

第四章　南宋判語にみる在地有力者、豪民

はじめに

前章までの考察において『清明集』の性格および収録された判語における判断基準のあり方がある程度まで明らかになった。本章では、この成果を踏まえて社会史研究の課題に取り組んでみたい。テーマはこれまで研究してきた在地有力者である。

私のこれまでの研究課題の一つは、唐宋変革期を通じて中間階層がどのように変化したかというものであった。この視点から基層社会における有力者の経済的活動などを研究してきた[1]。ここにいわゆる中間階層とは、皇帝・高級官僚と基層社会との中間に位置する階層であり、士人、寄居官、胥吏、地主、在地有力者、豪民などを総称する。この範疇に県レベルの地方官をも含めて扱うことができる場合もあるが、明確な線引きは困難であり、この点は今後の研究に期したい。ともあれ中間階層は基層社会に大きな影響力を持ち、その維持、再生産に多大な役割を果たしていた。唐宋変革期における下部構造、とくに農業生産をはじめとする経済的再生産構造の変化をとらえ、社会構造の歴史的変化を考えるためにはぜひ研究しておかねばならない対象である。

この中間階層のなかで第一に注目すべきはいわゆる在地有力者、豪民階層である。彼らは一般の小農民や都市民と直に接する立場にあり、影響力はとくに大きかった。その活動が史料上に散見していることは従来からよく知られた事実であったが、詳細な実態はそれほど明確にはされていなかった。しかし前章までに見てきたように、一九八〇年代前半に明版『清明集』が発見されて以降、その実像はかなり明らかになってきた。研究は新たな段階に入ったのである。とはいえこれまでのところ、『清明集』をはじめとする判語史料を全面的に活用した中間階層研究は未だ出されていない。また、中間階層の社会における位置づけにも未解明の部分が残されている。

本章では以上のような問題意識から、南宋の在地有力者について検討する。その際、『清明集』を主体とする南宋の判語を全体的に見渡し、そこに記された在地有力者の実態と歴史的性格を考察することとしたい。これは唐宋変革を経た後の中間階層のあり方を把握するために、まずもってなされねばならない作業である。また私はかつて豪民のあり方についておおまかな展望を試みたことがある。(2) 小論はその方向性を確認しつつ、より丁寧に史料的裏付けを提示しようとするものでもある。

一　先行学説と史料研究

まずこれまでの主な学説を見ておこう。それらの論点を確認して、研究の到達点と残された課題を確認しておきたいと思う。

(1)　官戸・形勢戸と豪民の研究

この問題を最初に取り上げたのは周藤吉之であった。周藤は唐代後半期から宋代に至る大土地所有者の成長ないしは地主―佃戸制の成立と展開について、詳細で、膨大な研究を発表してきた。そのうちの一つのテーマが官戸・形勢戸であった。[3] それによれば宋代の大土地所有者の多くは官戸・形勢戸となったが、実体は三等以上の上等戸であり、彼らは地方の豪族であったという。ここでいわれる形勢戸とは『慶元条法事類』（以下『事類』と略称）の規定、すなわち「州県及び按察司の吏人・書手・保正・耆長・戸長等の職役に充てられたものと品官の家の貧弱でない戸を指すもの」とされる。つまり大土地所有者という点では、形勢戸、官戸、豪族は等値概念であり、前二者は国家機構と深い関係をもつ階層だった。ただ、ここでは新興大土地所有および地主―佃戸制の研究という問題関心に限定されていた。また、豪族という普通名詞を用いて、官戸、形勢戸という史料用語と並列させていた。このため彼らの基層社会における存在形態と活動の把握があいまいなものになっていた。

周藤の研究を承けて認識を深めたのは柳田節子であった。[4] 柳田は宋代の支配層のあり方を解明するという問題意識から形勢戸を研究した。その結果、彼らは大土地所有者であることは動かないが、史料上では「豪民」などと表現され、宋朝官僚の母胎となっていた階層であるとする。さらに当時の支配階層は、形勢・官戸、吏人、豪民によって構成されており、彼らは相互に寄生しあっていたという点を指摘した。ここで言われた寄生関係とは、国家権力の存在を明確に意識して表現すれば「もたれあいの構造」であり、[5] 理解しやすいものとなる。ただこの時点で明版『清明集』は公刊されておらず、当然、そこに登場する豪民の実態は扱われていなかった。

この点を補ってさらに議論を深めたのは梅原郁である。[6] 梅原は豪民=形勢=官戸とする点では柳田と共通する認識を示す。その上で「形勢」の意味を深く検討することによって、彼らには「狡吏、豪強」や「成り上がり者」といったイメージがあるとした。また「形勢」という用語の多義性を指摘し、そこには唐代後半期以降の新興支配者階層である官員、胥吏、在地豪民、職役戸などが含まれるとした。つまり「形勢」とは唐宋変革期の流動的な世界に登場してきた新興階層を指す概念だとする。この見解は当該時期の中間階層の理解として共感し得る部分が大きい。

これらの研究に対して草野靖は異議を唱えた[(7)]。草野は、『事類』にあるように形勢戸の定義は明確であるとし、彼らは「豪民」ではないとした。すなわち形勢戸とは「官にあって、それを利用して百姓を威圧し、私利を図る者」であるという。その議論の大枠は理解できるものの、納得できない部分もある。そのひとつが「形勢」の理解である。すなわち宋代には史料上の用語の概念が厳密に規定されていなかったことは周知の通りであり、「形勢」についてもそれは例外ではない。草野のように『事類』の概念規定を基本としてすべての史料を解釈するのは困難と言わざるを得ない。それが『事類』のような法制史料で用いられた用語であったとしても、現代的概念での法制史的規定が成立していなかった以上、同様である。たとえば『清明集』の用語を検討しているとその概念のあいまいさはしばしば経験する所である。また「豪民」が国家にかかわらないとする点も、後述するような史料から納得できない。したがって草野の研究結果には左袒し難いことになる。

草野と同時期に官戸、士人の研究を発表したのは梁庚堯であった[(8)]。梁は南宋の官戸、士人を豪横型（「武断郷曲」を特徴とする）と長者型（同じく「施財済人」を特徴とする）に区分した。そしてこうした区分は官戸、士人以外の勢力でも可能であるとし、とくに豪横型勢力の活動に注目して分析した。その結果、彼らは政府の統治能力不足により行政実務の処理を在地勢力に依拠せざるを得ない事情の下で活動し、その役割は必要不可欠なものであったとする。梁の研究は、宋朝の統治能力の不足という、南宋がおかれた現実を踏まえたもので、説得力をもった主張であった。また官戸、士人階層における二類型の区別を提起したことは重要である。今後の研究に大いに活用すべき成果である。

これらの他、最近の中国では従来の地主制論を乗り越えようとする、中間階層に関する議論が活発に提起されている。たとえば林文勲・谷更有の「富民」論[9]や、最近の研究では廖寅の「基層控制力量」論[10]などが出されており、こうした動きはさらに強まりそうである。このうち林文勲は富民を「契約租佃制」による地主階級ととらえ、唐宋変革のなかでこうした階層が立ちあがってくると考える。[11]また廖寅は中間階層を「民間強勢力量」ととらえ、それは「富族」「士族」「寺観」などを包括するものであるとする。彼らは「平民百姓」に対して影響力をもつグループで、自己の勢力に依拠して基層社会に大きな影響を与える存在であるとする。ただいずれの研究も新たな主張の提起を急ぎすぎている感があり、理論や実証部分で深めるべき課題が残されている。ちなみにこうした研究の先駆けとなる問題提起はすでに王善軍などによってなされていた。[12]

以上のように官戸、形勢戸、士人、豪民の研究はかなり深められているし、今後も相応の研究が出される予感がある。ただ前述の簡単な学説整理でもわかるように、中間階層のどの部分に注目するかは研究者によってさまざまであった。彼らを大土地所有者、地主とみる点ではほぼ共通するが、官戸、形勢戸、士人に注目するのか、豪民のなかの「豪横」的性格に注目するのか、といった点で捉え方の違いが出ている。本稿ではこれら諸研究の成果をふまえて、基層社会における再生産構造のあり方および社会構造の変化を探るための手がかりを得たいのであるが、さしあたり南宋時代の判語に登場する在地有力者全般に注目して研究を進めることとしたい。すなわち、官戸、形勢戸や地主、豪民といった史料上の呼称や生産関係上の規定にとらわれることなく、まずは基層社会をリードした階層全体を取りあげて、その影響力の実態と特質を探りたいと思う。

(2)　史料および豪民の研究

本稿で使用する史料は南宋の判語である。判語研究はこの二〇年余りの間に飛躍的に進んだ。それを担った代表的研究者の一人は故高橋芳郎である。彼の遺産とも言うべき『清明集』研究および『黄勉斎集』『劉後村集』『文文山集』（いずれも略称）の判語研究は大いに学界に裨益する業績である。[13]また梅原郁の『清明集』訳注は先駆的業績であるし、[14]われわれ清明集研究会も訳注稿を発表してきた。[15]

これらの成果を利用することで多くの論点が解明される条件が整ったが、まず何よりも各文集類所収の判語の性格が明らかになったことを忘れてはならない。それは研究の出発点としての史料批判の基礎となるからである。とりあえずこれまでの私の研究[16]を補足しつつ、判語の特徴に簡単に触れ、それらをもとにした豪民研究の内容についてやや詳細にみておきたい。

まず、判語の特徴であるが、『黄勉斎集』『劉後村集』の判語には著者の個性が顕著に表れている。前者では寄居官に対する批判が目立っているし、後者では、管轄下の地域に在職していた現役の州・県官僚に対する批判に重点が置かれている。また、『清明集』所収の判語にも著者ごとの個性が明らかに見られる。たとえば滋賀秀三のいわゆる三つの法源[17]のうち「天理」「国法」へのこだわりなどに温度差があらわれていた。したがってこれらのうちのいずれかの史料、あるいは特定の著者の判語のみによって実証作業をおこなう場合には相応のバイアスがかかる懸念があることは言うまでもない。ただし『清明集』は複数の著者によって書かれた判語の集成であるから、全体として見るならばそれらの個性あるいは偏りはある程度まで是正されることになろう。

さて、判語の中のどのような点に注目するかであるが、本稿の問題意識からすれば、さまざまな意味で社会的影響力をもつ勢力に関心が向けられる。ただ判語という史料の性格に注意すれば、彼らは宋朝の統治方針から外れる在地有力者とならざるを得ない。こうした史料的限界は前提であるが、彼らの身分、呼称および活動の形態がどのようなものであったかはかなりの程度把握できる。これらの点に注目して学説史をみておくこととしたい。

最初に、これら在地有力者のうち「豪横」と称される勢力についてはは研究がおこなわれてきたのでそれを見ておこう。この点に注目して『清明集』を検討したのは陳智超であった[18]。陳はそこに登場する、代表的な二〇戸の「豪横」を取り出して分析した（後掲《表1》で①から⑳までの番号をつけたもの）。その結果以下の諸点を指摘した。

まず「豪民」と「豪横」の違いであるが、「……宋代の豪民は……彼らが財富を取得する手段及び搾取部分の取り分は、当時の世論が許容する範囲を超えていた。本論文で検討したい〝豪横〟は、一般の豪民と異なる所がある。彼らは封建国家の刑法に触れており、そのため封建国家による懲罰を受けた。一口で言えば、宋代の豪横は豪民中の一部分であり、豪民はさらに田主の中の一部分であった」（大澤訳）とする。さらに「豪横」には〝侵奪国課〟と〝擅作威福〟の二側面があるという。前者では両税・塩課・貨幣鋳造を〝侵奪〟し、後者では「私に牢獄を設ける、官司を欺く、官府の文書を偽造する、長官を侮辱する」という行為をあげる。他方「豪民」と「豪横」の共通点としては、地主階級であり、さらに多くの地租獲得をねらうものであることを指摘する。その具体的な活動として土地兼併、高利貸、水利・学田の占拠があり、そうして彼らは「郷曲に武断」していたというのである。

陳の研究は「豪横」「豪民」に関する初歩的整理として大いに意義がある研究であった。しかし問題もある。まず「豪民」と「豪横」を区別できるのかどうかは疑問である。史料を読み進めればわかるように、両者の間の線引きはなかなか困難な問題である。彼らをいかなる基準によって区別するのか、基準の設定が問題となる。次に陳をはじめとする中国の研究者は、彼らを地主階級（民庶地主）と捉えるが、この大前提は動かないのであろうか。最近の「富民」論との関連で気になる所である。最後に指摘しておきたいのは、分析対象の範囲が狭いという点である。陳のあげた「豪横」史料は懲悪門主体の二〇例のみであった。それらが代表的な豪民であることは言うまでもないが、懲悪門にもさらに多くの例があるし、その他の分門にも注目すべき史料はある。それらも含めた全体的な検討が必要である。

一方、梅原郁も前掲論文において『清明集』を題材にした研究をおこない、代表的な官戸・形勢・豪民を分析した。そこで指摘された「豪民」の共通項は以下の四点である。

(1)制置司や総領所などの諸官庁の下請となって、塩、穀物売買に従い、官とつながりを持つ。

(2)在地で、攬戸として徴税を請負い、あるいは酒坊を経営し、勝手に商税場なども作る。

(3)牢獄、獄具を私置し、警察権や裁判権を握る。

(4)部下の中心に前科のある州県の胥吏を使う。

さらに「豪民」は「〝官戸〟〝形勢戸〟と重なり合う部分が」あるが、「むしろその下にあって、地域に足を据え、隠然たる力を扶植していた」と捉える。おおむね理解できる認識である。ただ、ここでも判語全体の分析ではなく、代表的な一部分の検討にとどまっていた。以下、具体的な史料に依りつつ考察を進めることとしたい。

二　南宋時代の判語に見える在地有力者

ここでは前述の問題意識に立って、これまで紹介されてきた判語類、文集類を全般的に見渡し、その全体像に迫りたい。はじめにそれら史料から関連記事をピックアップしたいのであるが、その際の史料選択の基準を設定しなければならない。つまり多くの記事の中で何よりも彼らの活動実態を把握できる記事を取りあげたいのである。判語の中には官戸や攬戸という用語が記されているだけの史料ももちろんあるが、その活動実態が把握できない限りは分析の対象になり得ない。そうして選択した判語は別掲の《表1》から《表4》である。見渡すと全体で一一〇道の判語に在地有力者が登場しており、このうち同じ一族が重複して登場している場合があるので、これをまとめれば『清明集』約九〇例、『黄勉斎集』一一例、『劉後村集』二例、『文文山集』一例、合計一〇〇例余の在地有力者、豪民を把握することができた。以下、これをもとにして考察してみよう。なお以後の引用では、『清明集』の判語は「清No.〇」、『黄勉斎集』の判語は「黄No.〇」などの形で表すこととする。

(1)　身分・呼称

最初に、ここで取りあげた記事の登場人物を確認しておく。それらは《表》中の身分・呼称欄にまとめたように以下のような内訳になる。

身分：現役官僚、胥吏、典押、都吏、宗室、寄居官、士人、形勢の家、制属、郷司、隅官（隅総）、攬戸、上戸、茶食人、書鋪戸、牙儈など

呼称：豪民・豪富・豪横・豪強などの在地有力者、健訟・譁徒・姦民・頑戸など統治に背く者、その他（異民族、新興宗教）

これらの記事をもとに彼らの特徴をあげてみると次のようである。

①身分から言えば、国家機構の構成員（官・吏、制属）、準構成員（寄居官、宗室、士人、職役人）、裁判業務の補助的職業（茶食人、書鋪戸）に分けられ、それが大部分を占めている。逆にいえば、ここに含まれないのは牙儈などごくわずかであった。彼らがいかに国家と深い関係にあったかがわかる。

②「形勢」は『清明集』で二例のみ、『黄勉斎集』では謝知府・曾運幹・陳家など四例で、前述の史料的特徴、つまり黄榦の問題意識が反映されている。そうしてこれらの史料では、「形勢」という用語は抽象的な「勢力あるもの」、

あるいは寄居官の意味で用いられていた。後者は主に『黄勉斎集』における用法である。つまり『事類』が規定する意味での「形勢」は、実際の判語でもあまり使われない表現であった。『事類』の規定は、そこに掲載された法令を発布する際に、何らかの必要があって定められた特例的なものといえるのではないだろうか。

③「官戸」は一例のみである。これは彼らの実在数の多さや影響力の大きさから言えば不自然である。考えられる可能性はいくつかある。実際に彼らが訴訟事案に登場しなかったとは考えにくいので、当該の事案に登場する人物が官戸であっても官戸という用語を使用していなかったのか、あるいは、地方官が何らかの配慮をおこなった結果、名前が伏せられたり、隠蔽されたりしたのか、などである。しかしこれを判断する材料は残されていない。

④用例を比較する限り、「豪民」と「豪横」の区別は明確ではなかった。したがって陳智超説は氏独自の定義としてはあり得るが、一般論としては無理がある。

ちなみに『冊府元亀』（一〇〇五年成立）将帥部に「豪横」の項目があり（巻四五四）、その序でこの語に関する当時の概念とも言える記述がある。ここから宋代における「豪横」という語の概念が推測し得る。ただこの文章は修辞法が駆使されて整えられているため、真意がつかみにくい。原文をあげてみれば、

　夫作福作威、凶于而國、敗禮敗度、戾於厥躬、皆聖訓之格言、蹇人臣之明戒、況乃總握兵要、肅將天威、愼固封陲、詰誅暴慢、誠當議以先衆、惠以感人、用宣戒詔、克貞師律、若其不卹危難、廢亂典嘗、戕害生民、圖報仇怨、負固滋横、崇侈無厭、貪黷之心、踰於谿壑、凶忍之性、甚於豺狼、以至誣害良臣、輕侮王室、雖膏斧鉞、汙鼎鑊、蓋有餘戮矣、

とある（文字は明版に拠る）。この記述によれば、「豪横」とは武力を持った勢力で「豺狼」よりも凶悪な勢力であった。さらに皇帝、官僚をないがしろにし、放置すれば「生民」「良臣」「王室」に被害を与え、権威を傷つけるような勢力

であったとされる。

さらにそこに列挙された具体例をみると、「豪横」の用例は歴史的に古くたどることができる。ただ問題とすべきは、時期的な近さから唐代後半期以降の、中央政府に反抗した節度使や横暴な振る舞いが目立った武将などの記述であろう。この時期で取りあげられている人物とその行動に対する評価を摘記すれば以下の通りである。宣武軍劉玄佐の「豪侈軽財」、襄陽節度使於頔の「凌上威下」、昭義軍盧従史の「狂恣不道」、邢州刺史王士則の「兵衛自厳」、浮陽牙将盧彦威の命令に反した行動、鳳翔李茂貞の「恣横擅兵」、魏博節度使楊師厚の「功を矜り衆を恃み、驟に不軌の意を萌す」行動、荊門軍成汭の「性は本より豪暴、事は皆臆断す」る態度、晋の侍衛親軍使景延広の勝手な軍事指導、霊武軍張従賓の「凶傲」、鄧州節度使皇甫遇の「至る所苛暴にして、誅斂を以て務と為す」行動、彰義軍張万進の「凶恣」、漢の青州都部署李守貞の横暴な振る舞い、の一三例である。これらの事例は序文の内容を具体的に表現したもので、とくに軍事、治政において中央や上級の命令に従わない人物の行動が取りあげられている。

では南宋判語にみえる「豪横」はいかなるものなのであろうか。後掲の《表》からわかるように、「豪横」とされていたのは寄居官などほとんどが国家構成員及びそれに準じる身分を持つ者で、さまざまな〈悪事〉をおこなっている勢力であった。「生民」に被害を与える行為はもちろんおこなっているが、武力によって国家に逆らう勢力はほとんどいなかったし、軍事行動で命令を受け入れないという事例はなかった。また宋朝の統治に対してその外側に立って反抗している勢力はほとんどなく、一時的にでも宋朝に反抗したのは、《表》中で言えば清№8・55・84と黄№16だけである。大まかに言えば、豪民のなかで宋朝の統治に反抗する度合いの強い勢力ないしそうした行動が「豪横」と表現されていたとみられる。つまり『冊府元亀』の「豪横」概念とは多少の齟齬があった。したがって宋代の「豪横」という用語は、より幅広い、抽象的な表現と解すべきなのである。南宋でみれば国家による裁判の判語で問題とされた勢力は、その多くが「豪横」的な豪民だった。

(2)　地　域

判語に登場する地名をみると、在地有力者が活躍していた舞台は、臨安から江西へ至るルート上（浙東・江東）および福建・湖南地域が大部分であったことがわかる。南宋の支配地域全体ではなく、かなりの偏りがあったことが指摘できるし、その背景に何らかの歴史的あるいは史料的事情が潜んでいたと思われる。このことはさきに問題提起したところであった[19]。たとえば、臨安への活発な物流の存在はその一因となり得るであろうし、湖南のような周辺地域での民族問題も在地有力者の活動に繋がるであろう。しかしそれだけでは福建地域の地名の多さは説明できない。それは福建出身者と見られる『清明集』編纂者の意図とも関連するであろうし[20]、福建北部地域で活動していた朱熹の影響も考えられる。今後の研究に待ちたいところである。

(3)　組　織

在地有力者の組織をみると、中核に個人がいるのは言うまでもないが、それに繋がる子孫、兄弟あるいは子の妻の一族など家族、姻族がおり、彼らも相応の役割を果たしていた。その他、別の有力者と組むなど二人・三人組であったものもいるが、その割合は一割強と少なかった。さらに彼らの手先となって働いていたのは幹人・幹僕であり、人力などの雇用人もいた。他方、彼らに動員される存在としては佃戸、「悪少」などがあげられ、利害関係によって結合していた集団である。つまり彼らの組織の性格は、家長と家族を中核としてそこに個人的関係によって結集してきた人間の集団である。そうした性格からいえば彼らは家族経営ならぬ「世帯」経営なのであった[21]。

一方、ここで注意しておきたいのは有力者同士の争いである。関連記事をあげてみると、

清No.73　……王松龍の「豪」と王元方の「譁」とは僉庁の原案においてすでにその事情が明らかにされており、ここで贅言を費やす必要はない。ましてやこの両人は同族でありながら互いに争っていること、また良俗にもとるものである。……(22)

とあるように、同族の王松龍と王元方が争っていた。また、

清No.74　鄭天恵は虎の威を借る小狡い輩であり、朱元光は成り金の横暴な輩であるが、満ちれば欠けるという天の采配によるものか、互いに相手の風下に立つことをよしとせず、争い合った末、共倒れするに至ったのである。……(23)

とあり、鄭天恵と朱元光という豪民が争い共倒れしたという。また王氏のような骨肉の争いもあった。このような豪民同士の直接の争いを記す判語は少ないが、同一地域に複数の有力者がいた事実は清No.32の「違法害民」や清No.33の「十虎害民」をはじめとしていくつかの判語で確認できる。したがって有力者同士の勢力争いが存在したことは十分推測し得る。彼らの争いによって、官は漁夫の利を得、当該地域における宋朝の権威維持に利用できたであろう。こうした対立関係の存在は、在地有力者が一定の地域を一円的に支配しようとする、いわゆる領主的支配への指向性を抑制した一つの要因であった。前述の「世帯」経営的性格とあわせて、豪民勢力の性格を考える際に注意しておきたい点である。

(4)　活動内容

在地有力者の活動内容はさまざまであるが、判語にあらわれた特徴を整理すると次のようになる。

a　裁判に絡みつくもの：「健訟」など
b　国家の業務に絡みつくもの：官吏への賄賂・請託、徴税・綱運・販塩への介入など
c　独自の地域支配：私設の監獄・拷問・裁判・処罰、通行税の徴収など
d　銭と物の操作：とくに高利貸および塩にかかわる「犯罪」
e　むき出しの暴力：暴行・殺人、恐喝・脅迫、強盗、誘拐など
f　基層社会での民衆動員：県民を動員して地方官へ働きかけ
g　その他：詐欺、賭博、公文書偽造など

これらの活動は一つの勢力が一つの活動を特徴とするというようなものではなく、各勢力がいくつかの活動を併せておこなっていた。これらをさらに共通する特徴ごとに整理すれば次の四点になろう。

①脅迫・詐欺・暴力などあらゆる手段を駆使して土地・財産を集積する。
②自ら国家機構の構成員、準構成員となり、あるいはそうした人物との関係を作る。
③公的・私的裁判や訴訟を利用する。この点は宋代以降の《訴訟社会》の登場と関連するが、次項で詳しく検討する。
④銭と物の操作およびそれに絡んだ活動。特徴的なものは、高利貸、塩政関連業のほか、綱運の利用、贋金造り、税場設置などである。

こうして在地有力者の全体像が明らかになってきた。次に彼らの活動の歴史的な特徴についてさらに詳細に検討してみよう。

三　「豪民」の特徴的活動

前記の在地有力者のうち多くの判語に登場するのは「豪民」と総称し得る勢力（豪民、豪富、豪横、豪強、譁徒、姦民、頑戸など）である。ここでは彼らの活動を分析してみたい。その場合、さしあたって検討すべきは③裁判や訴訟の利用と④銭と物の操作である。②の国家機構との関連も興味深い問題であるが、これを論じるためには幅広い史料の検討など相応の準備が必要であり、機会を改めることとしたい。本稿での検討は③④の二つの要素に限定することとする。彼らは暴力を背景に、これら二つの要素、言い換えれば司法的分野と経済的分野を二本柱として活動していた。もう少し詳しく見て行こう。

(1)　司法的分野——私的裁判

まず③の裁判、訴訟活動である。豪民の私的な裁判については、清№21に記されているように、湖南では「豪民の家の多くは不法行為をおこなっており、私製の牢獄を設け、刑罰を思うがままにし、当地の風習となっている」[24]とされ、豪民の私設牢獄と私刑つまり私的裁判はかなり一般的になっていたという。このような事例は湖南だけでなく他地域にも多く見られる。彼らの各地での活動の様子をあげてみれば以下のようである。それぞれの記述内容を見てみよう。

清№８：……そこで思いがけず本路（江西）在任官員の脚色中に、賊徒の子、扶如雷の名前を見つけた。彼は依然として路内の巡検の職務を執りおこなっていたが、……次々と彼の不法行為を並べ立てた訴状が出された。そ

の内容は、彼が民からでたらめの訴状を受け取ったことや、……(25)
清No.48：……当の方震霆は自らの威勢を恃んで泰然自若、……酒坊を請け負っているが、(密造や密売に対して)厳しく取り締まっており、白状を受理し、私設の留置場を置き、拷問のための責め道具も種々取り揃え、お上のように判決文を作り、人を捕まえてきて吊るしてひっぱたいたりする。……(26)
清No.54：……(張)景栄は攬戸の身でありながら敢えて官名を用い、勝手に判決書を作成し、筒型の枷を用いて取り調べや刑罰を執行するなどのことを郷人に対しておこなっており、その害悪を被っている者も一通りではない。……(27)
清No.60：王東は渓洞蛮の近くに家を構えているが、攬戸である上に隅総ともなっており、……隅総となってよりは両都の訴訟沙汰は彼が勝手に裁きをつけている。……(28)
清No.61：……両孫(?)の官千三は……私設の牢獄をもち、残酷な獄具も作っており、蒺藜・槌棒・獄仗や銅の鎚索、手鎖・足鎖の類をいろいろ取り揃え、……もっともひどいのは真っ赤に焼いた細かい砂を平民の何大二・……廖六乙等の耳のなかに流し込んで、耳を聞こえなくしてしまったことであろう。……(29)

清No.8は江西、同48は信州、同61は福建・南剣州(同54は不明、同60は湖南か)というように、私的裁判は湖南に限らずかなり普遍的な豪民の活動形態であった。これらのうち、清No.61で「……こうしたわけでこの三十年間というもの、民は官氏の強さを知ってはいても、官司の存在は知らず、郷民の間で争い事があっても敢えてお上には訴え出ず、必ず官氏にお伺いをたてる有様であった。……(30)」といわれている点に注目したい。ここでは「敢えてお上には訴え出ず、必ず官氏にお伺いをたてる(不敢聞公、必聴命其家)」というように、豪民が無理に裁判を押しつけていたように記されている。しかしそれは判語の表現上の問題で、当然、官の立場に立った一方的な記述である。そこで官側の主張はひとまずおき、この事案を客観的にみれば、まず当該地域における民間の争いがあったことは確かである。これは当時の《訴訟社会》の例に漏れない。そのうえで考えれば、民間の紛争を官が裁くか民が裁くかの違いに過ぎない。つまり、この判語の背景には、当該地域における民間の紛争の頻発を前提として、豪民が裁判、調停を代行していた様子がうかがえるのである。それはときには豪民の私腹を肥やすための押しつけ裁判もあったであろうが、訴訟の解決という意味では一定の公共的な役割を果たしたと思われる。見方を変えれば、豪民が裁判行為を基層社会における自らの任務としていたのであり、それは民間のある程度までの支持によるものであったことを示唆している。唐宋変革以降のいわゆる訴訟社会の顕在化[31]は、裁判担当者あるいは調停者の存在をより切実に求めるようになった。豪民はこうした裁判、調停という公共業務を代行しようとしていたのである。換言すれば、民間の紛争に対して宋朝政府が裁決者となるか、豪民がその役割を果たすのかの主導権争いがあり、豪民がそれを勝ち取る場合があったと考えることができよう。

こうした私的裁判は主に農村部でおこなわれていたと判断できるが、都市部においても豪民は同質の活動を展開していた。その場合、彼らはみずから裁判をおこなうのではなく、宋朝の裁判を裏から操るという形を取った。そのあり方を象徴的に示す例が「局」を設置して裁判を牛耳るという活動であった。判語の事例をあげよう。

清№25：趙若陋は勝手に「譁局」を設置して饒州一帯の公務を取り仕切っている。……[32]

清№36：ただ程偉の一名だけは……職名を「都轄」と改めて典横の名を隠しており、三人のうちでは最も狡猾な輩である。……「月敷局」なるものを設置し、強制して名目のない銭を納めさせ、実体のない三千石の田租を納めさせ、……[33]

清№49：饒・信の両州は悪質な訴訟沙汰がもっとも多く、また悪辣な有力者がもっとも跋扈しているところである。……鄱陽の駱省乙は……訴訟沙汰には悪達者で、裁判を食い物にしており、……そのうえ手の者に銀器を授け、州城内に「局」を置いて公吏たちに賄賂としてばらまいていたのである。……(34)

清№66：成百四は、巷の取るに足りない人間であるが、茶食人に充てられて訴訟にかかわるようになると、こうしたことを一手に取り仕切って訴人に智恵をつけて唆したりするようになり、役所に出入りしては吏を買収して裁判のことで口を利いてやったり、賄賂を取り次いでやったりといったことばかりしている。別に訴訟沙汰にしようという気もない小民を焚きつけて訴えを起こさせ、袖の下を使うすべを知らない者には脅しすかして贈賄させ、……「局」を置いて人を誘い、威勢は盛んで七県の民はなびくが如くその下へと走るのである。……(35)

このように、清№25では宗室が「譁局」を置いて州の裁判や行政を牛耳っていたし、同36では胥吏が「月敷局」を創設して金を集めていた。同49では豪民が州に「局」を置き、裁判の行方を左右していた。また同66では茶食人が「局」を置き、裁判に絡むさまざまな手段で州に働きかけていた。

ここにいわゆる「局」の設置とは、宋代の史料上にしばしば見られるように、政府が臨時の部署を設置して事務を処理することである。この場合の「局」とはデスクないし部署・事務所の意である。豪民は政府と同様、都市に自分たちの私的な出先機関としての「局」を設置し、そこを根城として州・県の官吏への裏工作をおこなっていたのである。このような在地有力者たちの行動は、もちろん訴訟、裁判に関する請託が主体である。ただ清№36だけは裁判に関する直接的な言及はない。しかし程偉は胥吏であったから、彼の〈悪事〉は裁判にも及んでいたことは当然予測できる。「局」はその際の拠点となっていたのであろう。

こうみてくると、農村部・都市部に共通する在地有力者の活動が浮かび上がってくる。つまり農村部では彼らが直接的に裁判、調停をおこなっていたが、宋朝の支配力が強い都市部ではその権威を操ることで裁判を左右していたのである。言い換えれば、都市部では有力者たちが間接的に私的裁判をおこなっていたとみなせるであろう。このように農村部、都市部それぞれの状況に対応した訴訟の処理および裁判の間接的操作は、在地有力者たちの担った重要な公共業務であった。この活動を中核として彼らは一定の地域支配を実現していた。それは人びとの意思を把握した活動であったと見ることもでき、農村部では影響力がより大きかったと考えられる。都市部では不特定の人間が出入りしているという事情もあり、農村部ほどに影響力を発揮できたとは言えまい。しかし都市に居住する人びとに対しては相応の影響力を持っていたはずである。ここに裁判、私刑という司法的方法によって基層社会を支配する、ひとつのあり方が示されていた。豪民は、頻発する訴訟の解決を代行するとともに、他方でそれによって私腹を肥やすのである。もちろんこうした司法分野での活動のみで基層社会に影響力を行使している健訟の徒などもいたが、多くは経済的基盤を確保している豪民であった。それは判語の記述からもうかがうことができる。次にこの点を検討する。

(2)　経済的分野——物流への関与

ここでは④銭と物の操作に絡んだ活動をみてゆこう。高利貸活動についてはこれまでの大土地所有や地主制に関する研究でもしばしば指摘されてきているので、ここでは取り上げない。注目したいのは物流に関する活動である。まず塩政関連の活動についてであるが、この問題についてはこれまで膨大な研究成果が蓄積されており、ここで贅言を費やす必要はない。判語に述べられていることを確認しておくだけで十分であろう。

清No.３：……一群の豪猾な輩が銭を貸しつけようとし、多くは塩銭を名目とすることで民を混乱させており、しかと取り締まるべきである。……(36)

清No.47：徐安は刑罰に処せられたことのある小吏であるが、……徐安は胥吏たちに割り当て販売させて、（その代金は）期限を切って（胥吏たちに）銭納させるべきであると進言してきた。その意図するところは、官塩を出してもらえば、不正流用することができる上、これに事寄せて徒党を操ろうというものであろう。……徐安は官司の意向に逆らって、みだりに秤子らを招集して、塩を小分けに包まないようにさせ、塩販売を妨害することを企んだ。秤子らは徐安の凶悪さに恐れをなして、みな言いなりになってしまったため、官司は塩を購入する人びとから信用を失い、……(37)

清No.57：王元吉もまた姦民の最たるものであり、……お上の名を借りて私塩の価格を吊り上げ、鎖で縛るなどして舗戸に無理やり売りつけ、代金の受け取りでもインチキをして巻き上げ、……(38)

清No.58：譚一夔は豪民のなかでもタチが悪く、……お上の塩の値段を吊り上げて人に買わせ、（その支払いが滞ると）縛りあげたりしてでも返済を迫り、田畑をかたとして取り上げ、……(39)

清No.61：家には二つの塩倉庫を作ってもっぱらに私塩を買い占めて貯蔵し、運び出しては売りまわっている。このように国家の利益を侵害し、……また不法に「税場」を置いて、紙や鉄・石灰などの物資の搬入を遮り留めて（自分たちで勝手に定めた）規定でもって金銭を徴収しており、その額は万単位にもなる。……(40)

清No.3は豪民によっておこなわれた塩銭徴収に絡む不正である。同47は、胥吏である豪民が塩政の実務を担当している実態にふれている。そうして彼らは実務を独断で執行できる力をもっており、官塩で利益を得ていたことを示している。同57は豪民が胥吏等と結託して官塩を騙って私塩を高く押し売りしていた事実を示している。さらに同58では官塩を高く売りつけ、代金の徴収にからんで私腹を肥やしていたし、同61では豪民が二つの倉庫を抱えるような大規模な私塩の売買をおこなっていた。このように官塩、私塩の流通を利用して在地有力者たちは重要な収入源としていた。言うまでもなく塩に絡んだ歴史上の事件は枚挙にいとまがない。豪民たちの活動はそうした事例の延長線上にあるといえる。

ここで視点を換えれば、唐代後半期以降の時期における物流の問題として注目すべきは、塩をはじめとする物流を利用して勢力をのばしてきた新興在地有力者たちの活動である。彼らは利用できる物資は何でも利用して経済的実力を養ってきた。そうした活動の実態は判語のなかにあらわれている。以下、これら塩以外の物流への関与をあげてみよう。

まず、宋朝政府が組織する物流、すなわち綱運については、

清No.35：さて楊宜・彭信の悪事は最も甚だしく、民の恨みはますます積み重なっている。……近ごろ弋陽県管下の南港渡に、ちょうど陳家が造った大船があり、渡し場を往来していたが、楊宜・彭信に綱運の名目でまんまと利用されてしまった。五月十七日、大水が出たおり、船頭はただ小船で（客を）渡す（こととなり、その結果）死者が三十人余り出てしまった。（しかし）該県は八方手を尽くして隠蔽し、まったく本司に知らせなかった。……(41)

とあり、綱運の実務を担う胥吏の実態がうかがわれる。県の業務は彼ら抜きで動かすことができないため、知県は彼らの横暴を「隠蔽」していたのであろう。判語にはこうした実務の仕組みが描き出されていた。また、

黄No.3：……しかる後に曾适なる者は実に豪横健訟の人であることがわかった。曾儒林郎が官の綱運品目を盗んだ時に、朝廷の命令が下り、没収のために家産を計算したが、非常に急なことで、……(42)

とあり、寄居官である曾适が綱運物資を盗むという悪事をはたらいていたことが述べられている。宋朝の主宰する綱運は在地有力者にとって稼ぎ場のひとつであった。

次に物流にともなう貨幣の偽造、つまり贋金造りについては次のような事案がある。

清No.57：検法官の原案……さらには息子を商用で江右に往来させる際に、銅銭をつぶして砂毛私鋳銭にすること

でボロ儲けを企み、ついにはこうした私銭が湖南の商人の間に多く出回るほどとなった。……[43]
同：断罪……銅については法律で固く罰則を設けているのに、おおっぴらに貨幣を削って、その分を不法に鋳造し、砂毛銭を持ちこんでも、誰もとがめだてしようとはせず、ついには江西の悪銭（三角破銭）がすっかり湖南一帯に出回るに至った。……[44]

とあるように、豪民が自らの商業活動の傍ら贋金を鋳造し、その販売ルートを使って質の悪い銭を江西から湖南に広く行き渡らせたという。ここでは宋朝の鋳銭業務を無視して贋金を鋳造し、私腹を肥やしているのである。彼らは恐らく浙東路周辺で採掘される鉱産物を手に入れ、贋金を作っていたのであろう。国家の権威を気にも留めないほどに彼らの経済力は強かったということである。

また、豪民が税場を置いて金銭を徴収しているという現実については前掲の清№61に記されていた。ここ順昌県では紙、鉄、石灰の流通に対して課税し、品目に対応する銭額を徴収していた。これらの物資について少々検討しておきたい。

紙については建陽県麻沙鎮のいわゆる麻沙本の出版活動が著名であり、順昌県との地域的近さとの関連で考えることができる。おそらく福州をはじめとする各地から紙が麻沙鎮へ送られており、官氏一族はその輸送の途中で捕捉して課税したのである。

鉄についてみると、当時の銅の需要に応えるための鉄が流通していたと考えられる。王菱菱などの研究によれば、鉄と銅生産との関係は以下のようである。[45]福建路と浙東路の境界地域とくに鉛山県周辺は古くから鉱産物の主要な産地であり、ここで胆水（硫酸銅溶液）が湧きだしていた。この胆水から浸銅法によって銅を採取する過程で、鉄が必要とされたのである。浸銅法についての詳細は省くが、関連する史料を一例だけ挙げれば次のようなものがある。

浸銅の方法。生鉄を薄片として、鍋鉄（銑鉄？）のようにし、胆水を満たした水槽に入れて、魚の鱗状にならべる。数日浸しておくと、鉄片は胆水によって薄くなり、表面に「赤煤」がつく。これを削り取り、炉に入れて精錬する。およそ三度精錬すると銅になる。……[46]（『宋会要輯稿』食貨十一―二）

こうした方法による銅の採集は北宋哲宗期以降、かなり盛んになったといわれるので、南宋期には順昌県をも通過して大量の鉄が鉛山県に送られたのであろう。官氏のねらいはそれを捕捉することであった。

また石灰の用途は多い。建築材料としての漆喰は言うまでもない。前述の麻沙本との関連では、竹紙のような繊維の粗い材料から紙を漉く際に必要とされた。[47]あるいは鉄の精錬に用いられたし、両浙地域で濁酒から清酒を醸す酒造業にも必要な物資であったという。[48]

以上のように官氏一族が税場を置いて課税していたのは、当時の重要な流通物資であった。これらはいずれも当該地域周辺でかなりの量が流通していたとみられる。豪民はその流通に眼をつけていたのであり、きわめて歴史的性格を持った物資の流通であった。こうした物流に関連した〈悪事〉が豪民の活動の一特徴であった。

本項で見てきたごとく豪民の経済分野での特徴的な活動の一つは、当時の物流の発展を基礎にしたものであった。彼らは土地を集積して地主経営をおこない、また高利貸も経営しつつ、物流に関わる事業を展開していた。これらの収益が豪民の経済的基盤であった。

おわりに

以上に見てきたように在地有力者および豪民は自己の経済的基盤をもとに、基層社会に対する司法的分野での影響力を行使していた。最後に彼らの歴史的特徴について、あらためて整理し、そこから考えられることを展開してみればば以下のようになる。

(1)南宋の判語には宋朝へ全面的に反抗する有力者の例はほとんどなく、大体において宋朝の権力、権威との結合を志向していた。つまり国家との「もたれ合い構造」を作り、その権威を利用することが彼らのねらいであった。このため彼らの活動が統治規範のある一線を越えれば処罰されることになるが、その線引きの基準は担当官の判断によるところが大きく、明確ではなかった。(49)

(2)判語の記述で目立つのは暴力的収奪、すなわち《実力の世界》の存在である。この点は高橋芳郎も注意していた。(50)いまのところ、なぜこのように暴力が横行するのかは充分には説明できないものの、在地有力者の活動には権力と財力に加えて暴力も絡み合っていた事実は確認できる。

(3)彼らが国家に寄生しつつ、地域支配への志向性をもっていたことは言うまでもない。農村における私的裁判はそうした志向性が表面化したものである。しかしそれは多くの場合挫折せざるを得なかった。理由はさまざまであろうが、ひとつには彼らの組織が「世帯」経営であったことで、血縁関係以外の人脈が形成されにくかったことがあげられる。またそれと裏腹の関係にあるのが、他の有力者との絶えざる争いの存在である。特定の基層社会における有力者の地位は安定したものとはいえなかった。さらに『清明集』に登場するような、まじめな硬骨の地方官の活躍もあげられる。彼らは〈愚民〉の教化を自らの任務として設定し、職務に忠実な官僚であった。もちろん地方官のすべてが同じように理念に忠実に行動したわけではなく、堕落した地方官も多かったことは『清明集』官吏門などの判語に垣間見える。とはいえ、硬骨の地方官の影響力が大きかったことは疑いなく、彼らは〈悪事〉をおこなう有力者や豪民を放置しておくことはできなかった。判語にしばしば見られるように「軽きに従う」といった処分の軽減がおこなわれていたとしても、有力者たちには相応の打撃を与えたはずである。かくて有力者たちの、継続的な地域支配は挫折せざるを得なかった。

(4)以上のような有力者、豪民のあり方を見てくると、日常的な宋代社会の特徴が見えてくる。彼らは、官にとっては業務遂行、日常的治安維持などに役立つ〈必要悪〉であった。一方、民にとって豪民は相応の公共業務を担ってくれる存在で、ある程度まで支持を寄せていたと思われる。言い換えれば、宋代の「二者間関係」社会（「法的共同体」のない社会）で[51]、有力者、豪民は「共同体」の役割を部分的に代行するものであった。それは基層社会の再生産を維持するために欠かせない活動であった。梁庚堯のいわゆる「長者」型の有力者にはこうした側面が明確に表れている[52]。

このような情況を総体的にみると、南宋社会では大小の有力者が、さまざまな利害関係によって小農民や都市民と個別的な関係を結んでいたことになる。在地有力者と民の関係は、訴訟問題に限らず、地主経営における労働力の雇用といった経済的関係もその一部をなしていた。社会の再生産に必要なさまざまなつながりにおいて影響力をもった有力者や豪民が基層社会に割拠していたのである。

(5)あらためて確認すれば、彼ら有力者の主要な経済的基盤は土地経営すなわち地主であったし、その多くは梅原郁の言うような城居地主であろう。その上で彼らは、流通関連業とかかわり、また、〈悪事〉も含む各種「資本」の運用をおこなっていた。このような認識をもとにすれば、私がさきに提起した「アメーバ型複合経営体」という規定[53]および基層社会における彼らのあり方はあらためて諒解できるであろう。

(6)最後に確認しておかねばならないのは判語史料の限界である。前章までの検討でも理解できるように、判語はあくまで地方官の立場からみた判断であり、地方官それぞれの考え方によって適用基準も異なっていた。さらに、裁判にならない案件、あるいは違法とみなされない事実は記録されないことは言うまでもない。つまり梁庚堯のいう「長者型」豪民は、判語には登場しないし、彼らの日常的な公共的役割はほとんど記されない。これらは他の史料をも加味して今後検討せねばならない課題である。(54)

また判語は統治者たる地方官の側からの一方的断罪である。財産争いや立継の争いなど調停的裁判の場合はさておき、刑事事件にかかわるような事案では犯罪者側の言い分はほとんど残されていない。断罪された豪民たちの言い分やその行動の原動力は、『清明集』の発見によってもなお把握し難い側面が多い。今後、他の史料も参照してさらに検討を続ける必要があろう。

注

(1) 中間階層については拙稿「中間層論と人間関係論への一視点」(『東アジア専制国家と社会・経済』青木書店、一九九三年)参照。最近は、唐末から五代の地主、流通業者などに焦点を当て、複合的経営体としての活動を研究してきた。ことに彼らと国家との関係に注目して考察してみたのが拙稿「唐・五代の『影庇』問題とその周辺」(『唐宋変革研究通訊』第二輯、二〇一一年)および「唐代の『本銭』運用について」(『上智史学』五六号、二〇一一年)である。
(2) 拙稿「中国社会史研究と『清明集』」(本書第一部補論所収)参照。
(3) 周藤吉之「宋代官僚制と大土地所有」(『社会構成史体系』八、日本評論社、一九五〇年)。
(4) 柳田節子「宋代形勢戸の構成」(『宋元郷村制の研究』創文社、一九八八年、所収)。
(5) この点については、大澤編著『主張する〈愚民〉たち』(角川書店、一九九六年)参照。
(6) 梅原郁「宋代の形勢と官戸」(『東方学報』六〇冊、一九八八年)。
(7) 草野靖「宋代の形勢戸」(『福岡大学人文論叢』二五巻一号、一九九三年)。

（8）梁庚堯「豪横与長者：南宋官戸与士人居郷的両種形象」（『新史学』四巻四期、一九九三年。のち『宋代社会経済史論集』允晨文化実業股份公司、一九九七年、所収）。
（9）林文勲・谷更有『唐宋郷村社会力量与基層控制』（雲南出版社、二〇〇五年）など。
（10）廖寅『宋代両湖地区民間強勢力量与地域秩序』（人民出版社、二〇一一年）。本書については小林義廣が書評を発表しており、学説史的な位置づけと的確な批判がなされている（『名古屋大学東洋史研究報告』三七号、二〇一三年）。
（11）林・谷前掲注（9）共著書の上篇〈唐宋〝富民〟階層的崛起〉参照。
（12）王善軍「強宗豪族与宋代基層社会」（『河北大学学報』二三巻三期、一九九八年）などがある。この他にも研究はあるが、日本では入手できない論文も多い。
（13）高橋芳郎『黄勉斎と劉後村』（北海道大学出版会、二〇一一年）ほか。
（14）梅原郁『訳注名公書判清明集』（同朋舎、一九八六年）。
（15）清明集研究会は、一九九一年以来、懲悪門、人品門、人倫門、官吏門の訳注稿（いずれも汲古書院扱い）を発表してきた。私のこれまでの研究は本書の第一章から第三章に収録している。
（16）滋賀秀三『清代中国の法と裁判』（創文社、一九八四年）。
（17）陳智超「南宋二十戸豪横的分析」（『宋史研究論文集：一九八四年年会編刊』浙江人民出版社、一九八七年）。
（18）前掲注（5）大澤編著書参照。その後、この点をめぐっていくつかの論考が提出された。たとえば青木敦「健訟の地域的イメージ――一一～一三世紀江西社会の法文化と人口移動をめぐって――」（『社会経済史学』六五巻三号、一九九九年）などがある。またそうした問題の総括的整理は小川快之がおこなっている。小川『伝統中国の法と秩序』（汲古書院、二〇〇九年）参照。
（19）陳智超「宋史研究的珍奇史料」標点本『名公書判清明集』付録七（中華書局、一九八七年）参照。
（20）こうした家族と世帯の違いについては、拙著『唐宋時代の家族・婚姻・女性』（明石書店、二〇〇五年）終章参照。
（21）以下の史料の現代語訳については前掲の高橋芳郎、梅原郁、清明集研究会の訳注を参照している。また原文はそれぞれの注に掲げることとする。本史料の原文は次の通り。

……王松龍之豪、與王元方之譁、僉聽所擬、已得其情。不待重說偈言。何況二人自是同族而相攻、亦壞風俗。……
(23) 鄭天惠依憑而狡、朱元光暴富而横。天道虧盈、使兩强而不相下、自鬭自敗。……
(24) ……豪富之家、率多不法。私置牢獄、擅用威刑、習以成風、恬不爲怪、……
(25) ……忽于本路在任官員脚色中、見有凶雛扶如雷者、依然正統部内巡檢職事。……節節據人戶有狀、論其不法。或訟其受人戶白詞、……
(26) ……方震霆豪横自若、……承幹酒坊、儼如官司、接受白狀、私置牢房、杖直枷鎖、色色而有。坐廳書判、捉人吊打、……
(27) ……(張) 景榮乃敢以攬戶而行官稱、輒行書判、以筒鎖訊決而加於鄉人、其被害者非一。……
(28) 王東家於溪洞之旁、旣爲攬戶、又充隅總。……自其充隅總也、則兩都之獄訟、遂專決於私家矣。……
(29) ……兩孫官千三、……私置牢獄、造殘酷獄具、如蒺藜・槌棒・獄仗・銅鎚索・手足鎖之類、色色有之。……最殘酷者、取細砂炒令紅赤、灌入平民何大二・……・廖六乙耳內、使之立見聾聵。……
(30) ……是以三十年間、民知有官氏之强、而不知有官府。鄉民有爭、不敢聞公、必聽命其家。……
(31) この点について、辻正博は貴重な研究をおこなっている。辻「隋唐時代の相州における司法と社会」(夫馬進編『中国訴訟社会史の研究』京都大学学術出版会、二〇一一年)によれば、唐代までの相州では「健訟」問題はいまだ顕在化していなかったという。
(32) ……趙若陋者、專置譁局、把持饒州一州公事。……
(33) ……惟程偉一名、……改職爲都轄、以避典押之名、則又三人中之最黠者也。……創起月敷局、監納無名錢、白納三千石。……
(34) 饒・信兩州、頑訟最繁、姦豪最甚。……如鄱陽之駱省乙者、……而又健於公訟、巧於鬻獄。……方且分遣爪牙。多賚銀器、置局州城、賂公吏。……
(35) 成百四、特閭巷小夫耳。始充茶食人、接受詞訟、乃敢兜攬教唆、出入官府、與吏爲市、專一打話公事、過度贓賄。小民未有訟意、則誘之使訟、未知賕囑、則脅使行賕。置局招引、威成勢立。七邑之民、靡然趨之。……

(36) ……所有部内有一等豪猾、將錢生放、多作鹽錢名色擾民。合與禁約。……

(37) ……徐安姦黠小吏。……徐安進說、謂當俵賣諸吏、責限納錢、其意以爲請出官鹽、可盜妄費。藉此爲由、鉗制徒黨。……徐安抗拒官司。輒號召秤子等人、不得包裹零鹽、欲爲沮抑賣鹽之計。秤子畏其兇燄、輒皆聽命。遂使官司失信買鹽之人、人言籍籍、……

(38) 王元吉亦姦民之尤也。……旁緣制司名色、增長私販鹽價。鎖縛抑勒舗戶、取償者、則又執私約以欺騙。……

(39) 譚一夔、豪民之傾險者也。……或高價制司鹽價、誘人贖買、逼迫捉縛、準折其田宅。……

(40) ……而其家造兩鹽庫、專一停塌私鹽、搬販貨賣、坐奪國貨。……又私置稅場、攔截紙・鐵・石灰等貨、收錢各有定例。贓以萬計。……

(41) 照得、楊宜・彭信爲惡最甚、民怨滋多。……近者弋陽管下南港渡、自有陳府恰造大船、通濟往來。忽被楊宜・彭信以綱運名色、占載行李。五月十七日、大水泛漲、渡子只以小船撐渡、致死者三十餘人。本縣百端遮掩、必不令本司知之。……

(42) ……然後知曾适者眞豪橫健訟之人也。方曾儒林侵盜官綱之時、朝旨行下、抄估家產、急如星火。……

(43) 檢法書擬。……又況遣子商販、往來江右。動以官錢易砂毛私鑄、搬入攙夾雜行用、以求厚利、遂使私錢流入湖湘販者衆。……

(44) 斷罪。……銅於法禁最重。公然剪鑿私鑄、搬販砂毛、莫敢誰何。遂使江西三角破錢、盡入湖南一路界內。……

(45) 鉱業に関する研究は小川快之が総括している。小川前掲注（19）著書、第一章　宋代信州における鉱業と「健訟」、など参照。銅の精錬については、王菱菱『宋代鉱冶業研究』（河北大学出版社、二〇〇五年）など参照。

(46) 浸銅之法、先取生鐵、打成薄片、目爲鍋鐵、入膽水槽、排次如魚鱗、浸漬數日、鐵片爲膽水所薄、上生赤煤、取出刮洗錢煤、入爐烹練、凡三練方成銅、……

(47) この点については多くの研究があるが、さしあたりわれわれの福建北部調査記録で小島浩之が執筆している箇所を参照していただきたい。大澤・小島他「福建北部歴史調査報告：『清明集』的世界の地理的環境と文化的背景〈建寧府篇〉」（『上智史学』五七号、二〇一二年一一月）。

(48) 『泊宅編』（三巻本）巻上

二浙造酒、皆用石灰、云無之則不清、……

(49) この点については本書第一部第二章で研究している。

(50) 高橋芳郎前掲注（13）『黄勉斎と劉後村』参照。

(51) 二者間関係社会については足立啓二『専制国家史論』（柏書房、一九九八年）参照。

(52) 梁庚堯前掲注（8）論文参照。

(53) 前掲注（2）拙稿参照。その模式図を下に掲げる。

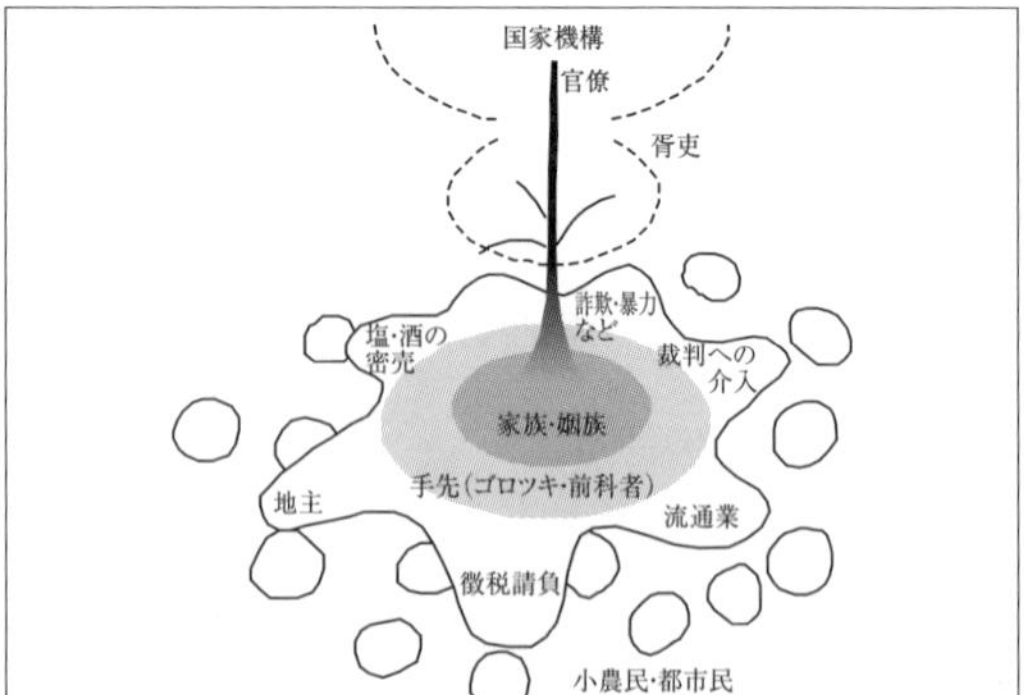

アメーバ型複合経営体の模式図

(54) ちなみに豪民の公共的活動を記した史料の例として次のようなものがある。今後の研究課題として掲げておきたい。

・朱熹『晦庵集』巻一百〈龍巖縣勸諭牓〉

……右今榜龍巖縣管下、遍行曉諭。上戸豪民、各仰知悉。其有細民不識文字、未能通曉、即請鄕曲長上、詳此曲折、常切訓誨。……

・眞德秀『西山先生眞文忠公文集』巻三《直前奏事劄子　甲戌七月二十五日》

……其齊民則天性健鬭、毎易視虜兵、其豪民則氣槪相先、能鳩集壯勇。使范蠡・諸葛亮輩得而用之。……

・魏了翁『重校鶴山先生大全文集』巻十四〈安癸仲撫諭四川官吏軍民詔〉

……爰命太府卿安癸仲、兼四川撫諭使。奉將朕指、勞問將士、撫綏黎元、招輯流散、糾合驍武。其有監司牧守、虓將勇夫、巨室豪民、忠臣義士、凡以靖難敵愾、爲吾制臣之助者、姓名來上。……

《表1》『清明集』に登場する在地有力者

No.	巻	判語題名	著者	有力者の名前	身分・呼称など	地域	組織	活動
1	1	懲戒子姪生事…	｜	黄百七	裁判官の従姪の僕	湘陰県	｜	「囂訟」「挟持」、妄りに訴訟を興す
2		不許県官寨官…	呉雨巌	韓逢泰・韓順孫	豪家	玉山県柳都寨	知県・寨官を抱き込む	寨＝「豪家之土牢」、県＝「豪家之杖直」
3		禁戢攤塩監租…	｜	｜	豪猾	饒州	｜	塩銭の名目で金を貸す
4		禁戢部民挙揚…	滄洲	范文・呉釿等	寄官員・士人・上戸	｜	｜	知県を「挙揚」する
5	2	県尉受詞	馬裕斎	黄松（孫亜七・杜万二等）	「牙儈不良子弟」	厳州	県尉が黙認	櫃坊を開く、「停著賭博」
6		冒立官戸以他…	｜	李克義	「名家之後」・官戸	｜	｜	祖墓の松柏を切る、「聚凶徒鼓噪街市」
7		貪酷	蔡久軒	黄権簿	｜	｜	｜	「覇一県之権」、賄賂を要求
8		巡検因究実取…	宋自牧	扶友嵩・如雷	巡検	衡州攸県	父子、僧、悪少	会子を脅し取る、取乞、官位の不正入手、「白詞」を受け取る、など
9	3	頑戸抵負税賦	胡石壁	趙桂等	上戸・姦民・頑戸	｜	「奴僕」を所有	国税の未納、数年納めず
10	4	妄訴田業	胡石壁	劉緯	姦猾者	｜	｜	健訟、田地の訴訟を起こす
11		干渉不明合行…	劉後村	⑰潜彝父子	士人、「納粟」「小使臣」「監酒戸」	貴渓県	父子、幹人	「武断豪覇」、田産をだまし取る
12		已売之田不応…	翁浩堂	孔主簿、呉八	形勢	｜	呉八が投托、幹人	呉八が違法に田を占拠
13	5	争山妄指界至	劉後村	⑱兪行父・定国兄弟、祖主簿	寄居官（祖主簿）、豪富（兪兄弟）	建陽県	兄弟・表親、幹人、保司、寄居官・豪民が結託	「武断郷曲」、山を争う
14	6	不肯還賃退屋	葉岩峰	黄清道	頑民、十王	｜	獄吏と組む	家賃の不払い、僮僕への暴行
15	8	侵用已検校財…	胡石壁	曾仕珍父子	好訟、険健	邵陽県	父子	府・転運・提刑・安撫司への越訴、「犯義犯刑」

16	9	母在与兄弟有分	劉後村	丘汝砺	豪民	—	危文謨と組む	土地の違法取引
17		典買田業合照…	胡石壁	李辺	健訟、「老姦巨猾」「好行凶徳之人」	—	—	土地の違法取引、典主を強請ろうとするなど
18		典主遷延入務	胡石壁	趙端	豪民、富者	—	—	土地の不法取得
19		盗葬	—	古六十	健訟人	—	—	土地訴訟の原告に加担
20		争墓木致死	蔡久軒	⑲胡小七	買官人、豪強	—	悍僕・群佃百余人、幹甲、提幹と組む	墓山の木を切る
21		背主頼庫本銭	—	区元鼎	「豪富之家」	湖湘	奴僕	不法行為、「私置牢獄、擅用威刑」
22		女家已回定帖…	劉後村	—	形勢	—	—	裁判への介入
23	10	母子兄弟之訟…	呉雨巌	—	譁徒	—	—	兄弟間の訴訟へ介入
24		恃富凌族長	蔡久軒	范寛	富豪、士人	—	—	水利を独占
25	11	宗室作過押送…	呉雨巌	趙若陋	宗室	饒州	「悪少」、胥吏と組む	譁局を置く、裁判に介入、賭場で暴力など
26		仮宗室冒官爵	僉庁	趙仮熹	にせ宗室	処州、金華県	一味六名	公文書・官印偽造、官職詐称、裁判に介入、商人から強奪、など
27		引試	蔡久軒	胡大発	豪横、隅官、士人	信州	士友の嘆願、人力	財物を脅し取る
28		士人充攬戸	蔡久軒	操舜卿	攬戸、士人	—	犯罪者と結託	官物を上納しない、県官に無礼
29		士人以詭嘱受財	呉雨巌	余子能	士人、譁徒	—	—	「詭嘱受財」（口利き）
30		僧為宗室誣頼	蔡久軒	趙時霈	宗室	—	小婢	言い掛かりをつけて脅迫
31		罪悪貫盈	蔡久軒	黄徳	州吏	饒州鄱陽県	—	訴訟で恐喝、称提の不正、娼妓・人妻を奪う、店・市場を破壊など
32		違法害民	蔡久軒	孫迥・万八兄弟、余信	胥吏、「立地知県」、「八王」	信州弋陽県	兄弟、配吏、郷司、弓手・保正、一味計六名	暴行、恐喝、詐取など
33		十虎害民	蔡久軒	周鱗、陳明、徐濤等十名	胥吏	信州鉛山県	勢家の幹人と組む	資産の強奪、荷物の横領など

34		籍配	蔡久軒	王晋	猾吏、副吏、「小提刑」	江東路	提刑と組む	収賄、金・銀・絹・土地・邸宅を不正取得など
35		慢令	蔡久軒	楊宜、彭信	県吏	信州弋陽県	知県を抱き込む	綱運を牛耳り、死者三十人
36		鉛山贓吏	蔡久軒	徐浩、張謹、周厚、程偉	配吏、典押、「焼熱大王」	信州鉛山県	—	「月敷局」を設置、乞取、取受、覇役、賄賂など
37		受贓	蔡久軒	鄭臻、金彬、呉恭	配吏	—	寄居官の幹人を買収	恐喝
38		二十状論訴	—	詹春、張慶	郷司	信州鉛山県	—	収奪、脅迫を繰り返す
39		仮作批朱	—	楊璋、趙澄、胡寿	書舗戸	—	—	批朱の偽造
40		郷司売弄産税	—	邵遠、鄭興、鄭富、徐侁	郷司、罪犯吏	貴渓県	—	産税銭の違法取り立て
41		恣郷胥之姦	呉雨巌	周森	郷胥	—	—	戸籍の不正
42		応経徒配及罷…	胡石壁	—	「経徒配及罷役人」	邵州	—	法の乱用、訴訟の教唆など
43		去把握県権之…	呉雨巌	周佾、周仁、周森	姦吏、配吏、郷司	信州玉山県	—	賄賂の受領、官妓・耕地の占有
44		都吏輔助貪守…	宋自牧	鄭俊、胡傑	都吏	—	知軍と組む	不法行為、取乞
45		都吏潘宗道違…	劉後村	潘宗道	都吏	饒州	勢家に加担	違法に田産を買い取る
46		南康軍前都吏…	劉後村	樊銓	前都吏、「税院」、巨蠹	南康軍	豪富に加担	官銭の横領、進士を冒称、公文書偽造など
47		黠吏為公私之…	—	徐安	姦黠小吏、押録	建陽県	徒配と結託	訴訟を教唆、借金の踏み倒し、牛の屠殺、塩政の妨害
48	12	豪横	蔡久軒	①方震霆（閻羅・百六官）	豪横、豪強、名士の子孫	信州弋陽県	「罷吏兇悪」	「私置牢房」、財物を脅し取る、田畑を詐取、殺人・暴行等
49		為悪貫盈	蔡久軒	②駱省乙	豪民、修武郎の孫	饒州鄱陽県	父子、兇徒	財物・田土を脅し取る、訴訟を教唆、強請、贈賄など、局を置く
50		豪強	蔡久軒	③李鏜、④李麟	豪強	—	—	「横行」、告発合戦を展開
51		豪横	蔡久軒	⑤斉振叔（千四）・万四	「家富而横」	—	父子?	暴行、死体遺棄

52		押人下郡	蔡久軒	⑥胡一鳴	多貲	饒州鄱陽県	―	「力可移山」
53		豪民越経台部…	呉雨巌	⑦留又一	豪民	饒州	胥吏を役使	契約書偽造、教唆
54		詐官作威追人…	呉雨巌	⑧張景栄・景賢兄弟	攬戸	―	兄弟	判決書偽造、拷問、検死の不正、官名詐称
55		治豪横懲吏姦…	呉雨巌	⑨駱一飛父子	豪横	―	父・長男・次男	財物を強奪、妖教を喧伝、暴行
56		与貪令捃摭郷…	宋自牧 他	⑩陳瑛	豪強	湖南	県官と結託、獄吏に賄賂、配隷を手先に	銭・土地をだまし取るなど
57		結托州県蓄養…	宋自牧	⑪楊子高、⑫王元吉	豪民、姦民、制属	湖湘	州県官吏と結託、罷吏配軍を手先に、陳氏と争い、王元吉と結ぶ	殺人、土地取り上げ、官名詐称、私塩、ニセ金造り、胥吏を訴える
58		挙人豪横虐民…	宋自牧 他	⑬譚一夔、譚三俊、陳節等	挙人、豪民、制属、「三(十)将軍」	湖南	幹僕・人力、無頼を手先に、県吏と三人組	訴訟に介入し土地取り上げ、私塩、高利貸し
59		何貴無礼邑令…	馬裕斎	何貴、⑭金四三	豪右、一武夫	分陽（?）	狠僕	県令への侮辱、胥吏を捕える
60		不納租賦擅作…	胡石壁	⑮王東	攬戸、隅総	湖南（?）	―	税の未納、私的な裁判、殺人犯を隠匿
61		母子不法同悪…	劉寺丞	⑯官八七嫂母子	次男が県尉	南剣州順昌県	母・息子三人、「悪少」を手先に	「私置牢獄」、私塩、税場、田宅を奪う、誘拐、祈願・橋の修理を口実に財物強要、など
62		訟師官鬼	蔡久軒	項元明	訟師官鬼、士人	―	―	胥吏・弓兵へ金貸し
63		専事把持欺公…	翁浩堂	鄭応龍	把持人、朝奉郎	西安県	承人を買収	裁判を操作、犯人を逃がす
64		把持公事赶打…	翁浩堂	劉必先兄弟	士類	―	兄弟、三人組	公吏を殴打、小作料の取り立て
65		先治依憑声勢…	胡石壁	趙添監	「仮儒衣冠」	邵州新化県	僧三人が頼る	訴訟を仕切る

66		教唆与吏為市	蔡久軒	成百四	茶食人、朝奉郎、譁徒	—	兇徒	請託、贈賄、訴訟教唆、局を置く
67		士人教唆詞訟…	胡石壁	劉濤	士人、学校に奉職	邵州新化県	手下多数	訴訟教唆、県官を牛耳る、請託
68		先治教唆之人	胡石壁	鮮再挙	—	—	—	訴訟教唆
69		懲教訟	方秋崖	易百四郎	書鋪戸	袁州	—	訴訟教唆
70	13	譁鬼訟師	蔡久軒	金千二、鍾炎	勢家幹僕の子、州吏の子、挙人、譁徒之師	婺州	二人組、吏と結ぶ、士友が嘆願	訴訟に介入、賄賂、請託、恐喝教唆、奪田を取りあげる
71		撰造公事	蔡久軒	張夢高	譁徒渠魁、吏人の子	婺州武義県	無頼	訴訟教唆、詐欺、贈賄・請託、家を奪う
72		譁徒反覆変詐…	馬裕斎	婁元英	無頼子弟、譁徒、勢家、豪右	浙右	兄弟	訴訟教唆、土地財産を詐取
73		豪与譁均為民害	蔡久軒	王松龍、王元方	豪民、譁徒	—	—	民に害をなす、豪民（同族）同士の争い
74		資給告訐	呉雨巌	鄭天恵、朱元光	「依憑而狡」「暴富而横」	—	—	土地の奪い合い、資金を与えて誣告、豪民同士の争い
75		資給誣告人以…	—	王祥父子	富民	婺州	父子	資金を出して訴訟させる
76		資給人誣告	—	⑳蔣元広	豪民	婺州東陽県	「悪少」三十名、胥吏と結託	資金を出して訴訟させる
77		教令誣訴致死…	—	江謙亨	—	—	—	「家饒於財、武断郷曲」、誣告を教唆
78		釘脚	婺州	方明子	「囂訟之人」	婺州	—	冤罪の訴え
79		峒民負険拒追	胡石壁	樊如彬	峒民	—	省民が手先	官司を冒涜、没官田を占拠
80		以累経決断明…	刑提幹	黄清仲父子	豪猾健訟、兇徒	—	父子三代、手下	土地を脅し取る、判決をごまかす
81		仮為弟命継為…	主簿擬	王方・用之父子	「譁徒之渠魁、宦族之後」	鄂州崇陽県	父子	宗族内のでたらめな訴訟
82		王方再経提刑…	天水	同上	同上	同上	同上	同上ほか
83		騙乞	—	王文甫	姦民、豪民、勢家族党	—	巡検・胥吏と結ぶ	でたらめの訴訟

84	14	元悪	―	卜元一	「行兇偶赦恩不償命之囚」	―	亡命などの手下多数	殺人、盗賊・亡命隠避、武器製造、強盗、巡検・知県に反抗する、など
85		捕放生池魚倒…	蔡久軒	趙時湝／葉森	宗子／頑狡民戸	―	二人組、兇徒四名、僧	収賄、放生池の魚を捕る、祝聖亭を倒す
86		把持公事欺騙	宋自牧	唐黒八、蒋黒念二	「両虎分覇」	衡州衡陽県	―	訴訟を仕切る
87		検法書擬、断	宋自牧他	唐梓	「小人中之狼虎」	同上	州県公吏＝親故、蚕と組む	賭博詐欺、胥吏と結託、訴状を受理
88		因賭博自縊、断	潘司理、蔡久軒	余済	販塩悪少、買官、一州巨蠹	―	士人・胥吏を含む一味九名	賭博による借金の取り立て
89		蓮堂伝習妖教	蔡久軒	張大用	―	饒州？	官府・軍と同じ組織	妖教を広める
90		痛治伝習事魔…	呉雨巌	祝千五	道主	饒・信州	一味五名	喫菜事魔の妖教を広める

＊ゴチック・傍線①～⑳は陳智超の取りあげた「二十戸豪横」

《表2》黄勉斎判語の有力者

No.	巻	題名	有力者の名前	身分・呼称など	地域	組織	活動
1	38	危教授論熊祥…	熊祥 危教授	豪横 寄居官、官人	臨川県	兄弟・甥 弓手を使う	「停盗」？ 誣告
2		曾知府論黄国…	曾知府父子	寄居官、豪横	楽安県	幹人、阿曾（買収）	「停盗」と親戚を誣告
3		曾适張潜争地	曾适	豪横健訟之人	金渓県	幹人（周成・陳先・朱端・熊富）	土地所有を捏造して訴訟、綱運品目を盗む
4	39	窯戸楊三十四…	謝知府	寄居之家、形勢之家、豪強	新淦県	幹人（鄒彦・王明）、弓手・保正を使う	甎瓦をだまし取る
5		彭念七論謝知…	謝知府	形勢之家、寄居官、形勢	同	幹人（郭勝・睦晟）、甲頭	甲頭の逃亡により訴訟
6		鄒宗逸訴謝八…	謝八官人	大家	同	幹人（鄒宗逸）、弓手を使う	No.4の続き
7		徐少十論謝知…	謝九官人	形勢	同	人力（胡先）	強姦？
8		宋有論謝知府…	謝知府	形勢、豪強	同	幹人	園地を占拠

9		王顕論謝知府…	謝知府	形勢	同	幹人	廟地を占拠
10		張凱夫訴謝知…	謝知府・謝八官人	豪横	同	幹人	田産を奪う
11		徐莘首賭及邑…	徐莘	姦豪、寄居、士人	—	寄居官	賭博、民害をなす
12		郝神保論曾運…	曾運幹	形勢之家、形勢	—	幹人（宋六一）	田産をただ取りする
13	40	陳安節論陳安…	曾金紫など 鄒司戸	形勢之家、富家 富豪、健訟	— —	— —	田産を違法に典買 同
14		陳希点帥文先…	陳子国・希点父子	形勢、士人	—	幹僕、人力	官会により誣告、田産を奪う
15		聶士元論陳希…	同	積代豪横、豪強	—	幹人	学田の租を奪う
16		龔儀久追不出	龔儀	豪民、豪戸、士人	—	—	墓地を侵占、牛・山・家屋を奪う、税の未納
17		謝文学訴嫂葉…	謝文学	豪横、健訟	龔州寧都県	幹人（謝卓）	不当な立継を訴える

《表3》劉後村判語の有力者

No.	巻	題名	有力者の名前	身分・呼称など	地域	組織	活動
1	192	戸案呈委官検…	—	豪富人、富強有力之家、豪強	—	—	官吏と結託、税を減免
2		饒州州院申徐…	王叔安	豪家、豪強	楽平県	幹人（朱栄）、県吏、寨卒	訴訟を捏造、田産を奪う

《表4》文文山判語の有力者

No.	巻	題名	有力者の名前	身分・呼称など	地域	組織	活動
1	12	問示茶陵周上…	周監税父子	豪強	衡州茶陵県	—	県政を牛耳る

補論　中国社会史研究と『清明集』

日本人の中国認識

日本人が中国をかたるとき、しばしば決まり文句として持ち出されるのは「一衣帯水の間柄」とか「同文同種の国」という表現である。これらは言うまでもなく彼我の距離の近さを象徴し、親近感を表す用語である。そしてこの文言が使われ続けていることからみれば、何となくではあれ、多くの日本人が日中両国の共通性に納得しているのであろう。また。日本人の意識のなかにこのような素朴な感情が通奏低音として流れているからこそ、わが国ではシルク・ロードや『三国志』が巷間もてはやされるのである。

では、日本人の中国認識は、漠然とした共通意識や親近感以上に、内実をもった的確なものになっているであろうか。この問いに対する答えは、残念ながら否である。その実例は一九八九年の天安門事件への反応に明確に示された。かの広範な市民運動に対して、ほどなく中国の権力者が取るであろう酷薄な措置を、どれほどの日本人が予想しただろうか。運動のかつてない盛り上がりという報道に接して、主観的願望も含めてであるが、何らかの民主化政策が始まると感じた日本人は多かったはずである。民主化とまではいかないとしても、権力者側があれほどの暴力的な弾圧行動に出るなどとは予想し得なかったのである。つまり、「現代の専制」とも呼ぶべき「中国の国家と社会の鋭い対立と無残な分裂の姿」(1)を、われわれは認識していなかったと言わざるを得ないのである。

かかる認識は日本のみに限らず、他の西欧諸国でも同様だった。それゆえにこそ、事件直後に民主化実現への圧力と称して、経済制裁などの措置が発動されたのであった。しかしその甲斐もなく、中国の市民運動は抑圧され、逆に国内における引き締め政策は強化された。いち早く変わり身を見せた某国を除く各国は、いまや振り上げたこぶしの納めどころに苦心しているありさまである。

ここに象徴的に表わされていたのはわれわれの中国認識の浅さであった。それは、これから一歩一歩克服してゆくしかないが、さしあたりわれわれの目の前には次のような課題が提出されるであろう。端的にいえば、中国における国家と社会との関係性をどう見るかという問題である。従来のわれわれの目で天安門事件を見たとき、権力者と市民との距離は想像を絶するほどに隔たっていたのであった。見方を変えれば、そこには西欧近代市民社会的視角では測りきれない亀裂が、厳然として存在していたということであろう。われわれは現在のこの亀裂の深さを的確に計測しておく必要があるし、亀裂を作り出してきた歴史的構造の分析が急がれねばならない。それは中国史研究、とりわけ中国社会史研究の重要課題の一つとして掲げられるべきであろう。

明版『清明集』の発見

研究課題を以上のように設定した上で、いま少し歴史具体的に問題を考えてみよう。ここで、中国近代社会の出発点として見られることの多い宋代社会を取りあげるのは、一つの妥当な選択だと考える。なかでも、近年の新史料発見によって注目さるべきは南宋期（一一二七―一二七九年）の社会である。

南宋の新史料とは近年発見された明版『名公書判清明集』（以下『清明集』と略称）一四巻である。これは南宋末期に編纂された裁判判例集というべき史料であるが、中国国内ではすでに散逸したと思われていた。わずかに、宋版の一部である「戸婚門」のみが、日本の静嘉堂文庫に保存されており、これまでの研究に活用されてきたのであった。ところが一九八三年までに北京・上海両図書館で、それぞれ明版の残本（一〇巻）と完本（一四巻）とが発見されたのである。そうして八七年には標点を付した活字本が北京・中華書局から発行された。これによって『清明集』の全体像が明らかになるとともにその史料的重要性があらためて注目されることとなったのである。

ここで『清明集』一四巻の内容を一瞥しておく。それはまず官吏門から懲悪門まで七門の主題に大別され、さらにその下に一〇三の小主題が立てられている。これらの小主題ごとに分類された判決文および判決原案などの関連文書が収録されている。収録された文書は、個人の文集に残されているものもいくらかはあるが、多くは新発見の史料である。それらには何らかの形で削除がおこなわれたり、誤字・錯簡があると予想されるものの、意図的に手を加えた跡は見えず、一次史料の集成に近い貴重な史料であると思われる。裁判文書の原形を色濃く残しているがゆえに、用語や登場人物の関係などがわかりにくい一方、当時の訴訟・裁判制度のみならず、それに関わった人々の生々しい関係を窺う格好の材料でもある。今後の研究の発展によって、既存の史料では窺い得なかった具体的な裁判の手続きや、胥吏・衙役といった末端行政および基層社会との関係、あるいは基層社会の構造など、多くの問題が解明されるものと期待されるのである。

なかでもわれわれが注目するのは巻十二から十四までの「懲悪門」である(2)。そこには当時の基層社会における犯罪、ことに「豪横」と評される有力者たちの犯した罪状が細かく描き出されている。それは南宋期の国家と基層社会の中間あるいは接点に位置する階層（とりあえずこれを中間階層と呼ぶ）の具体的な生態をわれわれの目前に提示するものでもある。以下これらの史料を題材としつつ、南宋期の国家と社会を考察する際の問題の所在について考えてみよう。

宋代の豪民

ところで、主要な学説史では、宋代の中間階層の歴史的性格に対して、大きくは二つの相容れない見方があった。一つは、農奴的な佃戸を使って荘園を経営する地主層がそれであり、彼らは経済力を基礎に社会に大きな勢力をふるっているとする学説である。ここに中国封建制社会を見出だそうとする見解である（周藤吉之等）。いま一つは、五代以降成立する官僚・地主・大商人の「三位一体」的勢力がそれであり、彼らが「資本」を動かしている時代としての中国近世を見る学説である（宮崎市定等）。これら両説の距離は隔たっており、接点を見出だし、新たな歴史像を描き出す作業はかなり困難である。しかし、一つの手がかりとなる作業は、従来の史料的限界のために深め得なかった基層社会の具体的構造を分析することであろう。「地主」または「資本」がどのような実態をもって基層社会に位置を占め、どのような活動を展開していたのかが把握できれば、両説の対立を乗り越える展望は開けてくると思われる。このたびの『清明集』の発見は、それをある程度まで可能にしたのである。

そこでわれわれは前述の「豪横」勢力に再び眼を転じることとなる。彼らを歴史上に位置づけるための視点として、次のような問題を提示してみたい。すなわち、（一）彼らの勢力の実態は何か、その集団内部における人間関係はいかなるものか。（二）経済活動として、何をどのようにおこなうのか。（三）周囲の農民・都市民との人間関係はいかなるものか。（四）国家との関係はどうか、の四点である。これらを研究することによって、彼らの運動の論理が把握されるであろうし、基層社会の構造もより明確に理解されると考えられるのである。

さて、『清明集』を用いて南宋期の中間階層、なかでも豪民の性格分析をいち早くおこなったのは梅原郁であった(3)。そこでは地域に根を張る豪民の「共通項」として次の四点があげられていた。

一、制置使や総領使などの諸官庁の下請けとなって、塩・穀物売買に従い、官とのつながりを持つ。

二、在地で、攬戸として徴税を請け負い、あるいは酒坊を経営し、勝手に商税場なども作る。

三、牢獄・獄具を私置し、警察権や裁判権を握る。

四、部下の中心に前科のある州県の胥吏を使う。

これは当時の豪民の性格を的確にまとめたものといえよう。しかし、このまとめは「共通項」というよりは、いわば最小公倍数的性格を導き出したものという方がよいようである。なぜなら、『清明集』懲悪門を詳細に読んでみると、この四点に当てはまらない豪民もしばしば出てくるからである。官庁とのつながりが不明の者もいるし、二の活動すべてについて明らかでない者もいる。原史料全体が残されているわけではない以上、不明部分があるのは仕方がないことである。梅原のこのような要約は尊重すべき見解ではあるが、厳密にいえば、氏は最小公倍数を導き出したのであり、最大公約数を求めたのではなかった。

ではなぜ最大公約数なのか。それは、小論では豪民勢力の構造分析をまず問題に据えたいからである。彼らに共通の中核部分と流動的な囲繞部分とを弁別する作業こそが、その構造を明らかにするうえで第一に必要な手続きだと考えられるからである。

豪民勢力の構造

そこで、『清明集』懲悪門のなかで裁かれている豪民の実態について、あらためて全般的に掬いあげてみれば次のようになる。

a　親子兄弟・姻族が中核になる。
b　州県の胥吏も含む前科者・ゴロツキを手先とする。
c　買官によって一族から官僚を出す。
d　賄賂などで胥吏と結託する。
e　国家の下請けとして徴税などの末端行政に関わる。
f　同じく流通に関わる。
g　詐欺・暴力など不正手段によって土地・財産を奪う。
h　塩・酒の密売、銅銭の私鋳など違法行為をおこなう。
i　拷問を伴うような私的な裁判をおこなう。
j　その他、賭博・誘拐・人身売買・暴力行為など粗暴事犯。
k　農民や都市民の訴訟によって違法行為は裁かれ、国家の刑罰を受ける。

以上の諸点を前述の課題に従って再度整理すれば次のようにまとめられる。

（一）豪民集団を構成する人間関係では、家族・姻族が中心であり、その支配下に前科者などを組み込んでいる（a・

b)。彼らは国家機構と個別的つながりを持つ（c・d）。

(二) 経済活動では、表向きでは地主経営（g）・流通業者（f）であるが、裏向きでは物流の諸側面への寄生をおこなう（h）。つまり農業生産と流通という、前近代社会においてはもっとも重要な経済活動に食い込む。

(三) 農民・都市民に対しては、暴力および国家権力を背景にした経済的・人格的服従を強制する（d・i・j）。

(四) 国家に対しては、末端行政・国家的物流の代行（e・f）と引き換えに、その権威の利用（d・g）という相互依存関係を持つ。ただし、国家支配に取って代わる力はない（k）。

こうした実態を、誤解を恐れず模式図にすれば一三〇頁の図のようになる。若干の注釈を加えるならば、全体としてアメーバ型複合経営体とでも呼び得る構造である。それは（一）を核とし、（二）の伸縮自在の触手を持つ。この触手は存在条件にあわせて伸縮するもので、単数のものも複数のものも、大きく成長しているものも微小なものもある。それらはさまざまな環境に柔軟に対応し、（三）のごとく農民や都市民を飲み込み、また支配する。さらに核から伸びる樹状突起は胥吏や官僚、つまり国家との連絡を保つ装置なのである。

『清明集』にみえる豪民勢力を分析すれば、以上のようなモデルが見えてくる。宋代以降の基層社会にはこのような構造を持つ豪民勢力が並立していたと考えられるのである。彼らは、『清明集』では犯罪集団と同様に取りあげられているものの、ある一線を越えない限り、常時その活動が容認されていた集団である。支配者の側からすれば〈必要悪〉といってもよいような存在であった。さらに言うならば、高級官僚を生みだすようないわゆる大地主層経営の基本型も、この延長上に位置するものであり、豪民との差はほんの紙一重ではなかっただろうか。

もうひとつ注意すべき点を付け加えるならば、彼らは農業にも商業にもまた流通業にもかかわり、地主経営もおこなうが、彼らをその中のどれか一つの属性のみに帰せしめることはできないという点である。彼らは自己の存在条件にあわせて融通無碍に変化する、広い意味での経営体なのである。それゆえに、彼らは単一の階級の利害を代表することなどあり得なかった。この点、豪農層が農村の中核となっていた日本近世のあり方とは大きく異なるのである。

展　望

以上のような把握が許されるとすれば、宋代の国家と社会との関係はどのように理解されるであろうか。その展望を考える前に、われわれは次の点を確認しておく必要がある。即ち、この時期も含めて以降、中国にはいわゆる共同体――法的主体としての――は存在しないという点である。日本の村落共同体のような運営組織はないし、商人の共同団体でもその質はかなり特殊なものであったと考えられる。したがって、たとえば小農民が自己の経営を持続的に再生産して行こうとする場合、いかなる形であっても村落共同体に依拠することはできない。利害の一致する同等の経営と一時的な協力関係を結ぶとか、小論で見てきたような豪民勢力に依存するとか、いくつかの個別的な選択をおこなうことになる。その際、国家支配との連携が眼に見える豪民勢力との関係を、最も重要な要素として選択するのは賢明な生き方であろう。つまり、彼らは小農民同士の対等な関係を主柱として設定してゆくよりも、地主・豪民などとの関係、いわば強者と弱者との関係を重視する方向を選んだと考えられるのである。

こうして農村では「国家―中間階層―小農民」という縦の系列が形成され、基層社会の秩序はこの線上で維持されるわけである。そうして、前述のように中間階層が農民階級の利害を代表しない以上、国家と小農民との間には早くも亀裂が生じ始めていた。これ以後、明・清期には中間階層はいわゆる「郷紳」となり、中国史上で独特の役割を果たす。その出発点はまさに宋代にあったのである。かかる中間階層の原形の成立は、唐末・五代にさかのぼると思われるが、その究明および元代以後の展開についての研究は今後に期すこととしたい。

以上、新発見史料である明版『清明集』を題材として、南宋期の社会と国家との関係を展望してみた。もちろん研究はこれからいっそう進められるのであり、小論の見通しも修正を迫られるかもしれない。中国史に限らず、さまざまな分野からのご教示を期待して筆を置くこととしたい。

注

（1）中国史研究会『中国専制国家と社会統合』（文理閣、一九九〇年）序言。

（2）この部分全体の訳注はすでに公表している。清明集研究会編『『名公書判清明集』（懲悪門）訳注稿』《その一〜五》（汲古書院扱い、一九九一〜九五年）。

（3）梅原郁「宋代の形勢と官戸」（『東方学報』六〇冊、一九八八年）。

第二部　『袁氏世範』の世界

【梗　概】

第二部では地方官の家庭生活に対する認識を分析する。内的、私的領域において彼らが何を考え、どう判断していたのかが研究課題である。

周知の通り、宋代は周辺諸民族の活動が活発化していた時代であった。この時期、契丹・女真・蒙古・タングート族など北・西方の諸民族の活動が目立っており、中原の王朝に圧力を加えていた。唐宋変革を契機とした、宋王朝の新しい秩序の建設は、彼らの圧力に耐えつつ進められていた。しかし宋は彼らの南下圧力に屈し、南遷を余儀なくされた。金そして元が宋の存続を脅かすようになったのである。われわれ後世の人間はこのような国際情勢の進行を、つまり宋王朝にとっての存続の危機が迫っていることを知っている。ところが宋王朝の治下にあった人びとはこの情勢をそれほど深刻には感じていなかったようなのである。行政機関内部では中華王朝としての日常的な政務が繰り返されていた。政治的動向に直接関わらない史料――たとえば第一部で取りあげた『清明集』もそうであるが――を読んでいると、こうした危機的状況がまったくと言ってよいほど反映されていない。官僚たちはもっぱら日常的業務の遂行に専念していたようにみえるのである。

では、宋人は私的な生活の場にあるとき何を考えていたのだろうか。彼らの日常的な感覚はどのようなものであったのだろうか。とくに知識人、官僚たちの日ごろの現実認識が知りたくなる。その全般的な把握は困難だったとしても、その一部でも窺うすべはないだろうか。そこで思い浮かんだのが袁采『袁氏世範』である。ここには下級官僚であり、知識人である著者が日常生活において何を問題ととらえ、それをどう解決しようとしていたのか、またその際、彼はどのような価値判断をおこなっていたのかを考える手がかりがある。第二部ではこの史料の分析を通じて、著者の考え方、現状認識また価値判断のあり方を考察してみようと思う。

分析方法としては、『袁氏世範』という史料全体の論理を読み取り、そこから袁采が日常的に持っていた価値判断のあり方を探る。第五・六章では、第一部と同様に、数量分析的方法も使ってこの史料の全体像を俯瞰し、そこを貫く論理を考察する。私なりの史料研究である。第七・八章では袁采の視点、すなわち彼の理念の特徴を考える。第七章で理念の全般的な特徴を「現実主義」ととらえ、その基礎にある現実認識のあり方を考察する。それをふまえて第八章では、家族、宗族の維持という、彼の打ち出した方向性をテーマに検討する。

第五章　『袁氏世範』の研究史と内容構成

はじめに

南宋中期の人、袁采はその著『袁氏世範』（以下『世範』と略称）によってよく知られている。彼は一二世紀後半、現在の浙江・福建・江西省の三（あるいは四）県の長官を歴任した。(1)そのうちの一県、楽清県（浙江省）在任中に本書を出版したという。初版は淳熙戊戌（一一七九）年、再版は紹熙改元の年（一一九〇年）である。その劉鎮序および袁采の付記と跋文によれば、当初の題名は『俗訓』であったが、太学の同窓生である劉鎮の勧めにより『世範』（「一世の範模」の意味だという）と変えたとされる。つまり、「世俗のことを論じるのが好き」だった著者は楽清県の民および自分の家族・子孫を対象に、わかりやすい形で本書を著したが、劉鎮が対象読者を天下に広げるべきだとして書名を変えさせたのである。(2)したがって本書の記述は、『世範』という本来の書名とはやや異なって、自分の家を念頭に置いた家族・宗族の問題に重心が置かれている。

彼はその経歴から言えば下級地方官であり、政治史上に特段の足跡を残したわけではない。しかし、『世範』のユニークな内容が歴代の知識人階級の注目を浴び、彼の名前を歴史上に残したのである。『世範』はいわゆる家訓のひとつであるが、司馬光の『家範』などがもてはやされた時代にあっては、そして正統派の儒教的価値観から言えば、さほど高い評価が与えられる著作ではなかった。けれどもそのような著作が連綿と伝えられてきたのは、ひとえにその独特な内容によっている。たとえば、『四庫全書総目提要』が本書を評価して「身を立て世に処する道が繰り返し詳細に述べられており、下々の者を教化する気持ちがきわめて篤い」とする通りである。[3] さらに、わが『世範校本』（讃岐・片山信撰、嘉永五年刻本）序文で三野知彰が次のように書いている。「農父・樵夫（きこり）・篙師（せんどう）」など「生まれながらにして一丁字を識らざる」庶民を相手に、本書を題材にして講義したところ、「来りて席に就く者、果して皆な感服し、嚮（さき）に退く者復た進み、散る者復た聚まり、戸外の屨（はきもの）、曩時（さきごろ）に倍す」る有り様だったという（括弧内は大澤）。それほどに内容・叙述が庶民に身近なものだったのである。三野は本書を「文辞は浅近にして且つ卑なりと雖も、理旨は極めて切実なり」と評している通りである。[4] たしかに『世範』の題材は身近で具体的なものであるうえ、その叙述は人々の心情に率直に訴えかけるようなものだった。そうしてこの題材と叙述内容こそが歴史研究、ことに社会史研究の素材としてもきわめて有効なのである。

第二部ではこの『世範』を題材にして地方官の日常的な視点を分析する。ただしその視点とは主に家長としての彼の日常的な視点である。そこでは「家」の運営に関する諸問題が絶え間なく発生し、そのたびに家長の判断が求められていた。彼はどのように現実をとらえ、それに対してどのように判断を下していたのか、これが検討の課題である。本章では『世範』の内容的特徴を考察する前提として、まずその史料的特性を分析し、以下の考察の端緒としたい。

一　研究史と課題の設定

『世範』の記述がこれまでの宋代史研究、とくに社会経済史研究において頻繁に取り上げられてきたことは周知の事実である。それは当時の社会の断面がきわめて簡明、率直に記述されていたためである。私も家族研究などにおいて重要な記事としてしばしば取り上げてきた一人であったが[5]、ここで思い返してみると、多少の気がかりが残っていた。それは『世範』全体の史料的性格を検証することなく、自分の論旨に都合のよい部分のみをあげつらってきたような印象があるからである。もちろん『世範』の記述が、比較的短い条目によって構成されており、記述も的確でわかりやすく、したがって引用しやすいという性格があることは認めたうえでの話である。私の問題意識にひきつけて述べることが許されるなら、これまでの研究にいっそうの説得力を持たせるためには、『世範』の記述全体の特徴を検討し、袁采の主張の一面のみを切り取ったのではないことを確かめておかねばならない。そのためにも『世範』という史料の性格を明らかにしておく必要があるのである。

最初に、袁采および『世範』を正面に据えた研究の動向を見よう。よく知られているように、一九三〇年代後半という近代的歴史学の創成期に、袁采を「中国史上第一の女性同情論者」と評価したのは陳東原であった[6]。彼は『世範』の記述が、宋代の現実を直視し、女性の役割を正当に認めているという点に注目したのであった。その『世範』評価は斬新なもので、学界への影響も大きかった。中国の女性史研究においては今もって彼の著述が祖述され続けていることはさきの拙著で指摘した[7]。一方、西田太一郎は「家族宗族郷村生活上心得ねばならぬ事項」が網羅してあるとして、簡単な説明をつけたうえでほぼ全文の和訳を発表した[8]。これはかなりこなれた訳業であり、現在でも有用である。小論でもその恩恵に浴していることはここに明記しておかねばならない。その後、四〇年ほどを経て本格的な研究が出された。梁太済の社会経済史的視点からの研究が嚆矢で[9]、陳智超がその視点を深化、発展させた[10]。陳は『世範』の記述から当時の社会を構成する五つの階級を取り出し、とくに「民庶地主」の生産関係のあり方を中心に分析した。

これは、中国の研究者が共有する視点で、唐代以前のいわゆる「貴族地主」から変化した地主制のあり方を論じたものである。ただこの研究は『世範』の主張そのものを問題にしたわけではなかった。一方、これとほぼ同時期に、『世範』を正面から取り上げて研究していたのはパトリシア・B・イーブリーであった(11)。彼女は版本の検討はもとより、何よりも記述内容全体に即して、家族のあり方や宗族との共同生活、士大夫たちの基本的価値観、家産の継承、家族経営などを解説、考察し（Part One）、全文の英訳（Part Two）を発表した。『世範』研究に新しい局面を切り開いたのであり、こうした視点での研究はさらに深める必要がある。とすれば、われわれはまずイーブリーの研究を吟味することから始めねばならない。

イーブリーの研究は、『世範』の歴史的位置付けから内容の解説・評価まで、全面的に展開したもので、文字通り画期的な成果といえる。今後の研究はすべてこれを避けて通ることはできないであろう。参考までに Part One の章立てを紹介しておきたい。なおカッコ内は私訳である。

"Family and Property in Sung China: Yüan Ts'ai's Precepts for social life"（宋代の家族と財産——袁采の社会生活のための教訓）

Chapter1　Introduction（1章　序論）
Chapter2　The Family in the Classical Tradition（2章　古典的伝統における家族）
Chapter3　Social Life and Ultimate Values（3章　社会生活と根本的価値観）
Chapter4　The Harmony of Co-Residents（4章　同居における調和）
Chapter5　The Transmission of Property（5章　財産の伝達）
Chapter6　The Business of Managing a Family（6章　世帯を管理する仕事）

Chapter7　Conclusion（7章　結論）

以上の章立てにも明らかなように、本書は『世範』を題材にした宋代の家族（世帯・宗族も含む）と財産に関する研究であるが、当時の価値観などの検討も踏まえた、広い意味での社会史研究でもある。それは家訓としての『世範』の内容的特徴を相応に反映したもので、宗族内部での調和や家族の繁栄の維持を目的とした著述の意図を的確にとらえたものである。その意味でも、この分野の重要な研究成果である。またイーブリーが何度も指摘するように、袁采の考え方は独自の観点から出された個性的なものであった。たとえば「仁」や「理」よりも、忍耐や妥協を強調したように、彼の現実認識から出発した思考法が記述されていた。この点は本章の検討に先だって、あらためておさえておきたいところである。

このようにイーブリーの議論は多くの興味深い論点を提示し、説得力の高さを示している。しかし、気になる点もいくつかある。『世範』の英訳・解釈において議論すべき問題点はあるが[12]、それはしばらく措く。ここで指摘しておくべき論点のひとつは『世範』に対する評価の高さで、それはいささか過大である。たとえば、イーブリーは古典学者としての司馬光等の著作および哲学者としての朱熹等の著作という二つの業績群をあげて特徴を論じ、その上で、彼らの業績と対等に並ぶ存在として『世範』を扱っている。彼女の自己の研究対象に対する高い評価や思い入れは理解できるとしても、このような比較は、残された業績の質と量の両面から見て、本来無理な設定であろう。もちろん『世範』の記述は独特の個性的なものであり、単純な比較は本質的に困難である。それぞれの著作が相応の意義を持つ点を主張するのはもちろん理解できる。けれどもこれらを同じ次元に据えて対等な議論の対象とするには無理があると言わざるを得ないのである。

またイーブリーは『世範』に対する歴史的評価をところどころで述べる。しかし、簡潔で明確な位置づけ、あるいは端的な評価を与えているわけではない。それは彼女の研究方法の特性によるものでもある。彼女は『世範』の記述を社会学や文化人類学の調査・研究における情報提供者になぞらえ、袁采の〈証言〉をもとに当時の文化や社会状況を復元しようとする。そうしてそれらの検討の帰結として「宋代の家族と財産」の問題を論じているのである。このように『世範』の全般にわたって史料的な特徴は考察されているものの、総合的な評価が下されているわけではない。そして、各〈証言〉が短くまとめられているがためでもあろうか、袁采の現実認識の体系ないしは論理的特質がいかなるものであったのかという点についても、あまり関心が払われていない。それは小論の問題関心のありかとの違いでもあり、いわば〈ないものねだり〉でもあるのだが。

こうしてわれわれには『世範』という貴重な史料の記述全体のあり方とその特徴を明らかにする作業が残されていることになる。換言すれば、『世範』に表現された袁采の理念と現実認識のあり方を総合的、体系的に把握すること、これが一つの大きな課題となる。この問題は第一部の課題意識の延長上にある。そこでは地方官たちの、裁判という職務における視点と判断を分析したが、第二部では日常生活における視点と判断の分析をおこなう。それらを総合すれば宋代の知識人たちとくに地方官の現実認識の特質を読み取る作業につながるものであると考えている。さらにそれは宋代の中間階層の歴史的役割を考える上での手がかりを提供するであろう[13]。

二　『世範』の全体構成

(1)　版本について

検討の最初に版本について触れておきたい。この問題では、やはりイーブリーが詳細に検討している。[14] それによれば現行の『世範』には大きく二種類の版本の系統があり、後序の日付から淳熙己亥（一一七九）年初版系統（『宝顔堂秘笈』版・『四庫全書』版など、以下「淳熙版」と略称）と紹熙改元（一一九〇）年再版系統（『知不足斎叢書』版・和刻本『世範校本』など、以下「紹熙版」と略称）に大別される。前者には条目ごとのタイトルは付けられていないが、後者には付けられているという形式上の特徴もある。また、両版ともに宋・元版の完本は失われており、明代以降の版本しか残っていないという。

ところで、『世範』の抜書き的な形では、宋・元代の類書、宋・陳元靚撰『事林広記』二種[15]と元・無名氏撰『居家必用事類』[16]の両書に部分的な引用があり、前者は紹熙版、後者は淳熙版に拠っていた可能性があるといわれる。また、そこで引用された文章は原本と異なる部分も多々あり、抄録に際して改変されていたと見られることなどから、イーブリーは当時『世範』の手写本が流通していた可能性を指摘している。確かに、これらの引用を現行本と比べてみると、条目の内容の前後が入り混じって一条にまとめられているものもあるし、ほぼ同一の文章でも文字の異同が多いものもある。ここから考えて、宋・元代には『世範』の完本の他に、各条目あるいは類似の条目ごとに摘記したものがあり、前掲の類書、つまり日用百科全書類に引用されるなどして流通していた可能性がある。そうだとすれば、『世範』のある部分は実用的な性格の著作として受け入れられ、広く読まれていたことになる。それは本書が現代まで伝わった理由のひとつになり得るであろう。これらの点はまた後に取り上げることになる。

小論では版本の問題に深入りする余裕はないが、最良の版本を選んでおく作業は必要である。そこでさしあたり『世範』四種の版本および宋・元代類書の引用文を比較して、後掲〈表1〉「『世範』条目対照表」を作成してみた。ここでは条目数や文字の異同の校勘などを参考にして、とりあえず『世範校本』を基準とし、各巻の条目に掲載順に番号を振って対照させている。全体が欠けている条目は「―」、かなりの部分がかけている条目は「少」と記し、分割されている条目には連続する番号を与える。また前条と文章が連結させられている条目には同一番号を与えている。さらに両類書への引用部分では、『世範』と同一と思われる条目の項に、類書の掲載順に番号を振っている。

さて、この表全体を見渡してみると、紹熙版はよく整理されていて使いやすいことがわかる。たとえば紹熙版と比較すると、『宝顔堂秘笈』版には巻上・下で各一条が欠けており、『四庫全書』版では巻上の二条が欠けているほか、同一条目の分割などによって最終的に五条少なく、巻中で八条、巻下で一条少なくなっている。これらは『四庫全書』版の問題であり、紹熙版で別項目として立項されている条目のうち、ひとつの条目のごとく括られている例が十か所以上存在するためである。一方、紹熙版では『知不足斎叢書』版に一条が欠けているだけである（巻上最後の条、「置義荘不如義学」）。したがって、以下の記述で『世範』を引用する際には、紹熙版とくに『世範校本』を用いることとしたい。和刻本を使うことについては若干の問題は感じるが、『知不足斎叢書』版とほとんど違いはなく、かつ欄外に文字の校訂も付記されており、信頼を置けるものと判断した。

ちなみに、紹熙版は条目にタイトルが付けられていて読みやすい体裁になっている。では、このタイトルは再版の際に著者が付けたものだろうか。あるいはそうかも知れない。しかし、前掲の『事林広記』の二種の版本を見ると、引用された条目にタイトルが付けられているものの、それらのほとんどは紹熙版と異なるものであった。つまり宋末・元代には同一の条目に少なくとも二つのタイトルが付けられていたことになる。このことから考えれば、紹熙版のタイトルは著者のオリジナルではなく、宋・元代に流通する過程で付けられた可能性も十分ある。なぜなら、『事林広記』が引用する際に本来つけられていたタイトルを変える必要性は少ないと考えられるからである。少なくともこの引用部分を見る限りではタイトルを変更するだけの必然性は感じられない。ただ、この点の判断にはさらなる検討が必要であろう。

(2)　『世範』の構成の特徴

次に『世範』の全体構成とその主張の特徴を確かめておきたい。

『世範』は全三巻二〇六条よりなる。巻上「睦親」(家族・宗族内の倫理、六五条)、巻中「処己」(自分自身の修養、六八条)、巻下「治家」(資産・雇用人の管理も含む家の統治、七三条)という題がつけられており[17]、巻ごとのテーマが提示されている。その内容を検討してゆくと、各巻の後半に進むにつれて、多少このテーマから離れる主張が出てくるものの、とくに大きな狂いはないようである。けれども袁采自身が書き残しているように(注(2)所引跋文)、『世範』は彼が折に触れて話した言葉を書き留めておき、後に編集したものである。ある一貫したテーマにしたがって書き進めた著作ではなかった。そのため、条目の中には横道にそれるような話題もかなり含まれていた。それ故、われわれは各巻ごとの記述内容について大まかに俯瞰しておく必要がある。

そこでテーマの大枠を確認しておくために、各巻で使われている名詞の使用頻度に注目してみたい。たとえば、家族・世帯・宗族に関する呼称を見る。すると巻上ではほぼすべての条目で父子・兄弟・子姪など家族・宗族を表す用語が登場しているのに対して、巻中では六八条中一五条、巻下では七三条中二八条でしか使われていない。一方、僕・婢(妾も含む)などの雇用人が登場するのは、巻上で七条、巻中では〇条なのに対して巻下では二六条である。このような名詞の使用頻度から言えば、巻上では家族・宗族内の人間関係が主題になっており、巻下の「治家」とは雇用人も含めた「家」とその管理が主題になっていることがわかる。さらにこの「治家」の「家」とは、「家庭」「家族」というよりは「世帯」を意味していることになる[18]。

では、巻中はどのような性格が与えられているのか。そこでは個人の道徳的修養が述べられていることは動かないが、後掲第七章注（1）「一覧表」を先取りすれば、その前半部分で目立つのは「天」「神」「造物」「命分」などの人為を越えた存在やその働きに関する用語である。それらは六八条中一九条で使われており、他の二巻と比べた場合、その多さが巻中の特徴となっていると言える。こうした人為を越えた存在への考え方についてはイーブリーも取り上げているが（前掲著書3章）、もう少し論理的に見ると、そこには二つの方向性がある。一つは（2）「富と地位のある者は傲慢であってはいけない（処富貴不宜驕傲）」の条目で「富と地位とは偶然の命分である（富貴乃命分偶然）」と記している例や、（5）「世の中の出来事が変化するのはすべて天理である（世事更変皆天理）」という条目名が示す例で、天の支配や運命論的な理解ないし諦めを述べるものである。いま一つは修養への努力が「積善」「積悪」となり、良くも悪しくもいずれ報われるというものである。たとえば（20）の条目名で「善悪・応報は突き詰め難い（善悪応報難窮詰）」などという考え方である。このように〈諦め〉と〈努力〉の、異なる方向性があった。これらは究極において相矛盾する考え方であるが、袁采の頭の中では同居していたのである。彼がこの矛盾に気がついていたのかどうか定かではない。ただ、後者はこののち一般に広く行きわたる「善書」の考え方と共通するもので、袁采がどの程度まで信奉していたのかは別として、子孫を説得するためには都合のよい考え方だったといえる。

以上にみてきたテーマの大枠を再度確認しておけば、巻上は家族・宗族の人間関係、巻中は自己の修養および超越者とそのはたらき、そして巻下は世帯とその管理であった。

小　結

ここまで、研究史を踏まえて小論の問題意識のありかを確認し、さらに『世範』の全体構成を見てきた。ここで得られた知識を基礎にして、次に『世範』の記述の全体像を概観してみる。それらを踏まえて、袁采という下級地方官の日常的な視点ないし価値判断のあり方について考えて行きたいと思う。

注

（1）従来彼は三県の知県を歴任したとされていたが、県名は不明ながら、四県とする史料もあるという。陳智超、後掲注（10）論文の付記参照。梁太済からの教示として新たな史料を紹介している。

（2）劉鎮序の要点は以下の通り。

……然是書也、豈惟可以施之樂淸、達諸四海可也、豈惟可以行之一時、垂諸後世可也、……而欲目是書曰世範可乎、

これに袁采が次のように付記している。

同年鄭公景元貽書謂余曰、……若欲爲一世之範模、則有箕子之書在、今恐名之者、未必人不以爲諂、而受之者或以爲僭、宜從其舊目、此眞確論、正契余心、敢不敬從、……

また跋文には次のようにいう。

采朴鄙、好論世俗事、而性多忘、人有能誦其前言、而已或不記憶、續以所言私筆之、久而成編、假而錄之者頗多、不能徧應、乃鋟木以傳、……

（3）原文は以下の通り。

……其書於立身處世之道、反覆詳盡、所以砥勵末俗者、極爲篤摯、……

（4）原文は以下の通り。

……於是、雜還而來聽者、滿堂溢室、然而習句讀、曉文字者、僅是巫醫・僧道之類而已、其餘則農父・樵夫・篙師之種、生而不識一丁字也、是以或欠伸而竊遁席、或坐睡而鼻鼾雷鳴者、往々而有、……當是時、……則獲袁氏世範、斯書也、

文辭雖淺近且卑、理旨極切實、……乃不揀雅俗、不泥訓詁、擇其中尤切實而入俗耳者、曲譬傍引、優游以開導之、於是乎、來而就席者、果皆感服、嚮退者復進、散者復聚、戸外之屨、倍於曩時、……

（5）拙著『唐宋時代の家族・婚姻・女性』（明石書店、二〇〇五年）など参照。
（6）陳東原『中国婦女生活史』（上海商務印書館、一九三七年）。
（7）たとえば、二章　嫉妬する妻たち、など参照。
（8）西田太一郎訳『袁氏世範』（創元社、一九四一年）。引用部分は「訳者の序」、五頁。
（9）梁太済「読『袁氏世範』并論宋代封建関係的若干特点」（『内蒙古大学学報』哲学社会科学版、一九七八年第二期）。
（10）陳智超「『袁氏世範』所見南宋民庶地主」（『陳智超自選集』安徽大学出版社、二〇〇三年、初出一九八五年）。
（11）Patricia B. Ebrey *"Family and Property in Sung China: Yüan Ts'ai's Precepts for social life"*, Princeton University Press, 1984.
（12）この点については多少検討したことがある。今泉牧子との共著論文「漢文史料、英訳、和訳、そして超訳」（『ソフィア』一六〇号、二〇一二年）参照。
（13）この他の研究として、古林森広「南宋の袁采『袁氏世範』について」（『中国宋代の社会と経済』国書刊行会、一九九五年、初出一九八九年）もある。しかしイーブリーの研究は参照されていないし、論点は陳智超の研究と重複する部分が多い。他方、中間階層の問題についてはかつて論じたことがあるが、本書第一部での研究をふまえて、社会の再生産の維持という側面からあらためて取り上げてみたいと思っている。今後の重要な研究課題である。
（14）前掲注（11）著書、APPENDIX A, Edition of the Precepts for Social Life and Their Transmission.
（15）『事林広記』は多くの版本があり、一概に扱うことはできない。小論では、森田憲司の研究論文「関於在日本的《事林広記》諸本」（初出一九九二年）を収録して刊行した、中華書局一九九九年版を用いている。ここには二種の版本が合刻されており、一は『纂図増新群書類要事林広記』、一は『新編群書類用事林広記』である。小論ではこの前者を『事林広記』A、後者を同じくBとする。

（16）ここで用いるのは中文出版社（一九七九年）版で、寛文一三年刊行の和刻本の影印である。
（17）以下の各巻の題目と条目の和訳は、西田太一郎『袁氏世範』（創元社、一九四一年）を参考にしつつ付した。
（18）「家族」と「世帯」の違いについては、前掲注（5）拙著、終章　むち打つ者と打たれる者、など参照。

〈表１〉『世範』条目対照表

①

校本	知不	宝顔	四庫	居家	事林A	校本	知不	宝顔	四庫	居家	事林A
巻上	巻一	巻上	巻上			33	33	33	32(少)		6
1	1	1	1			34	34	34	—	11	7
2	2	2	2			35	35	35	32	12	4
3	3	3	3			36	36	36	33	13	5
4	4	4	4			37	37	37	34		8
5	5	5	5			38	38	38	34	4	9
6	6	6	6			39	39	39	35	5	
7	7	7	7			40	40	40	36		
8	8	8	8			41	41	41	37		
9	9	9	9			42	42	42	38		10
10	10	10	10			43	43	43	39		10
11	11	11	11			44	44	44	40		
12	12	12	12			45	45	45	41	6	
13	13	13	13	3		46	46	46	42		
14	14	14	14			47	47	—	43		
15	15	15	15			48	48	47	44		11
16	16	16	16			49	49	48	—		13
17	17	17	17			50	50	49	45		13
18	18	18	18			51	51	50	46		
19	19	19	19			52	52	51	47		
20	20	20	20			53	53	52	48		
21	21	21	21			54	54	53	49		13
22	22	22	22			55	55	54	50		13
23	23	23	23	1		56	56	55	51		13
24	24	24	24			57	57	56	52	7	13
25	25	25	25	2	1	58	58	57	53		13
26	26	26	26		2	59	59	68	54		
27	27	27	27			60	60	59	55		
28	28	28	28			61	61	60	56	8	12
29	29	29	29			62	62	61	57	9	3
30	30	30	30			63	63	62	58	10	
31	31	31	31			64	64	63	59		
32	32	32	32			65	—	64	60		

②

校本	知不	宝顔	四庫	居家	事林Ａ	校本	知不	宝顔	四庫	居家	事林Ａ
巻中	巻二	巻中	巻中			35	35	35	30		
1	1	1	1			36	36	36	31		18
2	2	2	2		5	37	37	37	31		
3	3	3	3		6	38	38	38	32		10
4	4	4	4		3	39	39	39	33		
5	5	5	5	1	4	40	40	40	34		
6	6	6	6	2	7	41	41	41	35		
7	7	7	7		8	42	42	42	36		
8	8	8	8	3		43	43	43	37		
9	9	9	9	4		44	44	44	38		
10	10	10	10			45	45	45	38		
11	11	11	10	5	18	46	46	46	39		
12	12	12	11		1	47	47	—	40		
13	13	13	12		2	48	48	47	41		
14	14	14	13		3	49	49	48	42		
15	15	15	14			50	50	49	43		
16	16	16	15		11	51	51	50	44		
17	17	17	16	6		52	52	51	45		
18	18	18	17			53	53	52	46		20
19	19	19	18		9	54	54	53	47		
20	20	20	19		9	55	55	54	48		
21	21	21	20			56	56	55	49		
22	22	22	21			57	57	56	50		
23	23	23	22			58	58	57	50	8	
24	24	24	23			59	59	68	51	9	
25	25	25	24(少)			60	60	59	52		
26	26	26	24			61	61	60	53		
27	27	27	24		12	62	62	61	54		
28	28	28	25			63	63	62	55		
29	29	29	26		13	64	64	63	56		
30	30	30	7		14	65	65	64	57		19
31	31	31	27		15	66	66	66	58		
32	32	32	27	7		67	67	67	59		
33	33	33	28		16	68	68	68(少)	60(少)		
34	34		29								

③

校本	知不	宝顔	四庫	居家	事林Ａ	事林Ｂ	校本	知不	宝顔	四庫	居家	事林Ａ	事林Ｂ
巻下	巻三	巻下	巻下				37	37	38	35		23	29
1	1	1	1		1	1	38	38	39	36	13		
2	2	2	2		1	1	39	39	40	37			
3	3	3	3		2	2	40	40	41	38		33	38
4	4	4	4		2	2	41	41	—	39			10
5	5	5	5	1	2	2	42	42	42	40	14		
6	6	6	6		2	2	43	43	43	41	15		
7	7	7	7		3	3	44	44	44	42			
8	8	8	8	2	5	5	45	45	45	43	16		
9	9	9	9		6	6	46	46	46	44		12	25
10	10	10	10		4	4	47	47	47	45		11	24
11	11	11	10		7	7	48	48	48	46		18	22
12	12	12	11		7	7	49	49	49	47	17	19	23
13	13	13・14	12・13		7	7	50	50	50	48	18	19	23
14	14	15	13	3	7	7	51	51	51	49		14	20
15	15	16	14	4	8	8	52	52	52	50		14	20
16	16	17	14		8	8	53	53	53	51			
17	17	18	15		8	8	54	54	54	52		10	10
18	18	19	16		9	9	55	55	55	53			18
19	19	20	17	5	26	32	56	56	56	54			15
20	20	21	18				57	57	57	55			17
21	21	22	19	5	27	32	58	58	58	56			
22	22	23	20	6	28	33	59	59	59	57			16
23	23	24	21		29	34	60	60	60	58・59	19		12
24	24	25	22	7	30	35	61	61	61	60	20		
25	25	26	23		32	37	62	62	62	61			
26	26	27	24	8	31	36	63	63	63	62	21		11
27	27	28	25		32	37	64	64	64	63	22		13
28	28	29	26		25	31	65	65	65	64			
29	29	30	27		25	31	66	66	66	65	23		14
30	30	31	28		20	26	67	67	67	66	24	17	21
31	31	32	29		21	27	68	68	68	67	25	17	19
32	32	33	30・31	9	24	30	69	69	69	68	26	16	19
33	33	34	32	10	22	28	70	70	70	69	27	16	
34	34	35	33	11	21	27	71	71	71	70	28		
35	35	36	34	12	34	39	72	72	72	71	29		
36	36	37	35		23	29	73	73	73	72	30	13	40

略号：校本＝世範校本、知不＝知不足斎叢書版、宝顔＝宝顔秘笈版、四庫＝四庫全書版
居家＝居家必用事類全集版
事林Ａ＝纂図増新群書類要事林広記、事林Ｂ＝新編群書類要事林広記

第六章 『袁氏世範』の世界

はじめに

前章での学説史と版本に関する概括的検討を踏まえ、本章では『世範』が展開する世界の全体像について概観しておきたい。それは次章以下における分析の基礎とするためであり、また本書の一貫した論理を確認するためである。本章は七・八章での検討の案内図を提示するとともに、そこでの議論の隙間を埋める役割をも持っている。したがって以下の議論はできる限り簡潔なものとし、注も省いてある。また、引用した『世範』の訳文も原文をあげていない。それらの記述は後にも引用するからである。前もってご了解をお願いしておきたい。

一 『世範』著述のねらい

前章で見たように、本書の内容をみると、全体は三巻構成で、各巻には比較的短い教訓調の文章が羅列されていた。それらは、版本による違いはあるものの、合計でおよそ二〇六条あり、また、各巻にはそれぞれに意図したテーマがあった。そのためであろう、巻上「睦親」（家族・宗族内の倫理）、巻中「処己」（自分自身の修養）、巻下「治家」（資産・雇用人の管理も含む家の統治）という標題が付されている。しかし各巻の記述内容がこのテーマと必ずしも一致していなかったことは前章でみた通りである。それは著者の筆の勢いがもたらした結果であろうか。あるいは著者とわれわれ現代人の意識のずれであろうか。その明確な答えは、いまのところ提示できない。

さらに、本書全体のねらいは「人倫を厚くし、習俗を美とする」（劉鎮の序文に引用された著者の言葉）、あるいは「争いを止め、刑をなくし、人情の厚い風俗に還ることを願う」（跋）ものだという。これだけをみれば道学者流の教科書のようにも思われるが、実際の内容はこのような堅苦しいものではない。日常生活に即した、より実践的な主張が多くなっているのである。このことは前章で引用した三野知彰が記していた。このように序文や標題などからの表面的な観察に頼っていては本書の内容を誤解する恐れがある。そこに叙述された文章から本書が展開する世界を素直に読み取っておくことがまずもって必要である。それは著者袁采にとっての〈現代〉認識を反映しているし、彼のさまざまな判断の基盤をなしている。

二　『世範』の世界

そこで『世範』全体の主張を見渡してみたい。個別の条文を題材にして総合的に考察すると、本書の特徴点ないしそこに埋め込まれている論理は以下のように整理できるであろう。その際、『世範』全体を楽曲としてとらえ、音楽用語を併用して説明してみる。そうすることで内容の理解が容易になると思われるからである。

⑴　「家」を守れ——主旋律

袁采が繰り返し主張し、もっともこだわっていた主張の大本をたどってゆくと、結局、「家」を守ることに行きつく。ただしこの「家」が日本の「家」と同義でないことは言うまでもない。たとえば、彼は次のように言う。

……家の祭祀を存続させようとするなら、他家の過去を教訓として我が家の未来を思うべきである。徳を修め、十分配慮し、長久の計をなすべきなのだ。〈巻上「財産分割の際には公平に努めよ（分給財産務均平）」〉

とあるように、「家」を守ることとは祖先祭祀の存続を図ることであった。それがとりもなおさず儒教における〈孝〉なのである。つまり祖先の祭祀をおこなうための役割を与えられた組織が「家」であり、儒教の基礎となる考え方である。ではどのようにして「家」を守るのか。彼の論法を追いかけてゆくと、守るというよりは、破産させないことが肝要なのであった。そうして「家」の破産がどのようにしてひき起こされるのかといえば、原因は以下の三点に集約される。

①「家」の中に争いがあること

「家」をより具体的にいえば、個別の家族と親族および非血縁の雇用人・隷属者を指し（つまり「世帯」である）、それら内部の争いの結果、裁判沙汰になることが破産原因の一つである。そうした「家」内の争いのもっとも身近な例はといえば財産分割の争いである。たとえば次のように述べられている。

……貧乏から身を起こし、父祖の資産を頼らずに自らの力で財産を築いた者がいる。あるいは父祖の共有資産があっても、一族に頼らずに自分の資産を増やした者がいる。そうすると同族の者が必ず財産の分割を求め、県や州、その他の官府に訴える。その訴訟が十数年にも及ぶことになり、それぞれが破産してしまうまで続く。……

連年の訴訟によって家の仕事が妨げられ、弁当代や証人集めに金を使い、胥吏に請託し、官僚に賄賂を贈るなどの無駄な費用に耐えられるはずがない。……こうしたことをよく認識できれば、（財産分割の際の）分け前がわずかだとしても、必ずや訴訟の費えはなくなるであろう。

〈巻上「財産を分割するときは公平・妥当に（分析財産貴公当）」〉

とあり、一族内の財産争いについてかなりリアルに指摘されている。ここでは理不尽な訴訟が起こされる現実があることや、当時の訴訟・裁判の実態、さらにはそれに要する諸費用の実態が記されている。族内の争いが裁判に持ち込まれた場合、このようにして財産が浪費され、破産へと向かうのである。またここに表現されているように、「家」内の問題と「族」内の問題とは根底でつながっていた。それは祖先祭祀や共有財産に関わる「族」が「家」の前提となっているためであった。

②悪事をおこなった報いが現れること

次に「家」を滅ぼすものは日常生活における悪事である。これは天が悪人を懲らしめるという働きによってもたらされるもので、袁采もこの天の働きを信じていたようである。

郷村には高官の家があり、州や県の役人が手を出せないのをいいことに、横暴をほしいままにする者がいる。また裕福な家で、おおっぴらに賄賂を使い、横暴をほしいままにする人がいる。……このような人は敬遠して近寄らない方がよい。その悪事が極まれば、天誅が加えられる。すなわちその家の子孫が父祖の作った家産を破壊し、村人のために復讐してくれるのだ。……たいてい悪事をなして罪をまぬかれたものは、いつの日か唐突にその報いを受けるのである。いわゆる天網恢恢、疎にして漏らさず、というものだ。

〈巻中「小人が悪事をおこなうと必ず天誅が下る（小人為悪必天誅）」〉

というように、「高官」「裕福な家」の横暴に対してはやがて天誅が加えられるのであり、それは子孫による家産の破壊となって現れるという。ここで袁采は自分自身が官僚経験者でありながら、いわば同類である「高官」たちを批判的に見ている。また、次項に見られるように、できの悪い子孫がその実行犯となるというのである。けれども悪事の報いはそう単純には現れない。たとえば悪事をおこなっていると誰しもが認める家であっても、繁栄している場合がある。目の前の現実には容易に解釈できない場合があるのだ。現実にいくらでも存在する悪事と天の働きとの矛盾をどう解釈するのか。袁采は次のように言う。

ある人が善からぬ行いをなし、自身は刑罰を受けたのに、子孫が繁栄している場合がある。人々はこれを怪しみ、天理は誤っていると思う。しかし、その人の家には「積善」が多く、「積悪」が少ないということに気付かないのだ。少は多にかなわないのである。だから悪事をなした人が自ら報いを受けても、子孫に福が来ることを妨げないのである。もし多くの悪事をなしているのに、長寿で裕福な暮らしをしているとしたら、前人の残した恩恵はなくなろうとしているのだ。天は惜しんでくれない。悪事をほしいままにすることは、彼を破滅に導いているのである。〈巻中「善悪の応報は究めがたい（善悪報応、難窮詰）」〉

といい、先人の「積善」「積悪」が現在の「家」の盛衰につながると説明する。したがって、現在の人間が悪事をおこなって「積悪」を増やせば、その結果は子孫に表れ、「家」は滅びることになる。もちろん「積善」の場合は繁栄するが、袁采の主張としては子孫を脅す方に重点がある。これは『易経』以来の考え方で、〈神〉なき中国の〈天〉信仰である。

③できの悪い子弟が「家」を食いつぶす

前述のように、「家」の破産をもたらすのはできの悪い子孫であった。この点についての袁采の叙述はかなり詳細

である。たとえば、

……ことわざに云う、いまだに家が興隆しないと言うなかれ。家を興隆させる子供が生まれていないだけなのだ。家がまだ破滅していないと言うなかれ。家を破滅させる子供が成長していないだけなのだ、と。……

〈巻上「家業の興廃は子弟にかかっている（家業興替係子弟）」〉

というように、当時の「ことわざ」を掲げている。つまり子供の出来、不出来が「家」の行く末を左右するのであり、これは「ことわざ」として一般的に広がっている認識であった。では子供の悪事を防ぐにはどうすればよいのか。袁采の処方箋は次のようなものである。

……およそ富貴の家の子弟は、酒色におぼれ、博打を好み、派手な衣服を着、輿や馬を飾り立て、仲間と徒党を組み、そうして家を破滅させるものである。彼らの心が愚かなのではなく、生活していくための仕事を持たないことで、悪事に手を出す心を起こしてしまうのだ。……

〈巻上「子弟には仕事を持たせるべきである（子弟須使有業）」〉

というように、子供を遊ばせておいてはいけないのである。遊ばせず、生活のための仕事をさせておけば悪事には走らない。「富貴の家の子弟」が生活のために仕事を持つことなど考えられないけれども、袁采としてはこのような方法を提案するしかなかったのであろう。さらに子弟には学問をさせよと勧める。

たいていの裕福な家では子弟に学問するよう教える。それはもとより科挙に合格し、聖人たちの言行の奥深さを極めさせるためである。けれどもものごとの命運には順調と不調があるし、人の天性には明晰と昏迷がある。だから必ず学問を究めよなどと責めたててはいけない。とはいえ究められないからといって学問をやめさせてもいけない。思うに子弟が学問することにはいわゆる「無用の用」があるのだ。……学ぶべき書物は膨大で一朝一夕に学びおえるものではない。子弟がそれらと向き合えばおのずと裨益するところがある。他のことをしている暇はないし、儒学を生業とする友人もできる。お互い行き来して談論するならば、終日飲み食いして頭を使わず、小人どもとつるんで悪事を為すようになることなどあり得ないのだ。

〈巻上「子弟に学問をやめさせてはいけない（子弟不可廃学）」〉

というように、学問をさせればさまざまな効用があり、悪事に走る暇さえなくなるという。学問を「無用の用」と言いきっているところが、現実を見据える袁采の真骨頂である。これら仕事と学問だけでなく、さらに具体的に子弟をどう管理するかについても袁采は言及する。

人の居宅というものは、土塀を高くし垣根を緻密にし、窓や壁、門や門は堅牢にすべきである。壊れたらすぐに修理すべきである。通水用の穴には格子をつけておき、いつも新しくしっかりしたものとしておくこと。これらをゆるがせにしてはならない。……（それらをいい加減にすると）盗賊が押し入る隙を与えることになるのだ。（しっかりしておけば）召使たちの逃亡や不肖の子弟が夜遊びに出る心配から免れることができる。もし外から盗賊が来、中から召使たちの逃亡や夜遊びの子弟などの問題が起きれば、官司（おかみ）に訴えて処理してもらったとしても、相当の出費を覚悟しなければならぬ。

〈巻下「住居の防衛は緻密にするのがよい（宅舎関防、貴周密）」〉

というように、居宅の防御設備を整え、盗賊、召使いの逃亡を防ぐとともに、どら息子の夜遊びをも抑えよと言う。もしこれらの不始末が「官司」とかかわることになれば、多大の出費となり、「家」の危機はすぐそこまで迫っているのである。このような子弟に対する考え方はいわば性悪説の立場であるようにみえる。しかし、袁采の立場をそのように決めつけることもできない。次のような文章がある。

子供が多いと気がかりが多くなる。（しかし子供が）多いからといって軽々しく（同姓の）他家にあげてはいけない。いくらか成長し、性格が穏やかで自分をわきまえているようならあげてもよい。両家の福となる。おむつも取れないうちに他家にやり、この子が万が一愚か者であったなら他家を破滅させるばかりではない。必ず本家に戻りたいと訴訟を起こし、そうして我が家をも破滅させるのだから、両家が災難を被ることになるのである。

〈巻上「子供が多くても軽々しく他人にやるな（子多不可軽与人）」〉

とある。これは子供を養子に出す場合の配慮であるが、子供が成長した後、どのような性格になるか見極めてから決断すべきだという。つまり将来の現実をしっかり見つめ、そこから判断すべきだというのである。このような視点は他の項目にも表れているが、現実を見極めるという現実主義の立場なのである。

以上に見てきたように、『袁氏世範』の主張の基本は「家」の存続であった。逆にいえば「家」が破滅しないように導くことが重要なのである。そして袁采は破滅のすじ道を、家内の争い①と悪事②が原因で、「子弟」がその執行者となる③というように考えていた。

⑵　争いを防げ――副旋律

以上のように現実を把握すれば、「家」の存続のためにいくつかの対応策が考えられる。これが副旋律となっている。たとえば争いを防ぐための配慮がある。袁采は次のように言う。

……繁栄している家（興盛之家）の多くは、年長者も若輩者も心を合わせて協力し合っている（和協）。思うに、何かほしい物で衝突し、争いに発展することがないからである。破滅した家（破蕩之家）は、妻や子に過ちがないのに、家長がいつも彼らをしかりつけている。……

〈巻上「家長は奉っておくべきである（家長尤当奉承）」〉

というように、「家」が繁栄する（興盛）ためには家内が「和協」していることが大切であった。その逆に、家長が横暴に振舞っていると破滅（破蕩）に至ることになる。家長はこの点に気を配らねばならないのである。この条文の題名とは多少のずれがあるが、袁采の主張は、まず家長が自分を抑えよという点であった。そのほか多くの条文においても家長の日常的な配慮が必要だと述べられている。それらについては以下の議論の中で触れてゆくが、ここではその典型的な例を二条だけあげておこう。

兄弟と息子・甥たちが同じ敷地で戸別に住んでいる場合があるが、共有の事物に対しては十分気を遣わねばならない。子供や召使たちがそれらを粗雑に扱うようなことがあってはならない。些細なことであっても争いのもとになるからである。共有の庭は、ある人が掃除を心がけても、別の人がまったく気にしなければ、掃除をした人が平気でいられるはずがない。いわんや無神経な人が、子供や召使たちにいつも取り散らかしたままにさせ、他人の制止に耳を貸さないとすれば、罵りあいや諍いはここから始まることになる。

〈巻上「共有資産の扱いには気を遣え（衆事宜各尽心）」〉

兄弟と息子・甥たちの同居が不和になるのは、もともと大きな争いの原因があるからではない。その中の誰か一人が公平な心を持たず、自分の取り分を多くしようとするからである。……あるいはみんなと何かを分配する場合、自分の取り分を多くしたがる。そのほかの場合でも、心を公平に保つことができない。そうして争いのきっかけを作り、家産を使い果たすことになるのである。〈巻上「宗族が同居する場合は公平な心が大切（同居貴懐公心）」〉

などとある。これらは宗族集住の形態を前提として述べられている。いわゆる大家族で生活する場合の諸注意であり、西田太一郎が戦前に『世範』を現代語訳した時の問題意識として述べていたものである。それは集住して生活する場合の周囲への徹底した気遣い、配慮である、と。この解釈はいかにも日本的な発想であるが、「日中同質社会論」が一般的であった当時としてはきわめて常識的な理解であった。しかし、中国社会を日本のそれと同様に見ることができるかといった問題はすでに共通の認識が得られ、それはおおむね否定されている。この立場から袁采の主張を読むと、西田とは別の解釈が生れてくる。すなわち、宗族集住が理想だったとしても、ここまで徹底して近隣への配慮をおこなうのはかなり苦痛である。それは自由な――あるときには虚無的な自由にもなる――中国人の発想とはまったく相容れないものではないのか、と。宗族集住は理想であり、それに向かって努力すべきだと袁采は考えたが、それを現実社会で実行するのは相当な困難を乗り越えねばならないのであった。結局、その後の歴史が証明するように、宋代においては宗族集住の動きは普及しなかった。あるいは一度は集住してもほとんどの場合、それを持続できなかった。その理由の一端は、歴史的に形成されてきた中国人的な、自由を求める発想にあったと思われる。

(3)　人間とは――通奏低音

以上に見てきたすじ道の根底には、あらためて注目しておきたい袁采の視点がある。それは人間に対する見方である。多くの条文の中で、儒教的な、あるいは道徳的なお題目とは距離のある彼の視点がしばしば表明されている。

人の親しい関係で、父子・兄弟を越えるものはない。けれども、父子・兄弟の間で不和になることがある。父子間では（父が子に）善行を求めることが原因であり、兄弟間では財産争いが原因である。……父は子の「性」が自分に合致することを求めるものだが、子の「性」は必ずしもそうはならない。兄は弟の「性」が自分に合致することを求めるものだが、弟の「性」は必ずしもそうはならない。その「性」は合致させることができないのだから、言行も合致させることはできない。これが父子・兄弟が不和になる原因である。……もしこの道理をすっかり悟って、父兄たるものが子弟の事情に通じ、自分に合致することを求めず、……そうすれば事を処理する際、かならず和合できて争いになる心配はない。……

ここでは家内不和の原因として、父兄つまり目上の者の独善が指摘され、その独善を排除すべきであるというのである。しかし子弟が父兄に従うというのは儒教的な秩序の一つの基本理念である。これを否定することは大きな問題となるはずであるが、袁采は何らのためらいもなくこのような主張をしている。これは見方を変えれば個性の承認であり、近代的な考え方につながる発想である。もう一つあげる。

飲食は人の欲するところで、欠くわけには行かない。しかし道理に外れた求め方をすれば「饕」（意地汚い）となり、「饞」（食いしん坊）となる。男女は人の欲するところで、欠くわけには行かない。しかし道理に外れて狎れあえば「姦」となり「淫」となる。財物は人の欲するところで、欠くわけには行かない。しかし道理に外れて手に入れれば「盗」となり「賊」となる。……この三者について君子は知っているが、口に出して言わないし、そうした欲望が心にきざすこともない。……〈巻中「礼儀は欲望を抑えるための歯止め（礼儀制欲之大閑）」〉

ここでは人間における食欲・性欲・物欲を承認している。このような見方は、儒教の本来的な考え方に含まれるとはいえ、人間の本性を客観的に承認し、そのコントロールを提言しているのである。このように現実を冷静に批判する視線は、袁采独特のそして強調しておきたい特性である。この視線は、前にあげた「高官」批判にもあったが、それ以外にも次のように述べている箇所がある。

子供を生んでも自分の乳をあげず、他人に乳を与えさせるのは、先輩諸氏がすでに非難している行為である。ましてや出産前の乳母を求め、彼女の子を生ませずにわが子に乳を与えさせる（など許されようか）。乳飲み子があるのにそれを捨てさせてわが子に乳を与えさせ、彼女の子は泣き声をあげて餓死してしまうのだ。……（こうした悲惨な状況を）士大夫たちは互いに黙認しあっており、国家の法令でも禁じることができない。彼らは天を畏

れないのであろうか。〈巻下「乳母を探して自分の子に授乳させることは恩愛を失うことである（求乳母令食失恩）」〉

ここでは当時の乳母の悲惨な境遇が指摘され、それを黙認する「士大夫たち」の現実が指弾されている。さらに国家の法令の不備でもあるとして、国家・官僚を批判しているのである。袁采自身が下級官僚であったけれども、自己の立場をも否定するかのような論調である。しかし彼は現実を率直に認めている。結局、これらは現実主義者、袁采の本音の吐露であったのであろう。『世範』の底流には、宋代の現実に対する、彼の透徹した視線があった。

(4)　女性への視線——変奏曲

後の章で詳述するように、陳東原は袁采が「第一個女性同情論者」であると述べた。確かに『世範』にはそのように解釈できる条文がある。たとえば、年老いた女性の境遇について次のように述べる。

……おおむね婦人たちは人に頼って生きている。彼女らが未婚の時には、良き祖父は良き父に及ばず、良き父は良き兄弟に及ばず、良き兄弟は良き甥に及ばない。結婚した後には、良き舅は良き夫に及ばず、良き夫は良き息子に及ばず、良き息子は良き孫に及ばない（より下の年代に頼りになる身内が必要なのだ—大澤注）。だから婦人は、若くして富と地位があっても晩年楽しまない者がいる、というのはこのことによるのであろう。親戚のものは婦人を矜（あわ）れみ、心を配ってやるのがよいのだ。〈巻上「婦人は年老いた後がもっとも過ごしにくい（婦人年老尤難処）」〉

とあるように、一般的な女性の老後の境遇と彼女らへの「矜れみ」が述べられている。この「矜れみ」の表明が同情と解釈されるのである。同様の文章は他にもあるが、ここでは省略に従う。一方で袁采は女性の生活力について高く評価しており、次のような現実を指摘する。

婦人は家外の事にかかわるなというのは、思うに、夫と息子が有能であれば外事にかかわる必要がない、ということを言っているのである。もし夫と息子が有能でなく、婦人の耳目を覆い隠すなら、どうなるか知れたものではない。……だから夫が無能な場合、彼らに外事にかかわるよう求めても何の役にも立たないのだ。……（息子が無能な場合も同じ）……この状況こそ婦人の大いなる不幸である。これをどうしたらよいのか。いやしくも夫たる者はその妻の憐むべきことを思い、子たる者はその母の憐むべきことを思い、ただちに反省して自ら悟るのがもっともよいことなのだ。

〈巻上「婦人は家外の事にかかわる場合もある（婦人不必預外事）」〉

ここに述べられているのは、男性中心社会であっても、夫や息子が無能で「外事」を処理できない場合は当然あり得るということである。その場合、女性が「外事」を担当しなければならず、その能力を十分に持っている女性がいると袁采は評価しているのである。次の条文でそうした実例もあげている。

その夫が愚かで意気地がないため、自ら家業を切り盛りし、銭や穀物の出入を計算し、他人に欺かれないような（しっかりした）婦人がいる。夫が無能なため、息子とともに家業を切り盛りし、家の破産を招かないようにしている婦人がいる。子供が幼いうちに夫が死んでしまったのに、その子をよく教育し、内外の親族と親しく付き合い、家業を切り盛りして繁栄させた婦人がいる。これらはみな賢婦人である。……

〈巻上「寡婦が生業を他人に託すのは難しい（寡婦治生難託人）」〉

というような「賢婦人」が実際にいたのである。つまり自立している女性の存在を承認しているわけであり、その意味で彼は女性差別をしていない。前近代では稀な存在である。しかし、袁采の意識はそれほど単純で、歴史的現実を超越したものではなかった。『世範』には、逆に女性差別の意識が明瞭に表明されている部分があることも認めねばならない。たとえば、家の不和というのは、多くの場合、女どもが言葉でその夫や夫の兄弟を激怒させたのが原因である。思うに、女どもの見識は広くも遠くもなく、公でも平でもない。さらに、いわゆる舅姑・伯叔・妯娌（兄弟の妻）というのは仮の結びつきによる呼称であり、本来の血縁関係ではない。だから女どもは軽々しく彼らの恩にそむき、怨みを抱きやすいのである。大きな見識をもった男子でなければ、彼女らに引きずられても気がつかず、家の中に波乱が起きるのである。……

〈巻上「女どもの言葉には恩や義が少ない（婦女之言寡恩義）」〉

というように、家内不和の原因として女性のおしゃべりがあげられている。そして彼女らに引きずられる男性の存在も認めている。逆に言えば、女性の影響力の大きさである。さらに次のようにも言う。

縁組というものは、多くの場合、親戚間ですすめられ、それはお互いを大事にしているという意味である。これは今の風俗のたいへんよいところである。しかし、女どもには「遠識」がなく、お互いよく知っているとか、よく相手を選んでいるということで（礼儀作法を）いい加減にし、その結果、争いが起こり不和を招くことになる。これではもともと面識がない者同士が手っ取り早く縁組を進めるのに及ばないであろう。……

〈巻上「親しい者同士の縁組こそ礼儀を尽くすべきである（因親結親尤当尽礼）」〉

というように、家内不和の原因として女の不見識をあげている。明確に女性を差別しているのである。

このように見てくると、袁采は女性に対して「同情」しているようにみえる面もあるが、一方ではその根底にある差別意識も明瞭である。つまり彼の意識は男女の性別如何にあるのではなく、彼が当面する現実を士大夫の眼で客観的に見ているだけなのである。これは先にも指摘したような「現実主義」の視点と評価できるであろう。

(5)　日常の観察——小品集

以上に見てきた特徴のほか、袁采の日常的な観察眼が生きている条文もある。いくつかの例をあげてみよう。

母が同じなのに上の子は父母に憎まれ、下の子は愛されることがある。この理屈はほとんど解明できない。その理由に思いをめぐらしたことがあるが、生まれて一、二歳のころは動作や言葉が人の気持ちを引くものだ。他人でもこれを可愛いと思うのだから父母ならなおさらである。三、四歳あるいは五、六歳になると、わがままになって泣き叫ぶし、むちゃくちゃをするようになる。また器物をこわし危険なことをする。その挙動も言葉も憎たらしくなる。そのうえますます腕白になって言うことを聞かなくなる。だから父母とはいえこれを憎むのである。……〈巻上「父母は下の子を愛するものだ（父母多愛幼子）」〉

これは父母の人情の機微に触れた教訓である。現代においてもしばしば見られる親子の間の関係を彼なりに説明している。人情の機微については次のような文章もある。

中年以後に妻を失うのは大いなる不幸である。幼子たちを慈しむ人がいなくなるのだし、食事や衣服など家内のことを切り盛りする人がいなくなるのだから、後妻を迎えないわけには行かない。（しかし）初婚の女性を迎えると、若い女性の心は中年以後の人の手に負えない。寡婦を迎えると家に落ち着いていられず、これまた手に負えない。そのうえ前夫の子がいて前父の情を忘れられなかったら、心が引き裂かれてしまう。だから中年の再婚はもっとも困難なのである。……〈巻上「再婚するなら賢婦を選ぶべし（再娶宜択賢婦）」〉

この記述は中年以後の男性心理を的確に把握しているようにみえる。もしかすると、袁采は再婚経験者であったのかもしれない。あるいは身近にそのような実例があったのかもしれない。そのいずれでないとしても彼の人間の心理に対する細やかな観察眼は驚くべきものである。こうした観察眼はさまざまな方面に向けられる。

古人は言う、「周代の人は媒酌を嫌った。……女の家を欺いて、相手は金持ちだと言い、男の家を欺いて、相手は美人だと言う」と。近ごろはもっとはなはだしい。女の家を欺いて「相手は儀礼を求めないし、そのうえ嫁入りの費用を出します」と言う。男の家を欺いて、「相手は輿入れの内金をはずみます」と言い、その内訳をでっちあげる。軽々しくこの言葉を信じて結婚すると、欺かれたと恨むことになり、夫妻は反目しあって離婚に至る者もある。……

〈巻上「仲人口は信じられない（媒酌之言不可信）」〉

ここではいわゆる「仲人口」が指摘されている。古来、仲人の習性は不変だったようで、宋代もその例外ではなかった。またここには、当時、夫婦の不和による離婚も普通にあったことが示されている。さらに子供の教育、学問にもその冷静な視線は向けられていた。前にもあげた文章であるが、視点を変えてみよう。

たいていの裕福な家では子弟に学問するよう教える。それはもとより科挙に合格し、聖人たちの言行の奥深さを極めさせるためである。けれどもものごとの命運には順調と不調があるし、人の天性には明晰と昏迷がある。だから必ず学問を究めよなどと責めたててはいけない。とはいえ究められないからといって学問をやめさせてもいけない。思うに子弟が学問することにはいわゆる「無用の用」があるのだ。……

〈巻上「子弟に学問をやめさせてはいけない（子弟不可廃学）」〉

これは学問のすすめであったが、それ以上に、〈教育パパ〉へのいましめでもあった。子弟の能力をよく見極めよ、無理な（つまりは無駄な）要求はするな、という袁采流の現実主義的主張を前提にして、子弟に学問をさせれば道を踏み外すことはないと勧めているのであった。家長たるもの、子供の能力や社会の現状をしっかり見極め、適切に対処すべきであると主張していたのである。このように率直に現実を批判できるのは袁采ならではの、ある意味、自由で客観的な視線であり、それを文章化する筆力である。ここにも袁采の冷静な観察眼がみられるし、彼の現実主義が如実に表明されている。

おわりに

ここまで『世範』の内容を大まかに整理しつつ、その全体像を見てきた。そこには当時の歴史的課題、つまり「家」存続の危機とその防衛策を主旋律としつつ、その他多くの教訓が率直に記されていた。しかし、かくも配慮の行き届いた、緻密な「家」の防衛策が、なぜ記述できたのか、その理由をはかり知ることはできない。あるいは、迫りくる異民族への危機感と王朝滅亡への予感が、自らの将来への思いを研ぎ澄ましたのであろうか。

他方、ここからは現実主義者・袁采の面目躍如たる遺訓が浮かび上がってくる。これは彼の個性がもたらしたものであろうが、当時の一人の知識人の日常感覚の一端でもある。これを歴史的に評価すれば、儒教の道徳的理念などの観念や規範に左右されることなく、現実を客観視できる人間の登場であった。そこに近代的な感覚の芽生えが感じられる。私が宋代＝近世説を支持したいと思う根拠のひとつはここにある。

最後に、前述のように儒教道徳からややはずれる『世範』が、歴史上で抹殺されることなく、なぜ現在まで伝わったのであろうかと考える。おそらくそれは、本書が倫理・思想を第一とする著作ではなく、現実を反映した、実践に役立つ家訓だったからではないだろうか。その証拠に、宋末・元代に本書の部分的な抄録が流行していたことがあげられる。後にも取りあげるが、『事林広記』の各種版本には本書の抄録があった。それらの抄録の仕方を見ると、家を管理するためのノウハウの部分を重点的に拾いあげていると言ってよいものであった。つまり、『世範』は倫理道徳の味付けと一定の実用性とをあわせ持った著作であり、そのような特徴は過去も現在も共通するベストセラーの条件なのではないだろうか。

第七章　袁采の現実主義——『袁氏世範』分析への視点

はじめに

前章までに『世範』の全体像を考え、またその世界観の特徴を概観してきた。そのため第六章では本章以下の検討結果を先取りした部分もある。これらはしばらく置く。そのうえで、本章では袁采の展開する論理をあらためて丁寧に確認してゆくこととしたい。彼の主張の要点を『世範』の記述に即して論理的にとらえることによって全体の構造を把握することができるし、その世界の広がりを知ることができるのである。最初に『世範』の論理構造を考えて見たい。

一　『世範』の用語からみる論理構造

『世範』を貫く論理構造を把握するためには、条文の一つ一つを丁寧に検討してその主旨をまとめ、そこから論理をくみ取る必要がある。しかし紙幅の関係上、そのように綿密な実証作業をおこなうのは困難である。そこでとりあえず全体の用語を見渡し、その使用頻度を手がかりにするという、定量分析的方法をとりたい。それは『世範』を通読すると繰り返し用いられているキーワードがあり、その解釈が本書把握の手がかりになると考えられるからである。『世範』において家族関係等の名詞が頻出するのは、著作の性格上、当然のことである。とするとそれ以外でとくに使用頻度の高い文字・用語をも把握しておく必要がある。そこで便宜上、類似表現を一項目にまとめ、それが登場している条目を数えあげてみたい。たとえば「争」という文字が目に付くので「争財」「争訟」「興争」「起争」などを「争」類の一項目とし、それが何か条に登場するのかを数えてみる。同様に「和」類では「和協」「久和」「諧和」などが、どれほど使用されているのかをみるのである。それらを巻ごとに分けて、それぞれ何か条で用いられているかを頻度の高い用語から順に表示し、上位のもののみをあげてみる。すると注（1）に掲げたような「使用頻度の高い文字・用語一覧表」ができあがった。ここでは、便宜上、類似の表現をまとめて小計の欄を設けている。

表を見よう。そこに示されるように、頻度の高い用語は大きく分ければ四群になる。第Ⅰ群は「和」「公」など、推奨される倫理に関する用語であり、第Ⅱ群は「不和」など、その倫理を否定し、またそれに反する用語である。そして第Ⅲ群は「争」「訟」「破家」など、倫理が否定された結果もたらされる具体的現実を表す用語である。また第Ⅳ群は「天」など、超越者を表す用語である。これらのうちとくに目立つのは第Ⅲ群で、そこにあげた三項目の単純合計は百条以上になる。「争訟」のような重複表現を差し引いても、実に二分の一近い条目で言及されていることになる。

こうした用語の頻度から、袁采の意識に潜在する危機感の在処がうかがえよう。その論理を単純化してみれば、次のような図式が導き出される。まず家族・宗族内で守るべき倫理がある。それが実践できなければ、不平が生まれるなどして内部の「不和」や「争い」が引き起こされ、さらには訴訟沙汰に発展する。この訴訟は莫大な費用と時間を費やすことになり、それが結局、家の破滅につながるのであった。ここには、家内部の対立が宗族あるいは基層社会で解決できず、しばしば国家による裁判の場に持ち出されるという、中国社会の歴史的特徴も現れている。

袁采が何よりも追求したのは「家」の存続と繁栄であり、そのためには「家」内部の調和が求められる。その和を保つために構成員の自制、つまり「和」などの徳目の遵守と自己の修養が必要であったが、その努力の成果がすぐに眼に見えるものにはならない。そこで「天」など人為を超えた存在の反応、すなわち人間への報いを認めねばならなかった。こうして個人の修養が「家」の存続と繁栄に結びつけられたのである。このように見てくると『世範』の枠組みの基調は家族・宗族・世帯に置かれ、個人の修養もその範囲で構想されていることが大方理解できる。

いま少し具体的に見よう。袁采は「家」の崩壊という危機感をバネに、それを守り、存続させるために何が必要かを考え、教訓として子孫に残そうとした。それが「和」をはじめとする徳目であり、実践的にはイーブリーも強調する「同居者の調和」であった。このことは、巻上冒頭の条目「『性』は強いて合致させるべきではない（性不可以強合）」の主張を見ればよく理解できるので確認しておきたい。

人の親しい関係で、父子・兄弟を越えるものはない。けれども、父子・兄弟の間で不和になることがある。父子間では（父が子に）善行を求めるものだが、子の「性」は必ずしもそうはならない。……父は子の「性」が自分に合致することを求めるものだが、子の「性」は必ずしもそうはならない。兄は弟の「性」が自分に合致することを求めるものだが、弟の「性」は必ずしもそうはならない。その「性」は合致させることができないのだから、言行も合致させられない。これが父子・兄弟が不和になる原因である。……もしこの道理をすっかり悟って、父兄たるものが子弟の事情に通じ、自分に合致することを求めず、……そうすれば事を処理する際、かならず和合できて争いになる心配はない。孔子いわく、……。これは聖人が一家和合を教えられた要諦である。よく

よく考えてみるように。(2)

とあるように、『世範』の基調が端的にあらわされている。そこでは父子間の孝や兄弟間の悌の徳目を大前提として押し付けるのではなく、父子・兄弟それぞれがもって生まれた個性ともいうべき「性」に注目し、その変わり難さを認める。イーブリーはこれを「人間性の多様性」ととらえる。(3)袁采はそうした現実を前提として、各人が配慮しあって和合するよう諄々と説いているのである。同様な記述は巻中にもあり、「人の徳性は天賦のもので、それぞれ偏ったところがある。君子はその偏りを知っている(4)」とか、「人の性行には短所があるけれども、必ず長所もある(5)」などという。つまり、袁采は人間それぞれの個性の存在を承認していたと見られる。父・兄といった年長者の権威は承認しつつも、それを絶対的な前提とすることなく、子・弟それぞれを人間的には対等に近い、個性的存在としてとらえている。その上で、家長や尊長の権威に頼らず、説得によって和を求める主張は『世範』を貫く特徴である。見方を変えれば、それは観念論ではなく、しっかりと現実を見つめ、そこから問題の解決法を探るという態度であり、その意味で袁采の基本的発想法は現実主義だったといえよう。

以上が用語の定量分析から得られる『世範』の主張の大枠である。これをおさえた上で、次にもう少し詳細に、各巻ごとに見られる彼の主張を取り上げてみよう。

二　『世範』の理念と現実認識

前節で述べたように、『世範』の用語を定量的に分析すれば、袁采が現実主義者であり、現実から出発した論理をベースにおいて『世範』を記述したとみなすことができる。では彼の現実認識とはどのようなものだろうか。これを考えるための手がかりとして、たとえば『世範』から当時の現実社会における階級構成を読み取る方法は有効だろうか。そうした用語に注目する方法はすでに行われ、これによって陳智超は、一定の成果を挙げてきた[6]。しかしそこで把握できたのは、当時の社会の階級構成という客観的な枠組である。それは袁采の意識の外側にあるものであり、社会の内部の諸関係ではない。ましてや袁采の持っていた基本認識でもない。ここでわれわれが注目したいのはむしろ彼自身の社会認識であり、そこに表明された宋代の社会および人間関係のあり方全体である。ではわれわれは『世範』のどこを見ればより明確に袁采の現実認識を理解できるのだろうか。

(1)　『世範』の理念部分と実践部分

そこでまず第五章に掲げた〈表1〉「条目対照表」に眼を戻してほしい。そうしてとくに宋・元代の類書、『事林広記』と『居家必用事類』における『世範』の引用のあり方に注目したい。この両書の引用方法を参考にすることによって『世範』の内容を大きく二つに区分できると思われるのである。つまりそこに引用されている条目は当時の編纂者たちが、ある実用的基準によって選び出した条目である。言うまでもなく両書編纂の意図は日常生活に役立つ知識の提供にあり、その立場から「家」の維持・管理などをめぐる諸問題が取り上げられている。したがって引用部分は編纂者たちが実用的だと考えた部分であり、引用されなかったのは、その他の非実用的部分だと思われるのである。そこで『世範』の諸版本と引用された条目を対照してみる。するとここにはひとつの傾向が浮かび上がっているようである。

まず、巻上から巻下までを通観してみる。すると、後にゆくほど両書による引用条目数が多くなっているのがわかる。巻上では六五条中二五条、巻中では六八条中二八条で、四〇％および四二％余りとほぼ同じ割合であるが、巻下になると七三条中引用されていないのが七条に過ぎない。実に九〇％余りの六六条が引用されている。そしてさきに見たように各巻のテーマは、巻上「睦親」、巻中「処己」、巻下「治家」であったから、「治家」の部分がより注目されていたことになる。つまり、「世帯を管理する」という現実的な問題に対する袁采の教訓が重点的に選ばれていたのである。そして巻下の記述はきわめて具体性に富んでいた。その第一条では、

人の居宅というものは土塀を高くし、垣根は緻密にし、窓や壁、門や門は堅牢にすべきである。壊れたらすぐ修理しなければならない。もし通水口のようなものがあれば、格子をつけて、いつも新しく堅固なものにしておくこと。ゆるがせにしてはならない。……(7)

などとあるように、居宅の設備に関してきわめて細かで具体的、現実的配慮がなされている。この具体性こそが類書編纂者たちから注目を浴びた要素であろう。巻下の各条目は多かれ少なかれ、このような具体性を特徴としている。

ともあれここでは両類書の引用条目数を大まかに比較してみただけである。とくに『事林広記』では各種版本があるうちの二種を見ているだけである。しかし、編者たちがどのあたりを重要な問題としてとらえていたのかは予想がつく。実用的な類書の編纂者にとって、『世範』は格好の典拠だったことが確認されるであろう。

これをもう少し詳しく見よう。すると巻上には一つの特徴があることに気づく。前半三二条までで両類書に引用されているのはわずかに四条であるのに対して、後半では三分の二の二一条である。そして条目の内容を見ると、前半には「和」「不和」や「孝」「不孝」の記述が多く、また「父母は下の子をかわいがるものだ（父母多愛幼子）」などといった人情の機微に触れた記述が目立つ。いわば家族・宗族間での道徳的な徳目、それも袁采流の徳目や家族関係を説く色合いが濃厚な部分であるが、それらは引用されない。また、女性の潜在能力を評価した条目も引用されていない。つまり、理念の議論や当時の一般的な認識と隔たりのある記述は引用されなかった。逆に、両書のいずれかある

いは双方に引用されている条目には明確な特徴がある。それら四条をみると、タイトルは次のようなものであった。

（13）「子弟には仕事を持たせるべきである（子弟須使有業）」

（23）「長幼の同居には和が大切（同居長幼貴和）」

（25）「財産の分割にはみんなの納得が得られるようにせよ（分析財産貴公当）」

（26）「同居する者には必ずしも私的な財産はいらない（同居不必私蔵金宝）」

これらのうち（23）以外は、財産などにかかわるきわめて具体的な指示である。その（23）にしても内容を読んでみると、年長者は横暴にならないようにし、「公心」が必要だと説いている。具体的な指示には違いないのである。

このような傾向は後半の引用にも共通しており、現実的な問題での指示が多く引用されている。一七条すべてを挙げる余裕はないので、たとえば両書が共通して引用している条目のみを挙げれば、次の七条である。

（34）「同居の人についてあれこれ言うな（同居不可相譏議）」

（35）「女どもの言葉には恩や義が少ない（婦女之言寡恩義）」

（36）「召使たちの言葉は対立を生む（婢僕之言多間闘）」

（38）「親戚・知人の貧しい者には力に応じた助けの手を（親旧貧者随力周済）」

（57）「仲人口は信じられない（媒酌之言不可信）」

（61）「親戚（の老女）を引きとる場合には後事に配慮せよ（収養親戚当慮後患）」

（62）「財産を分割する際には均しく公平に（分給財産務均平）」

これらはタイトルを見ただけでも理解できるように、いずれも家族・世帯・宗族と付き合ってゆく際にきわめて役立つ生活の知恵である。ちなみに前半で両書がともに引用していたのは（25）の財産分割に関する条目であった。つまり巻上で両書が共通して引用していた条目は具体的な生活の知恵、いわば実践論であり、袁采流の儒教理念に基づく道徳的な教訓などではなかった。

このような『世範』の利用のされ方は袁采にとっては不本意だったであろう。「人倫を厚くし、習俗を美とする(厚人倫而美習俗)」(劉鎮の序に引く袁采の言)意図をもって子孫たちに示したはずの教訓集が、理念抜きの実用書として扱われていたことになるからである。しかし見方を変えれば、宋・元代の類書編纂者は『世範』の二側面、つまり理念的な条目あるいは袁采流の独自の記述と、現実的、実践的な条目との二側面をはっきりと区別して見ていたことになる。そして彼らはとくに後者の実践的記述に主要な関心があったのである。これらをとりあえず理念部分・実践部分と分けて呼ぶことにすると、彼らが考える両部分の区別が明確に確認できよう。そうして実践部分は袁采の現実認識が宋末から元代の人によって追認された部分である。南宋から元までの時間的違いはほとんどなく、まして社会のあり方にはほとんど変化はなかったとみられる。とすれば、『世範』に記述された現実部分は相応の普遍性を持っていたことになる。

ともあれいま少し同様な検討を行ってみよう。巻中についてである。ここでの引用の仕方は『事林広記』と『居家必用事類』の間でずれがある。両書が共通して引用するのは次の三条のみであった。

(5)「世の中の出来事が変化するのはすべて天理である(世事更変皆天理)」

(6)「人生の苦と楽はつねに等しい(人世労逸常相若)」

(11)「人の性行には長所と短所がある(人行有長短)」

これらはいわば人生訓であり、当時の人々にとっても普遍的な認識であったのだろう。このほかの二五条の引用は重なるところがなく、みごとに分かれていた。それらを見ると、巻上とは異なり理念部分と実践部分は明確に分けられていなかったかのごとくである。考えるにそれは巻中のテーマが「処己」という、自己の修養に関わる条目だからであろう。類書の編纂者たちの考え方によって、重点の置き方に微妙な違いが出たのだと思われる。

では巻下ではどうか。ここでの検討の手がかりは『事林広記』の二種の版本で引用条目が異なっていることである。それらの一方は五八条で他方は五〇条と違いがある。そこで重要なのは『居家必用事類』と『事林広記』二種のすべてに引用されている条目の特徴は何かという問題である。すべての題目をあげてみよう。

（5）「夜に盗人を追うときは十分気をつけよ（夜間逐盗宜詳審）」
（8）「人情の薄さは盗賊を招く（刻薄招盗之由）」
（14）「火の元は一つではない（致火不一類）」
（15）「子供には貴金属や宝物を身につけさせるな（小児不可帯金宝）」
（19）「召使たちの悪事を防ぐ（婢僕姦盗宜深防）」
（21）「召使の女どもを近づけるな（婢妾常宜防閑）」
（22）「お付きの女の出入りには気をつけよ（侍婢不可不謹出入）」
（24）「年老いたら寵妾を置くな（暮年不宜置寵妾）」
（26）「美人の召使は置くな（美妾不可蓄）」
（32）「たちの悪い召使はうまく解雇せよ（頑很婢僕宜善遣）」
（33）「召使は自ら鞭打ってはならない（婢僕不可自鞭撻）」
（34）「召使の躾にはタイミングがある（教治婢僕有時）」
（35）「召使が自殺したら慎重に扱え（婢僕横逆宜詳審）」

(49)「佃僕には銭や物を貸すな（佃僕不宜仮借）」
(50)「他人は屋敷に入れるな（外人不宜入宅舎）」
(67)「銭や穀物はたくさん貸すものではない（銭穀不可多借人）」
(68)「軽々しくお金を貸すな（債不可軽挙）」
(69)「税賦の分はあらかじめ用意しておけ（税賦宜預弁）」
(73)「家を建てるには段階がある（起造宜以漸経営）」

以上一九条が共通して引用されている。

これらは具体的な世帯の管理問題であることは先にも見た通りである。そのうえで、ここで注目したいのは、半数の一〇条（(19)～(49)）が雇用人に関する注意だったことである。それは世帯の管理において雇用人をどう扱うかが宋・元人にとって共通する難題であり、またそれが普遍的な問題であったことを率直に物語っている。巻下はこの点に注目したのであった。

以上各巻ごとに見てきたように、宋・元人が引用した部分という視点を参考にすれば、『世範』は理念部分と実践部分に区別することができ、その特徴もうかがえた。やはり『世範』が現代まで伝わった理由の一つはこの実践部分があったためであろう。われわれが当時の現実を認識し、袁采の現実認識の妥当性を知るために、この区別は大いに役に立つ。ただしその区別はあくまで当時の編纂者たちのものであり、現代の基準ではないし、後述するように袁采の現実認識とも多少食い違っていた。ともあれこうした理解を参考にしつつ、次に彼の現実認識がどのようなものだったのかを考えたい。

(2)　理念と現実認識——女性に対する評価

『世範』の理念についてはさきに巻上冒頭の条目をあげた際に触れた。つまり儒教的徳目で重要な意味を持つはずの「孝」や「悌」などよりも、より実践的意味を持つ「和」や「公」が重視されていた。それは「家」の繁栄を守りさらに発展させるという意図に貫かれた袁采の判断であったと考えられる。その立場は『世範』全体にわたって展開されており、第八章でも述べるので、蛇足を加えることはしない。

ここで考えたい問題は袁采の現実認識のあり方であるが、課題はあまりにも漠然としすぎている。そこで一例として家族内の女性に対する評価を取り上げたい。女性は現実的な存在として大きな意味を持ちながらも、当時のイデオロギーなどによる圧力からまともに記述される機会は少なかった。したがってこの問題について考察することは袁采の現実認識を知る上で一つの貴重な手がかりとなる。

さてこの問題については、かつて陳東原が取り上げていた。陳は、袁采がいち早く「賢母良妻」を認識していたことなどを指摘し、中国史上の「第一個女性同情論者」と高く評価したことが知られている。(8) 一方、イーブリーは、司馬光や朱熹ほど厳しくはないが、袁采も女性は男性の従属物だとみなしていたという。そして『世範』の女性に関する記述を網羅的に取り上げ、彼の対応のあり方とあわせて述べている（前掲著書第4章）。しかし陳東原の論点に反論を展開しているわけではない。また、管見の限りでは、その他の研究者の議論でも、この主張はほとんど取り上げられていないようなのである。前近代に女性を評価する知識人が存在したなどとは認めたくないかのごとくであるが、その意図はわからない。ともあれ、われわれの課題のひとつは、陳のこのような袁采に対する評価が妥当かどうか、あらためて考えたいというところにある。それが現代的基準にひきつけすぎた評価だという感覚が否めないからであるが、ではわれわれとしてはどのように考えるのか、対案をださねばならない。少しく考えてみよう。

陳は『世範』に記述された女性のさまざまな側面を拾い出し、巻上を中心に一五条の記述をあげる。そして女性に「同情」しているような、袁采のいくつかの見解は現在に至るまで価値のあるものだと評価した。確かに『世範』に女性に関する議論が多いことは周知の通りであり、「同情」していると解釈できる記述もある。とくに年老いた女性や年若い娘には同情を寄せているかのごとくである。たとえば陳も取り上げる、巻上の次の条目などはその代表であろう。

(59)「女子は憐むべきで愛してやるのがよい（女子可憐宜加愛）」

……たいてい女子の心というものはもっとも憐むべきである。母の家が裕福で夫の家が貧しければ、母の家の資財を手に入れて夫の家に与えようとする。夫の家が裕福で母の家が貧しければ、夫の家の資財を手に入れて母の家に与えようとする。父母や夫たる者は（この心を）憐んで、従ってやるのがよい。……(9)

(60)「婦人は年老いた後が、もっとも過ごしにくい（婦人年老尤難処）」

……おおむね婦人たちは人に頼って生きている。彼女らが未婚の時には、良き祖父は良き父に及ばず、良き父は良き兄弟に及ばず、良き兄弟は良き甥に及ばない。結婚した後は、良き舅は良き夫に及ばず、良き夫は良き息子に及ばず、良き息子は良き孫に及ばない。だから婦人は、若くして富と地位があっても晩年楽しまない者がいるというのはこのことによるのであろう。親戚のものは彼女を矜れみ心を配ってやるのがよいのだ。(10)

ここに見られる記述は当時の著作としては異例で、(59)は「憐」、(60)は「矜」という表現で「女子」と「婦人」を「あわれんで」いる。陳はこれらの表現を「同情」ととったのであろう。そう理解すれば袁采は「女性同情論者」であった。

しかし、内容をよく読むとそう単純な「同情」ではない。(59)の「憐」は、文脈から言えばむしろ「女子はかわいい」とか、「女子をいつくしむ」というニュアンスである。いわば父親の娘に対する視線さえ感じさせる。一方、(60)は、年老いて後、頼る者がいなくなった女性を「あわれむ」という感覚である。そしてこのような女性に対しては、直後の条目(61)「親戚(の老女)を引き取るには後事に配慮せよ(収養親戚当慮後患)」のように、後のことに配慮しつつ「収養」することを勧める。裁判沙汰の口実になるような隙を見せずに「高義之事」をおこなうよう求め、同情しつつ対策も講じていたのである。つまり、袁采は「女子」や「婦人」がそのおかれた境遇においてどのような行動をとるのかを見据えており、それに対する感想をのべ、あるいは周到な対策を講じているのであった。これらを単に「同情」とみなすのでは現代的で感情的な解釈に過ぎよう。

また、いわゆる男尊女卑の考え方に沿わない記述も残している。たとえば巻上の、

(52)「婦人が家外の事にかかわる場合もある(婦人不必預外事)」

婦人は家外の事にかかわるなというのは、思うに、夫と息子が有能であれば外事にかかわる必要がない、ということを言っているのである。もし夫と息子が有能でなく、婦人の耳目を覆い隠すなら、どうなるか知れたものではない。……だから夫が有能でない場合、外事にかかわることを求めても何の益もない。……息子が有能でない場合、外事にかかわることを求めても何の益もない。この状況こそ婦人の大いなる不幸である。これをどうしたらよいのか。いやしくも夫たる者はその妻の憐むべきことを思い、子たる者はその母の憐むべきことを思い、ただちに反省して自ら悟るのがもっともよいことなのだ。(11)

という記述は、当時低く見られがちであった(意図的に低く見ようとした側面もあるが)、女性の潜在能力を評価したものである。ここでは女性は外に出るなという理念の裏を読み、無能力な男性がいる限り、女性は外事にかかわらざる

を得ないという事実を述べているのである。だから夫や息子は、妻や母を「あわれんで（憐）」、自分の能力を自覚するという対策を講じよと説く。そうして女性の潜在能力を強調した条目を直後に登場させる。

（53）「寡婦が生業を他人に託すのは難しい（寡婦治生難託人）」

その夫が愚かで意気地がないため、自分で家業を切り盛りし、銭や穀物の出入を計算し、他人に欺かれないようにしている婦人がいる。夫が無能なため、息子とともに家業を切り盛りし、家の破産を招かないようにしている婦人がいる。子供が幼いうちに夫が死んだのに、その子をよく教育し、内外の親族と親しく付き合い、家業を切り盛りして繁栄させた婦人がいる。これらはみな賢婦人である。……(12)

というように、有能な女性たちの存在を認めている。この続きでは夫が死んで子供が幼い場合の困難さを認めてはいるが、それにしてもこのような〈男勝り〉の有能な女性たちを「賢婦人」と評価する記述は珍しい。そしてこれら二つの条目はさきに見た宋・元代の類書では引用されておらず、実践部分とはみなされていなかった。これらの記述は当時の日用百科全書のイデオロギーには適合していなかったのであろう。

陳東原は前掲のような記述を取り上げて袁采を「女性同情論者」と持ち上げた。しかし『世範』の記述はそのような評価に都合のよいものばかりではなかった。たとえば陳が引用しなかった、巻上の次のような記述もある。

（35）「女どもの言葉には恩や義が少ない（婦女之言寡恩義）」

家の不和というのは、多くの場合、女どもが言葉でその夫や夫の兄弟を激怒させたのが原因である。思うに、女どもの見識は広くも遠くもなく、公でも平でもない。さらに、いわゆる舅姑・伯叔・妯娌（兄弟の妻）というのは仮の結合による呼称であり、本来の血縁関係ではない。だから（女どもは）軽々しく恩にそむき、怨みを抱きやすいのである。大きな見識をもった男子でなければ、彼女らにひきずられても気がつかず、家の中に波乱が起

きるのである。……(13)

ここでは家内の不和を招く原因として女性のおしゃべりをあげ、彼女らの見識のなさを嘆いている。苦い顔をした袁采が眼に浮かぶような文章である。彼はこれら家内の女性を指す場合は「婦女」と表現している（ここではニュアンスを区別するために「女ども」と訳した）。一方、前掲の女性を評価する記述では「婦人」と表現していたが、それなりの用語の使い分けがあったようだ。同様に、巻上の別の条目でも女性には「大きな見識（遠識）」がないと言う。

(58)「親しい者同士の縁組こそ礼儀を尽くすべきである（因親結親尤当尽礼）」

縁組というものは、多くの場合、親戚間ですすめられ、そうしてお互いをないがしろにしないことを示している。これは今の風俗のたいへんよいところである。しかし、ここで女どもには「遠識」がなく、お互いよく知りあっているとか、よく相手を選んでいるということで（礼儀作法を）いい加減にし、その結果、争いが起こり不和を招くことになるのだ。これではもともと面識がない者同士が手早く縁組を進めるのに及ばないであろう。……(14)

とあるように、親戚間で縁組をおこなう際の女性のやり方を批判している。ここでは女性たちが、親しさによりかかって礼儀作法を大事にせず争いを招くというが、おそらく袁采の経験かそれに近い実例に基づいた批判なのであろう。この条は陳も引用するが、女性に対する非難の部分は除外して取り上げていない。これら二条は宋・元の類書にも引用されていたから当時のイデオロギーに合致していたようだ。

このように袁采の女性に対する視線には、独特なものがあった。特筆できるのは、イデオロギーに拘泥せず、当時の現実のなかで生きている女性をしっかり見つめていた点である。それは現代的基準で単純に評価できるものではない。ただ、彼は女性の潜在能力を認める一方で、「遠識」がないなどという、女性に対する一般的な批判も披瀝している。それは、当然のことながら、彼が宋代という歴史的制約から逃れることはできず、彼女らがおかれた被差別的な立場を理解していたわけではなかったことを示す。

ともあれ、こうした袁采の視線の冷徹さは評価しておく必要がある。さきにも見たが、彼は父兄と子弟をある意味で対等に見ていたように、男女に対する視線もかなり対等であった。それは彼が現実に対して相当客観的な視点を持っていたことを意味するであろう。その例として、たとえば人間の欲望の存在をも明確に承認していた。巻中で、

（47）「礼と儀は欲望をおさえる歯止め（礼儀制欲之大閑）」

飲食は人の欲するところで、欠くわけには行かない。しかし道理に外れた求め方をすれば「饕」（意地汚い）となり「饞」（食いしん坊）となる。男女は人の欲するところで、欠くわけには行かない。しかし道理に外れて狎れあえば「姦」となり「淫」となる。財物は人の欲するところで、欠くわけには行かない。しかし道理に外れて手に入れれば「盜」となり「賊」となる。……(15)

というように、食欲・性欲・物欲を取り上げ、その存在を明示した上で、それらを抑えるために礼儀が必要なのだと説く。「欲」の「存在の必然性と積極的価値」は朱子も認めていたと言われるが(16)、あまり言及されることのない問題のようにみえる。しかし袁采はこれを冷静に指摘する視線をもっていた。そうしてこの視線の延長上で、時には「国家の法令」に対する批判さえも提示する。巻下に、

（40）「乳母を探してわが子に授乳させるのは恩愛を失うことである（求乳母令食失恩）」

子供を生んでも自分で乳をあげず、他人に乳を与えさせるのは、先輩諸氏がすでに非難している行為である。ましてや出産前の乳母を求め、彼女の子を生ませずにわが子に乳を与えさせる（など許されようか）。乳飲み子があるのにそれを捨てさせてわが子に乳を与えさせ、彼女の子は泣き声をあげて餓死してしまうのだ。……（こうした悲惨な状況を）士大夫たちは互いに黙認しあっており、国家の法令でも禁じることができない。彼らは天を畏

れないのであろうか。(17)

というように、乳母にされる女性の悲惨な境遇を的確に認識し、それを救い出せない法令の欠陥を指摘する。乳母の境遇は悲惨であるけれども、それよりも国家の処置が適切ではないことに注目しているのである。ここに袁采の視線の到達点が暗示されているであろう。こう見てくれば彼は女性に対する「同情論者」というよりは、女性も含めた現実を客観的にそして冷静に見つめることができたという意味での「現実主義者」であったと言えよう。

女性以外のテーマでも、袁采はしっかり現実を見つめていた。しかしこれ以上ここで述べる余裕はない。その視線の確かさを確認し、宋代の現実に対する彼の記述が確たるものであったことを追認するにとどめざるを得ないのである。

おわりに

以上、『世範』の史料的特徴を考察しつつ、袁采の、当時としては独特の現実認識のあり方を確認してきた。われわれがこれまで研究史料として利用してきた『世範』の特性および記述の信憑性はかなり明らかになったと言えるであろう。ただ、小論での検討によっても、袁采がなぜここまで冷徹に現実を見つめることができたのかは、まだ説明がつかない。彼の個人的な資質も、もちろんあろう。しかし一方で、宋代の知識人たちが前後の時代に比べて、より積極的に現実社会にかかわろうとしていたことは、この時代の史料を読んでいるときにしばしば感じることである。『世範』はそれを示す格好の事例ではあるが、われわれはその根源的な理解に至ったわけではない。それは今後の研究の大きな課題である。

注

（1）「使用頻度の高い文字・用語一覧表」

	巻上／六五条	巻中／六八条	巻下／七三条	小計	計／二〇六条	分類
「争」類	二〇	八	一二		四〇	Ⅲ
「訟」類	一三	一二	一四		三九	Ⅲ
破家	一四	一二	六		三二	Ⅲ
「天」類	四	八	六	一八		Ⅳ
造物（者）	一	四	〇	五		Ⅳ
神（＊）	一	六	〇	七	三〇	Ⅳ
「和」類	八	三	一	一二		Ⅰ
不和	一二	〇	〇	一二	二四	Ⅱ
公	六	五	一	一二		Ⅰ
不公	二	一	〇	三	一五	Ⅱ
孝	七	三	〇	一〇		Ⅰ
不孝	四	〇	〇	四	一四	Ⅱ
愛	一二	〇	〇		一二	Ⅰ
恩	三	五	三		一一	Ⅰ
「平」類	六	〇	一	七		Ⅰ
不平	二	二	〇	四	一一	Ⅱ

なお、この表についての細かな注釈は省略する。本文を参照していただければ理解していただけると思うからである。

（2）原文は次の通り。

人之至親、莫過於父子兄弟、而父子兄弟有不和者、父子或因於責善、兄弟或因於争財、……父必欲子之性合於己、子之性未必然、兄必欲弟之性合於己、弟之性未必然、其性不可得而合、則其言行亦不可得而合、此父子兄弟不和之根源也、……若悉悟此理、爲父兄者通情於子弟、而不責子弟之同於己、……則處事之際、必相和協、無乖爭之患、孔子曰、……此聖人教人和家之要術也、宜熟思之、

（3）イーブリー著書、3章、七二―七三頁。

（4）巻中「性有所偏在救失」

人之德性、出於天資者、各有所偏、君子知其有所偏、……

（5）同前「人行有長短」

人之性行、雖有所短、必有所長、……

（6）陳智超「『袁氏世範』所見南宋民庶地主」（『陳智超自選集』安徽大学出版社、二〇〇三年、初出一九八五年）。

（7）原文は次の通り。

人之居家、須令牆垣高厚、藩籬周密、窗壁門門堅牢、隨損隨修、如有水竇之類、亦須常設格子、務令新固、不可輕忽、……

（8）陳東原『中国婦女生活史』（上海商務印書館、一九三七年初版）第六章宋代婦女生活史において、一節を費やして論じられている。

（9）原文は次の通り。

……大抵女子之心、最爲可憐、母家富而夫家貧、則欲得母家之財、以與夫家、夫家富而母家貧、則欲得夫家之財、以與母家、爲父母及夫者、宜憐而稍從之、……

（10）原文は次の通り。

……大率婦人依人而立、其未嫁之前、有好祖不如有好父、有好父不如有好兄弟、有好兄弟不如有好姪、其既嫁之後、有好翁不如有好夫、有好夫不如有好子、有好子不如有好孫、故婦人多有少壯享富貴、而暮年無聊者、蓋由此也、凡其親戚所宜矜念、

（11）巻上「婦人不必預外事」

婦人不預外事者、蓋謂夫與子既賢、外事自不必預、若夫與子不肖、掩蔽婦人之耳目、何所不至、……然則夫之不賢而欲求預外事何益也、……然則子之不賢而欲求預外事何益也、此乃婦人之大不幸、爲之奈何、苟爲夫能念其妻之可憐、爲子能念其母之可憐、頓然悔悟、豈不甚善、

(12)　巻上「寡婦治生難託人」

婦人有以其夫蠢懦、而能自理家務、計算錢穀出入、人不能欺者、有夫不肖而能與其子同理家務、不致破蕩家產者、有夫死子幼、而能教養其子、敦睦内外姻親、料理家務、至於興隆者、皆賢婦人也、……

(13)　巻上「婦女之言寡恩義」

人家不和、多因婦女以言激怒其夫及同氣、蓋婦女所見不廣不遠、不公不平、又其所謂舅姑・伯叔・妯娌、皆假合、强爲之稱呼、非自然天屬、故輕於割恩、易於修怨、非丈夫有遠識、則爲其役、而不自覺、一家之中、乖變生矣、……

(14)　巻上「因親結親尤当尽礼」

人之議親、多要因親及親、以示不相忘、此最風俗好處、然其間婦女無遠識、多因相熟而相簡、至於相忽、遂至於相爭而不和、反不若素不相識、而驟議親者、……

(15)　巻中「礼儀制欲之大閑」

飲食人之所欲、而不可無也、非理求之、則爲饕爲饞、男女人之所欲、而不可無也、非理狎之、則爲姦爲淫、財物人之所欲、而不可無也、非理得之、則爲盜爲賊、……君子於是三者、雖知可欲、而不敢輕形於言、……

(16)　この点については、たとえば馬淵昌也の次の研究参照。「一三―一五世紀の士大夫思想における『欲』の把握をめぐって」(大島晃・有田和夫編『朱子学的思惟』汲古書院、一九九〇年)。

(17)　巻下「求乳母令食失恩」

有子而不自乳、使他人乳之、前輩已言其非矣、況其鬧求乳母於未產之前者、使不舉己子而乳我子、有子方嬰孩、使捨之而乳我子、其己子呱呱而泣、至於餓死者、……士夫遞相庇護、國家法令、有不能禁、彼獨不畏於天哉、

第八章　宋代士大夫の「興盛之家」防衛策

はじめに

前章まで確認してきたように、袁采は現実主義者であり、イデオロギー的偏見にそれほどとらわれず、客観的に現実を見つめられる資質を持っていた。『世範』はそれを明確に示す個性的な著作であった。そして袁采は「家」の存続を切実な課題として設定していた。本章ではこの「家」の存続戦略について、他の史料も参照しながらあらためて詳細に検討してみたい。

一　中国史上の家について

袁采は『世範』に「貧富に定勢なく、田宅に定主なし」(1)と書き記した。貧富の階層間の移動は流動的で、土地・屋敷の所有者は一定していない、というこの言葉は、宋代において社会階層の流動が激しかった、あるいは激しくなったことを端的に表明したものである。また流動の具体的内容として、土地と家の所有において永続性が見られないことを指摘していた。彼は当時、流動性の高い社会が出現していたことを身近に感じていたのである。この点を、彼の著述を研究した陳智超も、宋代の一特質は「地主の土地所有権が強固でなく、その移転が頻繁におこなわれる」（大澤訳）点だと指摘する。(2)とすれば、家の存続問題を考察するにあたっては家をめぐる歴史的事情について最初に確認しておく必要がある。

まず家を構成する家族の規模と形態の問題がある。しばしば指摘されるように、中国社会の基礎をなす家族は歴史的に二世代の小家族（核家族）が圧倒的多数であった。私のかつての研究でも唐宋時代の家族員数の平均は二世代四〜六人となっていた。これは戦国時代以降「五口の家」が続いていたという認識から見れば妥当な数値であったし、(3)同様な家族規模は清代、さらに言えば現代まで続いている。つまり中国社会では古代以来一貫して五人前後の小家族が主体であったということになる。

しかし一方、イデオロギーや理念としては大家族（「共同体家族」「拡大家族」などと呼ばれている(4)）が奨励される。史書にはその模範的実例が記載されているし、それらが知識人たちの賞賛を浴びてもいる。また中国人にとっては「四世同堂」（四世代同居）が幸福の象徴と言われ、「多子多福」が祈願されてもいる。こうした通念の存在が、中国社会は大家族制であり、それを基盤とする家父長制の本家だとする誤解のもととなっていたのであろう。確かに、歴史上の事実をあげれば、唐律では父母生存中に兄弟が分家する「別籍異財」は明確に禁止されていた。法的にということはイデオロギー的に、両親と息子たち家族の同居が推奨されていた。いわゆる大家族での共同生活が理念として奨励されていたのである。もしこの禁令がどれだけ遵守されていたかきわめて疑わしいという点を無視できるなら、大家族制優位の環境は整っていた。しかし現実は異なっていた。理念的な色合いの濃い少数の大家族と現実的な圧倒的多数の小家族とが同居する社会が、中国史上では続いてきたのである。理念と現実の乖離あるいはそれらの奇妙な同居である。

もう一点、中国の家にかかわる特質がある。それは家の概念である。滋賀秀三によれば中国の家とは「家系または家計をともにする人々の観念的なまたは現実的な集団ないしはその集団の生活を支える財源の総体」とされるが、(5)これは法制史的立場からの超時代的な、また一般化した場合の定義である。家族集団と家産が家の主要な要素であるとされているが、もちろん歴史具体的な家のあり方はそれなりに変容してきている。家族も家産も歴史的に変化し続けていることは言うまでもない。しかしそれをここで詳論する余裕はないし、小論の論旨においては必要ではない。ただ、滋賀が前述の定義を基にして主張した次の点には注目しておきたい。すなわち、中国の伝統的な考え方では、個別の家を維持することが大切なのではなく、祖先から子孫へと受け継がれる「気」の流れを絶やさないことが大切なのである。そうして、子孫は祖先に対する祭祀を執り行うのであり、これこそが「孝」の実践であった。ただし「気」は父から息子へ継承されるもので、男子であれば兄弟・嫡庶の区別はなかった。ここから家産の「男子均分」という考え方が生まれてくる。日本のような、長子が相続する特定の家が存続し続ける必要はなく、祖先の「気」を継承する息子たちが繁栄すればよかったのである。男子によって継承される血統の連続、それが家の継承であった。滋賀は「帝制時代」の中国ではこの考え方が貫かれていたとみている。ただ唐代以前の史料については明確でない部分もあり、今後の研究が必要であるが、宋代以降では明確な理念になっていたとみてよいであろう。小論では「家」という言葉をこのような意味で用いている。

ではこうした社会において家の存続はどのように認識され、どのように維持しようとされてきたのであろうか。『世範』を主な題材として考察してみようというのが本章のねらいである。

二　家の存続

中国史上の家が持続し難いという点については前述の事情があり、またさきの拙著で、唐宋時代の事例をもとに述べた[6]。その考察をもとに新たな事例を付け加えて敷衍すれば次のようになる。

従来の一般的認識では「男子均分」制が特定の家の存続を困難にする要因だとみられてきたし、それはまぎれもない事実である。逆に言えば、各世代に男子が一人しかいなかった場合は相当長期に家が続く可能性があった。明版『名公書判清明集』（以下『清明集』と略称）にはそのような家族の例が残されている。たとえば、巻六の「争田業」と題する判決文の中に記された閭丘氏の家系をたどってみれば[7]、裁判を起こした閭丘輔之とその息子に至るまで、少なくとも六代一三〇年以上にわたって家系が続いていたことがわかる。家系の存続が可能であったのは、詳細は不明ながらも、ひとつの明確な事実によるものであった。それは各世代に男子が一人しかいなかったことであり、さらにその男子が子孫を残したことである。家産は均分されず、長子相続制と同様なあり方で家が続いてきたのであった。

「男子均分」のほかにも家が続かない要因があった。たとえば、唐宋時代の小説史料を分析してみると、子供の数は上流・庶民階層を平均して二〜三人であり、子供のいない家族、あるいは一〜二人の家族も多かった[8]。これはおそらく将来の家産分割を見越して産児制限がおこなわれた結果である。子供がいない場合はもちろんであるが、男子がいない場合も、その家の維持・再生産は困難になる。また少数の男子では、生存率から考えて家の継承が不安定になるに違いない。そうして当然のことながら、生存競争の激しさなど他の要因もあり、上流階層であっても短期間で没落する家が多かった。しかし一方では経済的に成功して上昇してゆく家も多かった。こうして上流階層の内部構成が変化しつつ、流動性の高い社会が継続していた。

さらに『清明集』の判決内容から家族の実態的変化を追いかけてみると、時間の経過とともに家族員数が減少している事例が相応の割合を占めていた。そこでは死亡による減少数が結婚・出生による増加数を上回っており、その結果、家族は衰退していった。もちろんこれらの事例は財産問題や後継ぎ問題で係争中の家であるから、当然彼らは上流階層に属する家族である。(9) したがって当時の社会の一般的傾向とみることはできないものの、無視できない割合で、衰退しつつある家族が存在したことは確認できる。

以上のように唐宋時代の特定の家が持続困難であった事情は確認でき、それ以後の時代でもこうした事情に基本的な変化はなかったと思われる。同時に中国における「法共同体」の不存在と一体の問題として、家の自立・自律性の弱さも指摘されてきた。(10) ただここで付け加えておくべきは、家の持続が困難であるという事実が人口の減少を意味するものではないという点である。明代までの歴史的な中心地域（黄河・長江流域）では、短期的変動はおくとして、総体的には人口の変動はなかった。その構造を詳しく説明するだけの材料はないが、理念的な、あるいは富の集積による大家族は絶えず形成され続けるし、他方でその分解による新たな小家族の発生も続いていた。もちろん、小家族自身の再生産もある。それらが絶家や衰退する家族とバランスをとっていたのである。

このような流動的な社会はいわゆる唐宋変革期を境に明確になった。それまでの門閥社会は過ぎ去り、実力が物を言う社会が出現した。そしてこの動きを宋代の士大夫たちも認識していた。そこで彼らが考えた対策の一つは一種の政略結婚であった。将来性のある優秀な男性と姻戚関係を結び、彼の出世によって家の繁栄を、結果としての家の存続を図ろうと考えたのである。こうして科挙の及第者が娘婿の候補者として求められたといい、このような風潮は「榜下択婿（科挙及第者の発表場で婿を択ぶ）の風」と称された。これは、唐代とは異なる、宋代婚姻の一特徴と評価されている。[11] 当時、門閥を意識せず、本人の実力を第一と考える婚姻が一般的になってきたのだという。ただこれがどれほど家の存続につながったのか、追跡するのは困難であるが。

総体的に見て、家存続の意識的な対策としては二つの方向があった。一つは男子をしっかり教育した上で（もちろん養子なども含めて男子を確保するのが大前提であるが）、ということは均分原則を守った上で家を維持しようとするもので、袁采はほぼこの方向に沿った考え方をした。もう一つは均分相続を真っ向から否定し、家産の分割を全面的に禁止するもので、「累世同居」とよばれる。またそこまで厳格でない場合は、一族の共有財産（族産・義田・義荘など）を分割せずに集住する「宗族（男系親族）結集」がある。そこでは規約が定められ、相互扶助的な集団として運営されていた。ただしこれは家というよりは宗族の存続である。しばしば取り上げられるように、一一世紀半ばに范仲淹が始め、それ以後二〇世紀まで存続した范氏義荘が典型であり、これに関する研究は多い。遠藤隆俊・小林義広などの研究や学説整理を参照していただきたい。[12] 宗族集団は世代が交代しても族産を分割せず、任務分担をするなどして共同経営をおこなっていた。土地からの収益をもとに、族人の扶養、祖先祭祀や子弟の教育、あるいは婚姻・葬儀の費用を支出するなどの活動をおこなっていた。こうした方法によって宗族は維持されたのである。これまでの宋代の研究では「宗族義田」が六八例ほど数えあげられている。[13] またその後、華南地域へと宗族結集の動きが広がり、現代でもその復活・再評価の動きが強まっているという。[14]

こう見てくれば、家族の防衛・存続を考える材料としては、「累世同居」や「宗族結集」の問題を取りあげることこそがふさわしいと思われるかもしれない。しかし言うまでもなくこれらは血縁集団の問題であり、個別の家とは次元を異にする問題である。またその地域は主に江南であり、さらに宋代という時点で見れば長期に存続した宗族は少なかった。それは何よりも前述のような集団システムを維持し続けるのが容易ではなかったからであり、その大きな原因の一つは族内で引き起こされる種々の争いである。これを防ぐのが至難の業だったことは後述するように袁采が記していた。彼は家族の同居には争いを避けるための「和」が大切であると強調した。『世範』冒頭で孔子の言葉を引用しつつ、父母によく仕えて家内に波風を立てないようにすることが「和家の要術」なのだという(15)。また和を保つために分配などの公平に心がけるよう戒めてもいる。これらは、逆に言えば、集団生活の和を保つことの難しさを指摘しているのである。大家族同居でも宗族結集でも、彼らが抱える矛盾は共通していたであろう。

以上、宋代の家の存続をめぐる状況を見てきた。所与の条件によって多少の違いはあるものの、特定の家の長期的存続は困難であった。とはいえ士大夫たちはこの状況を指をくわえて眺めていたわけではなく、相応の対策を打ち出してはいた。大勢として有効ではなかっただけなのである。こうした事情を踏まえたうえで、次に彼らの意識を具体的に探ってみよう。そこには通り一遍の理解ではすまない、当時の士大夫たちの葛藤があった。『世範』に目を向けることとしたい。

三　袁采の教訓

(1)　宋代の家訓類

中国史上の家訓類のうち現存する著作でもっとも古いものは、顔之推（五三一～九一年）の『顔氏家訓』であるが、それに続くのは宋代以降の家訓である。それらは図書の分類において子部儒家類に入れられているように、本来、家族・宗族あるいは郷村社会の教化を目的として書かれていた。したがって儒教道徳の実践を説くものが多く、いわゆる礼の遵守を強調している。最も著名なものは北宋・司馬光の『家範』で、古典を引用して、家族関係をいかに秩序立てるかなど道徳の実践を解説している。この書は当時の士大夫たちに高く評価され、模範的著作として伝えられてきた。とすれば『家範』のようないわば主流の家訓類を題材に、家の存続問題を考えることも可能である。しかし、注意しておかねばならないのは、儒教道徳が推奨する家族は大家族だった点であり、大家族の共同生活における礼を強調している点である。これは先にも述べたように、中国社会の現実とは相応の距離があった。それをもとにした分析では理念的な色合いが濃くなってしまうであろう。

とはいえ、宋代以降、このような家訓類が多く残されるようになったこと自体には歴史的意味がある。端的に言えば、唐代までのいわゆる貴族制が崩壊し、新たな社会が誕生するにあたって、従来とは異なる社会秩序や新しい組織が求められたのである。その際注目されたのが伝統的な理念型として残存していた宗族であった。この点佐竹靖彦が「義門の成長」を「意識的努力による結集」と特徴付ける事例研究を発表していた通りである(16)。このような宗族の理念を実践に移して成功した、数少ない例が前述の范氏義荘であったし、こうした時代背景のもとに家訓類が著されたのであった。

われわれの課題は、これらの史料の使い方にある。そのまま素直に読めば理念の議論におちいるが、使い方によっては士大夫たちの意識を探る史料ともなる。たとえば、宋元代の家訓類をもとに家族内のジェンダー認識を論じたのは臧健であった(17)。臧は家訓類の記述を分類して、家内部のさまざまな場面における男女の性別認識をまとめた。また緒方賢一も日常の倫理を分析した(18)。では小論の課題である家の存続問題はどうか。そのためには家訓類の理念的な部分と現実的な部分とを明瞭に色分けする必要があり、後者を材料にして問題を考察することが求められる。

(2)『世範』の主張

ここまでに見た通り、宋代の家訓類の中で、理念的な色彩は保ちつつも、より現実的な主張を展開しているのが『世範』である。この記述は現実的であるが故に、これまでも社会経済史の史料としてしばしば引用されてきた。確かに袁采は家族生活などの現実の場において、どのような人間関係を築くべきかをわかりやすく丁寧に述べている。けれども彼の意図をそのような表向きの理念だけで評価しては大事なものを見落としてしまう。彼にはより現実的なねらいがあった。この点は第六章において簡単に述べたが、ここでは袁采の記述に寄り添ってもう少し詳細に確認することとしたい。

さて、前述の通り、彼は家族・宗族内部における「和」の重要性を繰り返し説いている。たとえば、『世範』冒頭の一条がある。

人の親しい間柄でいえば父子兄弟以上のものはない。ところが父子兄弟の間で不和になる場合がある。父子の間では（子に）善行を求めること〔責善〕、兄弟の間では財産争いがその原因である。この両者が原因でない不和であれば、他人がその不和を見て是非を区別できることもある。けれどもその理由まではわからない。そもそも人の「性」というものには寛緩（ゆるやかでのびのび）、褊急（気みじか）、剛暴（強く荒々しい）、柔懦（気が弱い）……などがある。天から与えられたものはおのずから異なっている。父はたえず子の「性」を自分に合致させようとするが、子の「性」は必ずしもそうはならない。兄はたえず弟の「性」を自分に合致させようとするが、弟の「性」は必ずしもそうはならない。「性」を合致させることができなければ、言行を一致させることもできない。これが父子兄弟の不和の根源である。……〈巻上（1）「『性』は強いて合致させるべきではない（性不可以強合）[19]」〉

ここでは肉親間でさえ不和が不可避であると指摘することで、如何にして和を達成するかを強調する。その方法はたがいの「性」を認めあうことだというのである。この「性」は訳しにくいが、生まれつきの性格や個性といった意味であろう。それを認めあうという考え方は、長幼の序を守り、目下の者が目上の者に従うという儒教的な秩序原理とは方向が異なっている。父子兄弟が上下関係を越えてよく理解し合えという「和」の主張なのである。これが儒教理念にとらわれない袁采の主張の基調であった。次のような同居の場合も発想は同じである。

兄弟と息子・甥たちが同居している場合、尊長の者がその地位をたのんで卑幼の者を抑えつけることがある。……ここに必ず争いの端緒が開かれる。（逆に）尊長の者が公平に事にあたっているのに卑幼の者が従順でいられないことがある。……この場合はとりわけ和することができない。尊長の者が大局的な指図をし、卑幼の者が細部を分担するとすれば、あるいはまた、尊長の者が必ず卑幼の者に相談し、卑幼の者が必ず尊長の者に耳を傾けるなどして、それぞれが公心を尽くせば、おのずから争いはなくなるのである。

〈巻上（23）「同居の尊長と卑幼は和を尊ぶ（同居長幼貴和）」[20]〉

といい、同居する宗族内で輩行の上下の者が協力し合って和すること、長幼が和することを勧めている。ただしここで付け加えておきたいのは、袁采は親への「孝」や「孝義」を否定しているわけではないという点である。彼はむしろ「孝」を勧めている。たとえば、

孝行が誠心から出たものであれば、礼儀にささいな落ち度があったとしても、天地を動かし鬼神を感動させることができる。これまで世人を見てきたが、親に仕える際に誠心を尽くさず、声音や笑顔で敬っているように見せている人がいた。天地や鬼神の天誅を受けなければ幸いである。いわんや代々誠心をもって孝行を尽くし、家が隆盛になる事を望む者にあってはなおさらである。このことを知るならば、今よりのち、物ごとをおこなうにあ

たってはみな誠実であらねばならない。有識の君子はこころみに比べてみよ。誠心を尽くす場合とそうでない場合とで、遠い将来にあらわれる効果はどちらが多いかを。〈巻上（10）「孝行は誠心が大切である（孝行貴誠篤）」〉[21]

というように、誠心つまり真心をもって孝行せよという。この条文の重点は「誠心をもって」というところにあるが、孝行を勧めていることには違いがない。袁采の発想の特徴は孝行という道徳を認めつつ、それを強要するのではなく互いに認め合えという点にある。

そのうえで、これを単なる説教に終らせないために、袁采は現実的な裏づけを提示し、説得力をもたせようとした。「和」の実行が、結局、家の繁栄に繋がるのだと主張する。たとえば次の記述のように。

繁栄している家［興盛之家］の多くは、年長者も若輩者も心を合わせて協力し合っている［和協］。思うに、何かほしい物で衝突し、争いに発展することがないからである。破滅した家［破蕩之家］は、妻や子に過ちがないのに、家長がいつも彼らをしかりつけている。……〈巻上（8）「家長はとりわけ奉っておくべきである（家長尤当奉承）」〉[22]

といい、「興盛之家」と「破蕩之家」を対比させ、前者の実現のためには「和協」が大切だと主張する。このように倫理の実践は家の繁栄、端的に言えばわが家とわが一族の繁栄という実利をもたらす。その逆に、倫理を実践しなければ「破蕩之家」に至ると〈脅迫〉していることにもなる。

ここに明瞭に表れているように、彼の主張は家の存続をめぐる危機感と一体のものであった。家が繁栄するか破滅するかの岐路は、彼の提示する倫理と教訓を遵守するか否かにかかっていた。では家の破滅は、具体的にどのような形で襲ってくるというのか。それを考える前に彼の「家」とはどのようなものだったかを確認しておきたい。第七章でも見たように『世範』に記述された単語を拾い集めれば、家族・宗族・雇用人という構成人員と、家屋・田産などの資産が「家」であった。つまり彼は家族と非血縁者からなる「世帯」およびその資産全体を「家」と想定していた。もう少し詳細に見よう。

まず家族・宗族で「同居」している範囲は「兄弟」「兄弟子姪」「父兄子弟」などと称されている（姪は「おい」の意）。当然、その血族・配偶者も含まれるので、父母・息子たちおよびその妻子が基本である。こうした「同居」には二つの形態がある。一つは三世代以上の複数の夫婦からなるいわゆる「累世同居」の大家族である。このような集住形態の家族を袁采は「兄弟義居」と表現していた。

兄弟義居はもとより世の美事である。……振り返ってみると義居しながら争っている場合は、他人同士で憎み合うよりも激しいものがある。前日の美事はまったく美事ではなくなるのだ。兄弟が別居するとなればすみやかに（条件などを）取り決めるべきだ。兄弟が愛し合っているなら財産を分けて別居するとしても［異居異財］、孝義をおこなう妨げにはならない。ひとたび争いが起これば、孝義などどこかへ行ってしまうのだ。

〈巻上（28）「兄弟は愛し合うことが大切である（兄弟貴相愛）」[23]〉

というように、兄弟同居は「義居」として一般に賞賛され、袁采も支持していたが、同時にそれを維持することの難しさも述べられている。結局、彼は兄弟が別居しても「孝義」をおこなうのに何の支障もないと考えていた。同居は勧めるが、現実に起きる問題の解決を優先するのである。

もうひとつの形態は宗族の集住である。それは「兄弟子姪の同門異戸」（巻上（29）［衆事宜各尽心］）とか「兄弟子姪の隔屋連牆」（巻上（35）［婦女之言寡恩義］）と表現されている。これらの文言を見ただけでも、彼らは一つの家屋に同居していたわけではなく、同一の敷地内に集住している数家族が、戸別に生活を営むという形態であったことがわかる。またそこには中庭のような、「衆事」といわれる共有地があった。次のように述べる。

兄弟と息子・甥たちが同じ敷地で戸別に住んでいる〔同門異戸〕場合があるが、共有の事物〔衆事〕に対しては十分気を遣わねばならない。子供や召使たち〔婢僕〕がそれらを粗雑に扱うようなことがあってはならない。些細なことであっても争いのもとになるからだ。共有の庭は、ある人が掃除を心がけても、別の人がまったく気にしなければ、掃除をした人が平気でいられるはずがない。いわんや無神経な人が、子供や召使たちにいつも取り散らかしたままにさせ、他人の制止に耳を貸さないとすれば、罵りあいやいさかいはここから始まる。

〈巻上（29）「共有物にはおのおの心を尽くすべきである（衆事宜各尽心）」〉[24]

というように、この家族は中庭をもった集合住宅の形態で居住していた。大家族ではなく数家族の集合体であり、前述の宗族結集などの原基形態ともいえる。さらに記述内容を読めば、この家には「婢僕」などの雇用人がいたことがわかる。別の条文では奴婢・僕・乳母などと称されていた。また巻下には（48）「佃客を大切にせよ（存卹佃客）」、（49）「佃僕に私的に銭穀を貸してはいけない（佃僕不宜私仮借）」などの条文があり、農業労働者に対する配慮も述べられていた。「婢僕」同様、彼らも家の構成要素であった。

このように『世範』が前提とする家は、大家族と一括するよりは累世同居と宗族の集住であり、世帯ないしその集合体である。そしてこの世帯には居住し生計を支えるための家屋・田産などがあり、袁采は防犯上の注意や雇用人管理上の注意も記述していた。

人の居宅というものは、土塀を高くし垣根を緻密にし、窓や壁、門や閂は堅牢にすべきである。壊れたらすぐに修理しなければならない。通水口の類には格子をつけておき、いつも新しくしっかりしたものとしておくこと。これらをゆるがせにしてはならない。……（それらをいい加減にすると）盗賊が押し入る隙を与えることになるのだ。（しっかりしておけば）召使たちの逃亡や不肖の子弟が夜遊びに出る心配から免れることができる。もし外から盗賊が来、中から召使たちの逃亡や子弟の夜遊びなどの問題が起これば、官司（おかみ）に訴えて処理してもらったとしても、相当の出費を覚悟しなければならぬ。

〈巻下（1）「住居の防衛は緻密にするのがよい（宅舎関防貴周密）[25]」〉

というように、防犯上の注意が実にこまごまと述べられている。家の防犯だけでなく、雇用人と家内の若者の管理も家長の重要な仕事であった。さらに強盗の被害に遭わないためには日ごろの生き方への配慮が必要だとして次のように言う。

強盗は小人の最たる者であるけれども、見識も持っているものである。もし裕福な家がふだんから搾取をせず、施しを好み、さらに種々の便宜を供与できているならば、兵乱や騒擾の際にも無傷でいられる。（盗賊などが）その家を燃やしたり、破壊したりするのに忍びないと思うからである。およそ盗賊が火付け、掠奪をして気晴らしをしようとする対象は、多くは積悪の人である。裕福な家はそれぞれ自省すべきなのである。

〈巻下（8）「搾取は盗賊を呼び寄せる（刻剝招盗之由）[26]」〉

このように物理的にも精神的にも神経質なほどの配慮は『世範』の記述の一特徴であり、著者の現実に対する観察眼の鋭さを反映したものである。ともあれ、これらの条文には世帯と資産、つまり家を管理するという家長の仕事の一端が集約的に示されていた。かくて家の危機とは、血統存続の危機ばかりでなく、盗賊や火事などの物理的危機も含めた全般的な危機であった。これを如何に避けるか、そのためのさまざまな注意が『世範』には盛り込まれていたのである。

家の危機は盗賊などの物理的な要因もあるが、袁采はそれを主要なものとはとらえていない。家の危機についてもう少し詳しく見ておこう。その論理を単純化してみれば、次のようになる。まず家族・宗族内での「不和」や「争い」

をきっかけに訴訟沙汰に発展する。そうしてこの訴訟は莫大な費用と時間を費やすことになり、それが結局、家の破滅につながる、というものであった。ここには家内部の対立が宗族あるいは郷村社会で解決できず、しばしば国家による裁判の場に持ち出されるという中国社会の特徴も現れている。

こうした危機の論理を『世範』の記述に即して確認しておきたい。家の危機、袁采のいわゆる「破家」に至るパターンは大きくは二つある。第一は言うまでもなく族内の争いである。前掲巻上（29）の条文のほかに、次のようにも述べられている。

兄弟や息子・甥たちの同居が不和になるのは、もともと大きな争いの原因があるからではない。その中の一人が公平な心を持たず、自分の取り分を多くしようとするからである。……あるいはみんなと何かを分配する場合、自分の取り分を多くしたがる。そのほかの場合でも、心を公平に保つことができない。そうして争いのきっかけを作り、家産を使い果たすことになるのである。……

〈巻上（22）「同居には公平な心を持つことが大切である（同居貴懐公心）[27]」〉

ここでは、同居者が「公平な心」を持たないことが争いの発端だとされる。利己的な心を戒める教えであるから説得的でもある。しかし現実問題として財産分割が必要となる場面が出てくる。そうなると事態は相当深刻になる。

朝廷の法律は、こと財産分割の件については詳細を極めている。しかし……（さまざまな事情があり――後述）……官司が徹底して明らかにすることができない。さらに……同族の人が財産分割を求めて、州や県など各地の官司に訴え出て、十数年もかける場合もあり、それぞれが破産するまで続ける。……

〈巻上（25）「財産を分割するときは公平、妥当に（分析財産貴公当）[28]」〉

というように、同族内部での争いになり、裁判になる。ここに言われている「さまざまな事情」とは次のようなものであった。

……貧乏から身を起こし、父祖の資産を頼らずに自らの力で財産を築いた者がいる。あるいは父祖の共有資産があっても、一族に頼らずに自分の資産を増やした者がいる。そうすると同族の者が必ず財産の分割を求め、県や州、その他の官府に訴える。その訴訟が十数年にも及ぶことになり、それぞれが破産してしまうまで続く。……連年の訴訟によって家の仕事が妨げられ、弁当代や証人集めに金を使い、胥吏に請託し、官僚に賄賂を贈るなどの無駄な費用に耐えられるはずがない。……こうしたことをよく認識できれば、（財産分割の際の）分け前がわずかだとしても、必ずや訴訟の費えはなくなるであろう。

ここでは、たとい自力で築いた財産だとしても、何らの根拠もなくその分割を求めて骨肉の争いが起こされるという、理不尽な現実が述べられている。その裁判が長引く結果、家産を使い果たしてしまう事実や裁判費用の内実も明記されている。これはまったく理解不能な訴訟のようにも思われるが、さきに引用した『清明集』にはそのような事例がいくつも載せられており、否定し得ない当時の現実であった[29]。つまり理由はどうあれ周囲からねらわれるような行動を厳に慎めというのが『世範』の主張である。とりわけ財産分割のような重要問題は公平を期さねばならなかった。

……子孫に財産を分ける時、父祖が公平な心でまったく偏りがないようにすれば、子孫は力を尽くし、遊蕩せず、分割の後は争いにならないから、家は必ず繁栄する。……家の祭祀を存続させようとするなら、他家の過去を教訓として我が家の未来を思うべきである。徳を修め十分配慮し、長久の計をなすべきなのだ。

〈巻上（62）「財産を分割する際には均しく公平にせよ（分給財産務均平）[30]」〉

この中略部分には、感情に流されて不公平になる場合の例があげられている。これらの私情にとらわれることなく、公平に財産を分ければ、訴訟は起きず、家は存続できるというのである。家族や宗族内部の不平、不和が訴訟となり、それは家の破滅に結びつく。また遺言の作成についても次のように述べる。

遺言の文章では、賢明な人がみな死後の配慮をするものである。けれども（遺産の分配は）公平でなければならない。そうすれば家を保つことができる。強い妻やこざかしい妾におびやかされ、後妻や気に入りの子に肩入れして、（配分に）偏りや厚薄の差が生じることがある。あるいはむやみに後継ぎを立てたり、みだりに息子を追い出したりすることがある。このような人情にもとる行為は数えきれないほどである。これらはみな訴訟沙汰［興訟］や家の破滅［破家］の端緒となる。〈巻上（63）「遺言は公平にして後患に配慮せよ（遺嘱公平惟後患）」〉[31]

家族内のいろいろな事情によって遺産の公平な配分が妨げられることを、袁采は見通していた。その結果、家内が不和となり、訴訟から破滅へと続くことになる。彼はこの危機をいかに避けるかを繰り返し説いたのである。いわば守りの姿勢であるが、家の存続のためには何としても身内に波風を立てず、世帯および宗族内の安定を確保しておく必要があった。

第二の問題は子弟の品行である。袁采は次のような当時の諺を引く。

ことわざに云う。いまだに家が興隆しないと言うなかれ。家を興隆させる子供が生まれていないだけなのだ。家がまだ破滅していないと言うなかれ。家を破滅させる子供が成長していないだけなのだ、と。……〈巻上（41）「家業の盛衰は子弟の肩にかかっている（家業興替係子弟）」〉[32]

と言い、一般の人々には子弟が家の興隆・破滅の鍵を握っているという認識があった。袁采はこの点を自分の言葉で次のように言う。

家を起こす人は為すことすべてが意のままになるので、自分の智恵と政治力の賜物であると思う。しかしそれが偶然の運命であることを知らない。意気揚揚として何でも手に入れようとし、そのうえ自分ではこれが永続し、誰も破壊できないと思っている。これを造物者が陰で笑っていないことがあろうか。思うに家を破壊する人はすでにその家に生まれているのかもしれない。それを子と言い、孫と言う。朝に夕に身近にいる人はみないつの日か父祖のために家を破壊してやる人である。残念ながら父祖の眼には見えないだけである。先輩に邸宅を建てた人がいた。（完成後）工匠のために東棟で宴会を開き、これは家を造った人たちであると言い、子弟のために西棟で宴会を開き、これは家を売る人であると言った。のち果たしてその言の通りになった。……

〈巻中（52）「家の興廃には定理がある（興廃有定理）」〉(33)

ここでは子孫が家の破壊者であると認定されていた。こうした子弟・子孫が家を破壊する方法は、具体的にはたとえば次のようである。

……およそ富貴の家の子弟は、酒色におぼれ、博打を好み、派手な衣服を着、輿や馬を飾り立て、仲間と徒党を組み、そうして家を破滅させるものである。彼らの心が愚かなのではなく、生活していくための仕事を持たないことで、悪事に手を出す心を起こしてしまうのだ。……

〈巻上（13）「子弟には仕事を持たせるべきである（子弟須使有業）」〉(34)

というような「悪事」である。富も地位もある裕福な家では、父祖がせっかく築き上げた家も財産も、子弟の堕落によって一時に消滅してしまうのである。ここには当時の上流階層がはらむ不安定さも垣間見える。だから、この条では子弟に仕事を持たせよと説く。この酒色・博打などに対する戒めは他の条でも繰り返される。一方で、「子弟には仕事を持たせるべきである」(35)とか、学問には「いわゆる『無用の用』がある」から子弟の「学問をやめさせてもいけない」(36)など袁采の子弟教育に対する配慮は詳細であり、現実的であった。さらに子弟の資質に関しては養子のあり方にまで言及し、他家に出す場合は将来に関わるので十分注意をするようにという。

子が多いと気がかりも多い。（しかし子が）多いからといって軽々しく他家にあげてはいけない。いくらか成長し、性格が穏やかで自分をわきまえているようならあげてもよい。両家の福となる。おむつも取れないうちに他家にやり、この子が万が一愚か者であったなら他家を破滅させるばかりではない。必ず本家に戻りたいと訴訟を起こし、そうして我が家をも破滅させるのだから、両家は災難を被ることになるのだ。

〈巻上（43）「子供が多いからといって軽々しく人にあげてはいけない（子多不可軽与人）」〉[37]

というように、愚かな子弟は他家にまで迷惑をかける。子弟の品行は家の将来に重大な影響を与える要素であった。

ところでここまでの主張が説得力を持つためには現実との矛盾を解説せねばならない。たとえば、明らかに悪事をはたらいているのに、繁栄している家は存在する。これを見て、禁欲を強いられているわが子弟は当然不満を持つであろう。彼らをどう説得するのか。そこで袁采は絶対的権威、「天」なる超越者を持ち出す。それは人間の行いを見ており、悪事には結局、罰が与えられるのだという。ここで〈脅迫〉の論理を導入するのである。

ある人が善からぬ行いをなし、自身は刑罰を受けたのに、子孫が繁栄している場合がある。人々はこれを怪しみ、天理は誤っていると思う。しかし、その人の家には「積善」が多く、「積悪」が少ないということに気付かないのだ。少は多にかなわないのである。だから悪事をなした人が自ら報いを受けても、子孫に福が来ることを妨げないのである。もし多くの悪事をなしているのに、長寿で裕福な暮らしをしているとしたら、前人の残した恩恵はなくなろうとしているのだ。天は惜しんでくれない。悪事をほしいままにすることは、彼を破滅に導いているのである。

〈巻中（20）「善悪の応報は究め難い（善悪報応難窮詰）」〉[38]

ここでは、天が「前人の残した恩恵」の多寡つまり「積善」と「積悪」を比べる。前者が多ければ子孫が繁栄するともあるという。しかしその「積善」も使い尽くせばどうにもならない。
郷村には高官の家があり、州や県の役人が手を出せないのをいいことに、横暴をほしいままにする者がいる。また裕福な家で、おおっぴらに賄賂を使い、横暴をほしいままにする者がいる。……このような人は敬遠して近寄らない方がよい。その悪事が極まれば、天誅が加えられる。すなわちその家の子孫が父祖の作った家産を破壊し、村人のために復讐してくれるのだ。……たいてい悪事をなして罪をまぬかれた者は、いつの日か唐突にその報いを受けるのである。いわゆる天網恢恢、疎にして漏らさず、というものだ。

〈巻中（38）「小人が悪事をおこなうと必ず天誅が下る（小人為悪必天誅）」〉(39)

というように、悪事をはたらいた家族にはいずれ「天」が罰を下し、滅ぼしてしまうというのである。家が存続できない理由の一つは家族員や子弟の悪事であり、それは天罰なのであった。

以上、『世範』において家にかかわる主張の要点を見てきた。袁采は家の維持と永続を願って子孫に教訓を残したのである。個別の条文は一見ばらばらのようであるが、その論理を追えば筋が通ったものであった。

おわりに——防衛策の効果

袁采の生きた南宋時代は、いわゆる唐宋変革期の最終段階に位置すると考えられている。変革が終ったわけでは決してないけれども、大きなうねりがいったん収まった時代であり、新しい秩序が形成され始めた時代である。他方、北・西方諸民族の活動も活発で、宋朝に大きな圧力を加え続けていた。宋王朝の命脈が尽きるのも時間の問題であった。こうした揺れ動く時代背景の下、そこで生を営む人びとの家の継承すなわち「気」の継承に対する不安も募っていたであろう。こうした危機感は、必然的に士大夫たちの子孫の繁栄を願う気持ちをより強めたと思われる。そのために彼らはさまざまな方策を考え、実行に移した。子弟に教訓を残すこともその一つの営為であり、袁采はそうした風潮を代表する著者の一人であった。そして彼は家族・宗族内の争いを避けて家を守るために、内部の調和を何よりも優先し、また、家族員や家を継ぐ子弟の品行に十分注意するよう書き残した。そうした人間の行為は、天によって監視されているのだ、という〈脅迫〉も含めて。つまり、彼は子孫にこの流動する現実を生き延びさせようと、実利も絶対的権威も動員して説得を試みたのである。それは自分の「興盛之家」を防衛する戦略だったと評価できよう。

こうした彼の個人的な主張は後世の人間にも十分通じる普遍性を持っていた。その著『世範』は中国のみならず日本でも広く読み継がれてきた。それだけ大きな影響力を持った著作であった。ただそれが袁采の子孫にどれだけ受け入れられ、実践されたのかは確認できない。彼の次男と甥は進士になったというが[40]、その後については残念ながら詳細を知ることができないのである。

注

（1）『世範』巻下（64）「富家置産、当存仁心」の条。原文は「貧富無定勢、田宅無定主」。

（2）陳智超「『袁氏世範』所見南宋民庶地主」（『陳智超自選集』安徽大学出版社、二〇〇三年、初出一九八五年）、三一九頁。

（3）拙著『唐宋時代の家族・婚姻・女性』（明石書店、二〇〇五年）三章「五口の家」とその変容、参照。

（4）家族の分類にはさまざまな呼称がある。たとえば、中国の大家族を、E・トッドは「共同体家族」と称し、瀬川昌久は「拡大家族」と呼んでいるが、指し示す内容は同じである。拙著「唐宋時代の家族と女性」（『中国史学』一五巻、二〇〇五年）参照。

（5）滋賀秀三『中国家族法の原理』（創文社、一九六七年）参照。引用部分は五三頁。

(6) 前掲注(3)拙著、四章　衰退する家族、など参照。
(7) 長文のためここに原文・訳文をあげる余裕はない。以下の二冊の訳注所掲の和訳を参照されたい。梅原郁訳注『名公書判清明集』(同朋舎、一九八六年)、高橋芳郎『訳注「名公書判清明集」戸婚門』(創文社、二〇〇六年)。
(8) この部分の記述については、前掲注(3)拙著、三・四章参照。
(9) この点については本書第一部第一章参照。
(10) 足立啓二『専制国家史論』(柏書房、一九九八年)参照。
(11) 張邦煒「宋代的〝榜下択婿之風〟」(『宋代婚姻家族史論』人民出版社、二〇〇三年、所収)。なお、これは『婚姻与社会——宋代』(四川人民出版社、一九八九年)の第六・七章と同趣旨である。
(12) 遠藤隆俊「宋代における『同族ネットワーク』の形成——范仲淹と范仲温」(宋代史研究会編『宋代社会のネットワーク』汲古書院、一九九八年)など、小林義広「宋代宗族研究の現状と課題——范氏義荘を中心に」(『名古屋大学東洋史研究報告』二五号、二〇〇一年)など参照。
(13) 王善軍『宋代宗族和宗族制度研究』(河北教育出版社、二〇〇〇年)。また近年の研究として井上徹・遠藤隆俊編『宋—明宗族の研究』(汲古書院、二〇〇五年)がある。関連する論文も掲載されているので、あわせて参照していただきたい。
(14) たとえば瀬川昌久の研究がある。『中国社会の人類学』(世界思想社、二〇〇四年)など参照。
(15) 後掲注(19)参照。
(16) 佐竹靖彦「唐宋変革期における江南東西路の土地所有と土地政策——義門の成長を手がかりに」(『唐宋変革の地域的研究』同朋舎、一九九〇年、初出一九七三年)。
(17) 臧健「宋代家法的特点及其家族中男女性別角色的認定」(鄧小南主編『唐宋女性与社会』上海辞書出版社、二〇〇三年)、同「宋元から明清時代の家法が規定する男女の役割」(『ジェンダーからみた中国の家と女』東方書店、二〇〇四年)など。
(18) 緒方賢一「家訓に見る宋代士人の日常倫理」(宋代史研究会『宋代人の認識』汲古書院、二〇〇一年)。
(19) 以下に掲げる和訳は前掲西田太一郎訳およびP・B・イーブリーの解釈を参考にしてできるだけ原文に忠実に訳した。訳文中の（　）内は大澤の補足・説明であり、［　］内はキーワードとなる原文である。本条の原文は以下の通り。

人之至親、莫過於父子兄弟、而父子兄弟有不和者、父子或因於責善、兄弟或因於争財、有不因責善争財而不和者、世人見其不和、或就其中、分別是非、而莫明其由、蓋人之性、或寛緩、或褊急、或剛暴、或柔懦、……所稟自是不同、父必欲子之性合於己、子之性未必然、兄必欲弟之性合於己、弟之性未必然、其性不可得而合、則其言行亦不可得而合、此父子兄弟不和之根源也、……孔子曰、事父母幾諫、見志不從、又敬不違、勞而不怨、此聖人教人和家之要術也、宜熟思之、

(20) 原文は以下の通り。

兄弟・子姪同居、長者或恃其長、凌轢卑幼、……必啓争端、或長者處事至公、幼者不能承順、……尤不能和、若長者總提大綱、幼者分幹細務、長必幼謀、幼必長聽、各盡公心、自然無争、

(21) 原文は以下の通り。

人之孝行、根於誠篤、雖繁文末節不至、亦可以動天地、感鬼神、嘗見世人、有事親不務誠篤、乃以聲音笑貌、繆爲恭敬者、其不爲天地鬼神所誅則幸矣、況望世世篤孝而門戸昌隆者乎、苟能知此、則自此而往、應與物接、皆不可不誠、有識君子、試以誠與不誠者、較其久遠效驗孰多、

(22) 原文は以下の通り。

興盛之家、長幼多和協、蓋所求皆遂、無所争也、破蕩之家、妻孥未嘗有過、而家長毎多責罵者、……

(23) 原文は以下の通り。

兄弟義居、固世之美事、……顧見義居而交争者、其相嫉有甚於路人、前日之美事、乃甚不美矣、故兄弟當分、宜早有所定、兄弟相愛、雖異居異財、亦不害爲孝義、一有交争、則孝義何在、

(24) 原文は以下の通り。

兄弟・子姪有同門異戸而居者、於衆事宜各盡心、不可令小兒・婢僕有擾於衆、雖是細微、皆起争之漸、且衆之庭宇、一人勤於掃灑、一人全不之顧、勤掃灑者、已不能平、況不之顧者、又縱其小兒・婢僕、常常狼藉、且不容他人禁止、則怒詈失歡、多起於此、

(25) 原文は以下の通り。
人之居家、須令牆垣高厚、藩籬周密、窗壁門門堅牢、隨損隨修、如有水竇之類、亦須常設格子、務令新固、不可輕忽、……以啓盗者有開矣、且免奴婢奔竄、及不肖子弟夜出之患、如外有竊盗、內有奔竄及子弟生事、縱官司爲之受理、豈不重費財力、

(26) 原文は以下の通り。
刼盗雖小人之雄、亦自有識見、如富家平時不刻剝、又能樂施、又能種種方便、當兵火擾攘之際、猶得保全、至不忍焚毀其家、凡盗所快意於焚掠汙辱者、多是積惡之人、富家各宜自省、
なお『知不足斎叢書』版では傍線部が異なっており、「掠汚辱者、多盗所快意於刼殺之家」となっている。しかしこれでは文意が取りにくい。

(27) 原文は以下の通り。
兄弟・子姪同居、至於不和、本非大有所爭、由其中有一人設心不公、爲己稍重、……或衆有所分、在己必欲多得、其他心不能平、遂起爭端、破蕩家產、……

(28) 原文は以下の通り。
朝廷立法、於分析一事、非不委曲詳悉、然有……官中不能盡行根究、又有果是起於貧寒、不因父祖資產、自能奮立、營置財業、或雖有祖衆財產、不因於衆、別自殖立私財、其同宗之人、必求分析、至於經縣經州、經所在官府、累年爭訟、各至破蕩而後已、……又豈不勝於連年爭訟、妨廢家務、及資備裹糧、資結證左、與囑託吏胥、賄賂官員之徒費耶、……苟能知此、則所分雖微、必無爭訟之費也、

(29) 私たちは、こうした理不尽な訴訟の現実についてまとめたことがある。大澤編著『主張する〈愚民〉たち』（角川書店、一九九六年）参照。

(30) 原文は以下の通り。
……多將財產均給子孫、若父祖出於公心、初無偏曲、子孫各能戮力、不事遊蕩、則均給之後、既無爭訟、必至興隆、……

欲保延家祚者、鑑他家之已往、思我家之未來、可不修德熟慮、以爲長久之計耶、

(31) 原文は以下の通り。
遺囑之文、皆賢明之人、爲身後之慮、然亦須公平、乃可以保家、如劫悍妻・黠妾、因於後妻愛子、中有偏曲厚薄、或妄立嗣、或妄逐子、不近人情之事、不可勝數、皆興訟破家之端也、

(32) 原文は以下の通り。
……諺云、莫言家未成、成家子未生、莫言家未破、破家子未大、……

(33) 原文は以下の通り。
起家之人、見所作事無不如意、以爲智術巧妙如此、不知其命分偶然、志氣洋洋、貪取圖得、又自以爲獨能久遠、不可破壞、豈不爲造物者所竊笑、蓋其破壞之人、或已生於其家、曰子曰孫、朝夕環立於其側者、皆他日爲父祖破壞生事之人、恨其父祖目不及見耳、前輩有建第宅、宴工匠於東廡、曰此造宅之人、宴子弟於西廡、曰此賣宅之人、後果如其言、……

(34) 原文は以下の通り。
……凡富貴之子弟、躭酒色、好博奕、異衣服、飾輿馬、與群小爲伍、以至破家者、非其本心之不肖、由無業以度日、遂起爲非之心、……

(35) 巻上（13）「子弟須使有業」。

(36) 巻上（14）「子弟に学業をやめさせてはいけない（子弟不可廢学）」で次のように述べる。
大抵富貴之家、教子弟讀書、固欲其取科第、及深究聖賢言行之精微、……蓋子弟知書、自有所謂無用之用者存焉、……何至飽食終日、無所用心、而與小人爲非也、

(37) 原文は以下の通り。
多子固爲人之患、不可以多子之故、輕以與人、須俟其稍長、見其溫淳守己、擧以與人、兩家獲福、如在襁褓、即以與人、萬一不肖、既破他家、必求歸宗、往往興訟、又破我家、則兩家受其禍矣、

(38) 原文は以下の通り。

人有所爲不善、身遭刑戮、而其子孫昌盛者、人多怪之、以爲天理有誤、殊不知此人之家、其積善多、積悪少、少不勝多、故其爲悪之人、身受其報、不妨福祚延及後人、若作悪多、而享壽福安樂、必其前人之遺澤將竭、天不愛惜、恣其悪深、使之大壞也、

（39）原文は以下の通り。

居鄕曲閒、或有貴顯之家、以州縣觀望而凌人者、又有高資之家、以賄賂公行而凌人者、……如此之人、惟當遜而避之、逮其稔悪之深、天誅之加、則其家之子孫、自能爲其父祖破壞、以與鄕人復讐也、……大抵作悪而幸免於罪者、必於他時、無故而受其報、所謂天網恢恢、疎而不漏也、

（40）前掲イーブリー著書 Part One CHAPTER 1 Introduction（一九頁）参照。

あとがき

本書はこの二〇年ほどの間の研究をまとめたものである。最初に初出雑誌などのデータを記しておけば次の通りである。

第一部　『名公書判清明集』の世界
第一章　『清明集』の世界へ――定量分析の試み　（『上智史学』四二号、一九九七年）
第二章　胡石壁の『人情』――『清明集』定性分析の試み　（大島立子編『宋―清代の法と地域社会』東洋文庫、二〇〇六年）
第三章　劉後村の判語――『清明集』と『後村先生大全集』　（『中国史研究』（韓国）五四輯、二〇〇八年）
第四章　南宋判語にみる在地有力者、豪民　（山本英史編『中国近世の規範と秩序』東洋文庫、研文出版、二〇一四年）
補　論　中国社会史研究と『清明集』　（『ソフィア』一六〇号、一九九一年）
第二部　『袁氏世範』の世界
第五章　『袁氏世範』の研究史と内容構成　（書き下ろし）
第六章　『袁氏世範』の世界　（上智史学会月例会発表要旨『上智史学』五三号、二〇〇八年、を増補）
第七章　袁采の現実主義――『袁氏世範』分析への視点

（多田狷介・太田幸男編『中国前近代史論集』汲古書院、二〇〇七年、を改編）

第八章　宋代士大夫の《興盛之家》防衛策――『袁氏世範』を中心に――

（國方敬司ほか編『家の存続戦略と婚姻』刀水書房、二〇〇九年）

以上のように本書所収論文には発表時期がかなり古いものや、発表後に研究が深化したテーマもある。しかし本書でそれらをすべてカバーすることは不可能であるため、必要最小限度の補足、訂正をおこなうにとどめた。ご了承いただきたい。

＊　＊　＊　＊

「まえがき」に「きわめて愉しい研究過程であった」と書いた。専門書にはあまり見かけない表現なので、違和感を持たれた読者もおられるかもしれない。「愉しい」などとは不謹慎だと感じられただろうか。けれどもこれは私の現在の率直な感想である。どうかご容赦願いたい。こうした感慨を持つに至った背景を、少しばかり述べておきたいと思う。

本書は史料研究がひとつの大きなテーマである。言うまでもなく、現在に至るまで数多くの研究者が史料の読解に挑戦し、われわれの歴史認識につながる膨大な研究成果を残してきた。そうして読みこまれてきた史料は、研究対象の時代が古ければ古いほど史料の数が限られ、記述や用語に対してさまざまな解釈が出されてきた。またその解釈をめぐる論争も繰り広げられてきた。これを外から見れば、史料の解釈にはもはや異論を差し挟む余地がなく、議論は出尽くしたとみえるであろう。しかし、あらためて自分の眼で史料を読み直してみると、新たな議論を提出する余地が十分残されていると感じることが多々ある。さらに注意深く読んでみると、いくつかはものになりそうもないが、残りのいくつかについては確信に近い感覚が得られることがある。この発見にたどり着いたときの「愉しさ」は何物にも代えがたいものである。

考えてみれば、こうした発見は結局、研究者の問題意識によって史料から見えてくるものが異なることに由来する。読み古されたかのような史料でも、われわれの問題意識、つまり求めるものが違えば異なる歴史像が浮かび上がってくるのである。歴史学の研究は現代から出発するといわれるが、それは現代に生きるわれわれの問題意識から出発するという意味でもある。とするなら、われわれの問題意識を絶えず鍛え直してゆけば、史料は無限の広がりを見せてくれることになる。歴史学の研究を続けるということは、問題意識を鍛錬することと史料との対話を続けることに尽きると思われる。

問題意識の鍛錬は研究者の日常の営為であり、本書でのより具体的な課題でいえば地方官の主張に対する興味がそれである。それは後に述べるとして、史料との会話についてまず述べておきたい。これまでの研究生活でいつも心にかかって離れなかったのは史料の読み方、扱い方の妥当性であった。史料上の片言隻句を取り出して、自分の論理に従って組み立てれば、なにがしかの論文にはなるであろう。しかしそれがどれだけの普遍性を持つのかはなはだ疑問であった。そこであるとき考えたのは何らかの方法で史料の全体的な文脈をとらえること、つまり史料の全体像をとらえ、著者の考え方や論理を把握しておくことであった。史料の文脈を把握したうえで自分の問題意識に必要な記述を取りあげれば、著者の意図を離れることなく自分の課題を解決できるであろう。だが考えてみれば、史料の全体像をおさえておくことなど専門家にとっては当たり前の作業である。また、その分野の研究者であればしっかり踏まえていて当然の知識でもある。私もそれなりの基礎知識は持っているつもりだ。けれども、それでは満足できなかった。ここにいわゆる全体像とは書誌学的なそれではなく、より深いところでの史料内容および性格の全体像である。私はそれを理解しておきたかったし、さらに新しい知見がほしかったのである。そこであらためて自分の頭でこの問題を考えることにした。そうして従来の認識と異なるものが見えてくれば、それはそれで大きな収穫であろう、と。

こうした意図もあって最初に取り組んだのが陳旉『農書』であった（『陳旉農書の研究』農山漁村文化協会、一九九六年）。この史料は宋代の農業生産の水準を示すものとして高く評価されていた。しかしそう評価する際に取りあげられる記述は、全体からいえばほんのわずかの箇所だった。農書全体の記述とは関係なく、ごく一部分のみが取り出されていたのである。こうして組みたてられた議論に接した当初はあまり疑問を抱かなかった。しかし、あるときふと引っかかりを覚えた。何か違うのではないかという違和感である。そうして全体を丁寧に読みなおした結果、この感覚が当たっていたと確信を持つに至った。陳旉の意図したところがかなりの程度まで理解できるようになったところで、ようやく従来の研究に大きな欠点があることがわかったのである。『農書』全体を読み込むことで、陳旉が記述した農業技術のあり方も、全体の論旨の中に位置づけられるようになった。また従来注目されていた先進的な技術を当時の生産力水準の中でとらえることができ、農書という史料の限界も理解できるようになった成果であった。これに味をしめて、それ以後、史料の全体像へのこだわりが私の研究の一部を占めるようになった。自分の課題の追求と並行して特定の史料全体を把握する作業にも力を入れるようになったのである。本書はそうした史料研究の成果をまとめたものである。

研究対象として取り組んできた史料、とりわけ『清明集』は思い出深い史料である。ひとつの出会いが私の研究方向を規定したと言ってもよいであろう。その経緯は、これまで三〇年近く続けてきた清明集研究会の訳注稿「まえがき」などで述べているので参照していただきたい。また『世範』も出会いの産物であった。論文を書くための史料を探す過程で何か引かれるものを感じ、その興味に導かれて研究を進めた。その結果、しばしば引用される文言が袁采の趣旨と異なる文脈で引用されていることがわかってきた。研究成果全体の良し悪しとは別に、史料の扱い方について考えさせられたことであった。

ともあれ本書での研究は史料研究のひとつの試みにすぎない。個人的な興味によるところが大きく、歴史学研究の方法として普遍性を持ち得るかどうか心もとない面もある。しかし私の研究の中に占める位置は重く、これを篋底にしまいこんだままにしておくことはできないと考えたのである。

さて、私が持ち続けてきた最大の問題意識は「現代の専制」を支えてきた基層社会を歴史的に解明することである。これは単に中国という外国の問題にとどまるものではない。他ならぬ日本の問題でもある。日本は民主主義国家を標榜しながら、その実、「専制」の入りこむ隙はあちこちに存在する。日々のニュースを見ればそのような動きはいくらでも見出せる。議会で多数を取れば何でも決められる、政府の決めたことに反対できるはずがない、あるいは経営者の方針に従わない社員は会社を辞めるべきだ、などなど。これは強い権威による「専制」であり、もっともらしい〈正論〉に直面したときに陥る思考停止の表明である。中国における「現代の専制」と本質的に差はないであろう。問題は、「専制」を承認し、支えている社会のあり方である。どのような社会が「専制」を受容するのか、またその構造はどのようなものか、それを歴史的な視点から解明したいと思う。本書を踏まえて、これから中間階層の研究をまとめるつもりであるが、問題意識をさらに鍛えてゆかねばならないと痛感する日が続いている。

＊　＊　＊　＊

最後に、埒もない話を書くことをお許し願いたい。かつて私は自分の死期は平成二三（二〇一一）年二月ころであろうと思っていた。そう思いついたのは両親が相ついで亡くなった後である。父親は大正四年七月に生まれ、平成四年八月に死去した。母親は大正五年五月の生まれで、平成五年六月に逝った。誕生も死去も一年の違いであった。仲の悪い両親ではあったが、共通するのは異なる元号の同じ年の、誕生月の翌月にこの世を去っているということである。もし両親にならえば、私は昭和二三年一月の生まれであるから、元号が変わった平成二三年二月ころに死ぬことになる。これはとても平仄が合う話ではないかと、あるとき発見したのである。覚悟しておかねばと、真面目に考えこんだ。

しかしこの予想はみごとにはずれ、私はいまもって生きながらえている。そこで考えてみる。私は二〇〇九（平成二一）年四月、胃がんの手術を受け、胃の三分の二を切除した。幸いステージIで処置も適切だったので（自治医大・清崎先生の医療技術の素晴らしさには敬服している）、再発の兆候もなく、昨年で満五年を過ぎ、《卒業》に至った。十五キロ余り減った体重は相変わらず増えないけれど、統計上は完治した扱いになる。だが、もしこのがんが発見されていなかったとすればどうだったのか。がんは徐々に成長し、やはり平成二三年ころに、私はあの世とやらへ旅立っていたのではないだろうか。こう考えると、私の身体には両親と同じような仕組みの設計図が隠されていたのではなかったかとも思えてくる。とはいえこれはまったく非科学的な、妄想にすぎないたわごとである。それゆえいままで口にできなかった話である。

とはいえ私が生き延びていることは事実である。がんを発見してくれた人間ドックには、ともかくも感謝しなければなるまい。皮肉にも、検査結果にはほとんど信頼を置かず、惰性で受診していたドックに命を救われたことになる。幸運なことであったが、このことは当然、あと何年か生き続けよと命じられたことを意味している。ではこれから何をして生きてゆこうか。大急ぎで考えなければならないが、とりあえずは拙い研究の後始末がある。かくて私の《店じまいセール》の第一弾が本書となった。第三弾か第四弾までは出したいところだが頭と身体がもつかどうか定かではない。

さて、私は大学という職場に勤務して一昨年の三月で満三六年になり、同時に上智大学の教員としての定年を迎えた。その新学期から特別契約教授という一年更新の教員となり、現在三年目を迎えている。もし元気に生きていれば、また同僚の教員が求めれば、この仕事はあと一年余り続くことが予想される。この期間を無事勤めあげることができたなら、大学教員として満四〇年というきりの良い年数を生きたことになる。

振り返ってみると、なけなしの体力と能力でよくここまで生きてこられたものだと思う。それは何よりもさまざまな幸運に廻り会った結果であるが、最大の幸運はきわめて多くのすぐれた人びとと出会ったことである。私の唯一の才能は（才能と言えるとすればだが）、そうしたすぐれた友人を見つけ出すことだったかもしれない。研究面ではもちろん、サークルや趣味の世界でも、先生、先輩、友人、学生また家族に多くのことを教わってきた。さまざまな場面で助けられてもきた。ここまでの半生は充実したものだったと自信をもって言える。それは文字通り《有り難い》ことである。では研究者として残してきた仕事の量は、と考えてみると、さほどでもなかったのではないかと恥じ入るばかりである。その時々に精いっぱい力を注いで研究し、後悔することのないようにと念じて生きてきたつもりだったけれども、能力の限界は如何ともしがたいものがある。

本書はこうした人生の中で少しずつ積み重ねてきた研究成果の一部である。中国史学の研究者として、史料と向かいあってきた足跡である。ここまでの研究生活を一言で表せば「漢文は愉しく、論文は苦しい」ということになろうか。個人的な好みかもしれないが、研究の過程で漢文史料を読んでいるときがもっとも愉しい。その理由の一つは、漢文史料の読解にはさまざまな可能性があり、正解はないに等しいからだ。自分の頭で一字一句を解釈し、文章の流れを追っていると、ときにこの文章はこういう意味だったのだと膝を打つことがある。腑に落ちることがある。それはささやかではあっても、私にとっては大きな発見であり、喜びであった。史料に記された数百年前の世界と現在の自分がつながった感覚が持て、そうして史料の著者や登場人物に共感したり反発したり、想像力が刺激されるひときなのである。このような発見が積み重なってくると、やがて論文にしてみたいと思うようになる。この発見の意味を具体化して同学の意見を問いたくなり、意義を確認したくなるのである。かくて最初は張り切って、論文作成に取りかかる。しかしそれからが苦難のときとなる。自分の語彙の貧困さ、文章力のなさ、果ては論理的思考力の欠如を痛感し、筆を投げ出したいと思う。でもそれを何とか乗り越え、終わりまで書きあげる。いく度も読み返し、書き直し、また書き加え、後ろ髪を引かれる思いで投稿する。そのあとの校正の過程でも不備に気が付くこと再三ならず。恥ずかしいことだが、この文章の意図は何だったのだと考えこむことさえある。そうしてどうにかこうにか活字になるが、これで終わりではない。たまさか思いもつかなかった批判でも出ようものなら落ち込むことはなはだしく、何とか逃げ道を見つけようと苦慮することになる。思えば、性懲りもなくよくこんな作業を繰り返してきたものだと、我ながら感心する。わが絵画の師匠、故矢野昭雄先生の言葉を借りれば「絵を描いているのではなく、恥をかいているのです」状態なのである。しかし、やめようと思うことはなかったし、これからも続けて行くだろう。それは何よりも史料読みの愉しさ、発見のよろこびであり、論文作成の苦しさを乗り越えさせてくれる力である。これが私の研究の原動力のひとつであった。

本書はこうした私なりの研究の一到達点である。発見の足跡であり、自分なりの歴史像を構想する際に缺くことのできない研究成果である。ただ多くの方にとっては、読んでもまったく面白いものではないかもしれない。数量的な分析が多く、普通の歴史学論文とは若干毛色を異にしているからである。しかしここに記したいくつかの発見は史料を解釈し、歴史を研究する際に役立つものだと、私は固く信じている。読者諸賢がお気づきの点など、客観的な視線でご批判いただければ幸いである。

末筆ながら、本書の出版に当たっては多くの方にお手伝いいただいた。汲古書院の新社長、三井久人氏には昨年の秋にご相談を持ちかけてから、何かとお世話いただいたし、印刷に至る過程では飯塚美和子氏に多大なご援助をいただいた。また校正の段階では上智大学大学院の博士後期課程院生、杉浦廣子・松浦晶子両氏のお手を煩わせ、中文目次の作成では修士課程院生の厳琳氏のご助力を得た。ここに記して感謝の意を表したい。

二〇一五年　清明

武蔵国大久保村　金秋白庵にて　大澤正昭　識す

謝辞

本書の出版にあたり上智大学より二〇一五年度「個人研究成果発信奨励費」の援助をいただいた。記してここに感謝の意を表します。

汲 古 叢 書

1	秦漢財政収入の研究	山田　勝芳著	本体 16505円
2	宋代税政史研究	島居　一康著	12621円
3	中国近代製糸業史の研究	曾田　三郎著	12621円
4	明清華北定期市の研究	山根　幸夫著	7282円
5	明清史論集	中山　八郎著	12621円
6	明朝専制支配の史的構造	檀上　寛著	13592円
7	唐代両税法研究	船越　泰次著	12621円
8	中国小説史研究－水滸伝を中心として－	中鉢　雅量著	品　切
9	唐宋変革期農業社会史研究	大澤　正昭著	8500円
10	中国古代の家と集落	堀　敏一著	品　切
11	元代江南政治社会史研究	植松　正著	13000円
12	明代建文朝史の研究	川越　泰博著	13000円
13	司馬遷の研究	佐藤　武敏著	12000円
14	唐の北方問題と国際秩序	石見　清裕著	品　切
15	宋代兵制史の研究	小岩井弘光著	10000円
16	魏晋南北朝時代の民族問題	川本　芳昭著	品　切
17	秦漢税役体系の研究	重近　啓樹著	8000円
18	清代農業商業化の研究	田尻　利著	9000円
19	明代異国情報の研究	川越　泰博著	5000円
20	明清江南市鎮社会史研究	川勝　守著	15000円
21	漢魏晋史の研究	多田　狷介著	品　切
22	春秋戦国秦漢時代出土文字資料の研究	江村　治樹著	品　切
23	明王朝中央統治機構の研究	阪倉　篤秀著	7000円
24	漢帝国の成立と劉邦集団	李　開元著	9000円
25	宋元仏教文化史研究	竺沙　雅章著	品　切
26	アヘン貿易論争－イギリスと中国－	新村　容子著	品　切
27	明末の流賊反乱と地域社会	吉尾　寛著	10000円
28	宋代の皇帝権力と士大夫政治	王　瑞来著	12000円
29	明代北辺防衛体制の研究	松本　隆晴著	6500円
30	中国工業合作運動史の研究	菊池　一隆著	15000円
31	漢代都市機構の研究	佐原　康夫著	13000円
32	中国近代江南の地主制研究	夏井　春喜著	20000円
33	中国古代の聚落と地方行政	池田　雄一著	15000円

34	周代国制の研究	松井　嘉徳著	9000円
35	清代財政史研究	山本　　進著	7000円
36	明代郷村の紛争と秩序	中島　楽章著	10000円
37	明清時代華南地域史研究	松田　吉郎著	15000円
38	明清官僚制の研究	和田　正広著	22000円
39	唐末五代変革期の政治と経済	堀　　敏一著	12000円
40	唐史論攷－氏族制と均田制－	池田　　温著	18000円
41	清末日中関係史の研究	菅野　　正著	8000円
42	宋代中国の法制と社会	高橋　芳郎著	8000円
43	中華民国期農村土地行政史の研究	笹川　裕史著	8000円
44	五四運動在日本	小野　信爾著	8000円
45	清代徽州地域社会史研究	熊　　遠報著	8500円
46	明治前期日中学術交流の研究	陳　　　捷著	品　切
47	明代軍政史研究	奥山　憲夫著	8000円
48	隋唐王言の研究	中村　裕一著	10000円
49	建国大学の研究	山根　幸夫著	品　切
50	魏晋南北朝官僚制研究	窪添　慶文著	14000円
51	「対支文化事業」の研究	阿部　　洋著	22000円
52	華中農村経済と近代化	弁納　才一著	9000円
53	元代知識人と地域社会	森田　憲司著	9000円
54	王権の確立と授受	大原　良通著	品　切
55	北京遷都の研究	新宮　　学著	品　切
56	唐令逸文の研究	中村　裕一著	17000円
57	近代中国の地方自治と明治日本	黄　　東蘭著	11000円
58	徽州商人の研究	臼井佐知子著	10000円
59	清代中日学術交流の研究	王　　宝平著	11000円
60	漢代儒教の史的研究	福井　重雅著	12000円
61	大業雑記の研究	中村　裕一著	14000円
62	中国古代国家と郡県社会	藤田　勝久著	12000円
63	近代中国の農村経済と地主制	小島　淑男著	7000円
64	東アジア世界の形成－中国と周辺国家	堀　　敏一著	7000円
65	蒙地奉上－「満州国」の土地政策－	広川　佐保著	8000円
66	西域出土文物の基礎的研究	張　　娜麗著	10000円

67	宋代官僚社会史研究	衣川　強著	品　切
68	六朝江南地域史研究	中村　圭爾著	15000円
69	中国古代国家形成史論	太田　幸男著	11000円
70	宋代開封の研究	久保田和男著	10000円
71	四川省と近代中国	今井　駿著	17000円
72	近代中国の革命と秘密結社	孫　江著	15000円
73	近代中国と西洋国際社会	鈴木　智夫著	7000円
74	中国古代国家の形成と青銅兵器	下田　誠著	7500円
75	漢代の地方官吏と地域社会	髙村　武幸著	13000円
76	齊地の思想文化の展開と古代中國の形成	谷中　信一著	13500円
77	近代中国の中央と地方	金子　肇著	11000円
78	中国古代の律令と社会	池田　雄一著	15000円
79	中華世界の国家と民衆　上巻	小林　一美著	12000円
80	中華世界の国家と民衆　下巻	小林　一美著	12000円
81	近代満洲の開発と移民	荒武　達朗著	10000円
82	清代中国南部の社会変容と太平天国	菊池　秀明著	9000円
83	宋代中國科擧社會の研究	近藤　一成著	12000円
84	漢代国家統治の構造と展開	小嶋　茂稔著	10000円
85	中国古代国家と社会システム	藤田　勝久著	13000円
86	清朝支配と貨幣政策	上田　裕之著	11000円
87	清初対モンゴル政策史の研究	楠木　賢道著	8000円
88	秦漢律令研究	廣瀬　薫雄著	11000円
89	宋元郷村社会史論	伊藤　正彦著	10000円
90	清末のキリスト教と国際関係	佐藤　公彦著	12000円
91	中國古代の財政と國家	渡辺信一郎著	14000円
92	中国古代貨幣経済史研究	柿沼　陽平著	13000円
93	戦争と華僑	菊池　一隆著	12000円
94	宋代の水利政策と地域社会	小野　泰著	9000円
95	清代経済政策史の研究	黨　武彦著	11000円
96	春秋戦国時代青銅貨幣の生成と展開	江村　治樹著	15000円
97	孫文・辛亥革命と日本人	久保田文次著	20000円
98	明清食糧騒擾研究	堀地　明著	11000円
99	明清中国の経済構造	足立　啓二著	13000円

100	隋唐長安城の都市社会誌	妹尾　達彦著	未　刊
101	宋代政治構造研究	平田　茂樹著	13000円
102	青春群像－辛亥革命から五四運動へ－	小野　信爾著	13000円
103	近代中国の宗教・結社と権力	孫　　　江著	12000円
104	唐令の基礎的研究	中村　裕一著	15000円
105	清朝前期のチベット仏教政策	池尻　陽子著	8000円
106	金田から南京へ－太平天国初期史研究－	菊池　秀明著	10000円
107	六朝政治社會史研究	中村　圭爾著	12000円
108	秦帝國の形成と地域	鶴間　和幸著	13000円
109	唐宋変革期の国家と社会	栗原　益男著	12000円
110	西魏・北周政権史の研究	前島　佳孝著	12000円
111	中華民国期江南地主制研究	夏井　春喜著	16000円
112	「満洲国」博物館事業の研究	大出　尚子著	8000円
113	明代遼東と朝鮮	荷見　守義著	12000円
114	宋代中国の統治と文書	小林　隆道著	14000円
115	第一次世界大戦期の中国民族運動	笠原十九司著	18000円
116	明清史散論	安野　省三著	11000円
117	大唐六典の唐令研究	中村　裕一著	11000円
118	秦漢律と文帝の刑法改革の研究	若江　賢三著	12000円
119	南朝貴族制研究	川合　　安著	10000円
120	秦漢官文書の基礎的研究	鷹取　祐司著	16000円
121	春秋時代の軍事と外交	小林　伸二著	13000円
122	唐代勲官制度の研究	速水　　大著	12000円
123	周代史の研究	豊田　　久著	12000円
124	東アジア古代における諸民族と国家	川本　芳昭著	12000円
125	史記秦漢史の研究	藤田　勝久著	14000円
126	東晉南朝における傳統の創造	戸川　貴行著	6000円
127	中国古代の水利と地域開発	大川　裕子著	9000円
128	秦漢簡牘史料研究	髙村　武幸著	10000円
129	南宋地方官の主張	大澤　正昭著	7500円

（表示価格は2015年11月現在の本体価格）

著者略歴

大澤　正昭（おおさわ　まさあき）

1948年宮城県仙台市生まれ。1975年京都大学大学院文学研究科博士課程中退。日本学術振興会奨励研究員、奈良大学講師、埼玉大学助教授、上智大学教授などを経て、現在、上智大学特別契約教授、（公財）東洋文庫研究員。
主著：『陳旉農書の研究』（農山漁村文化協会、1993年）、『唐宋変革期農業社会史研究』（汲古書院、1996年）、『唐宋時代の家族・婚姻・女性』（明石書店、2005年）など。

汲古叢書129

南宋地方官の主張
——『清明集』『袁氏世範』を読む——

二〇一五年一一月二五日　発行

著　者　大　澤　正　昭
発行者　三　井　久　人
整版印刷　富士リプロ㈱

発行所　汲　古　書　院
〒102-0072 東京都千代田区飯田橋二-五-四
電　話　〇三（三二六五）九七六四
ＦＡＸ　〇三（三二二二）一八四五

ISBN978 - 4 - 7629 - 6028 - 4　C3322

KYUKO-SHOIN, CO., LTD. TOKYO.

南宋地方官的主張
——《清明集》《袁氏世范》研究——

索　　引

研究者名索引

ア行

カ行

サ行

タ行

事項索引

ア行

カ行

サ行

タ行

ナ行

ハ行

マ行

ヤ行

ラ行